NEXUS Edu
LEVEL CHART

분야	교재	초1	초2	초3	초4	초5	초6	중1	중2	중3	고1	고2	고3
VOCA	초등필수 영단어 1-2·3-4·5-6학년용	📖	📖	📖	📖	📖	📖						
VOCA	The VOCA + (플러스) 1~7					📖	📖	📖	📖	📖	📖	📖	
VOCA	THIS IS VOCABULARY 입문·초급·중급				📖	📖	📖	📖	📖	📖			
VOCA	THIS IS VOCABULARY 고급·어원·수능 완성·뉴텝스								📖	📖	📖	📖	📖
Grammar	초등필수 영문법 + 쓰기 1~2			📖	📖	📖	📖						
Grammar	OK Grammar 1~4			📖	📖	📖	📖						
Grammar	This Is Grammar Starter 1~3			📖	📖	📖							
Grammar	This Is Grammar 초급~고급 (각 2권: 총 6권)							📖	📖	📖	📖	📖	📖
Grammar	Grammar 공감 1~3							📖	📖	📖			
Grammar	Grammar 101 1~3							📖	📖	📖			
Grammar	Grammar Bridge 1~3 (개정판)							📖	📖	📖			
Grammar	중학영문법 뽀개기 1~3							📖	📖	📖			
Grammar	The Grammar Starter, 1~3					📖	📖	📖	📖				
Grammar	구사일생 (구문독해 Basic) 1~2									📖	📖	📖	📖
Grammar	구문독해 204 1~2									📖	📖	📖	📖
Grammar	그래머 캡처 1~2								📖	📖	📖	📖	
Grammar	[특급 단기 특강] 어법어휘 모의고사									📖	📖	📖	📖

분야	교재	초1	초2	초3	초4	초5	초6	중1	중2	중3	고1	고2	고3
Writing	도전만점 중등내신 서술형 1~4						●	●	●	●			
	영어일기 영작패턴 1–A, B · 2–A, B				●	●	●	●	●				
	Smart Writing 1~2				●	●	●	●	●	●			
Reading	Reading 101 1~3						●	●	●	●			
	Reading 공감 1~3						●	●	●	●			
	This Is Reading Starter 1~3						●	●	●	●			
	This Is Reading 전면 개정판 1~4						●	●	●	●	●		
	This Is Reading 1–1 ~ 3–2 (각 2권; 총 6권)						●	●	●	●	●		
	원서 술술 읽는 Smart Reading Basic 1~2						●	●	●	●			
	원서 술술 읽는 Smart Reading 1~2									●	●	●	
	[특급 단기 특강] 구문독해 · 독해유형									●	●	●	●
Listening	Listening 공감 1~3						●	●	●	●			
	The Listening 1~4					●	●	●	●	●			
	After School Listening 1~3						●	●	●	●			
	도전! 만점 중학 영어듣기 모의고사 1~3						●	●	●	●			
	만점 적중 수능 듣기 모의고사 20회·35회									●	●	●	●
TEPS	NEW TEPS 입문편 실전 250+ 청해·문법·독해						●	●	●	●			
	NEW TEPS 기본편 실전 300+ 청해·문법·독해							●	●	●	●		
	NEW TEPS 실력편 실전 400+ 청해·문법·독해								●	●	●	●	
	NEW TEPS 마스터편 실전 500+ 청해·문법·독해									●	●	●	●

뉴텝스도 넥서스다!

NEW TEPS 입문편

뉴텝스 250+ 목표 대비

출발부터 다른 실력 향상 프로젝트 뉴텝스 청해

NEW TEPS 청해
Listening

출발부터 다른 실력 향상 프로젝트 뉴텝스 문법

NEW TEPS 입문편 실전 250+ 문법
Grammar

NEW TEPS 완벽 대비 최신판

출발부터 다른 실력 향상 프로젝트 뉴텝스 독해

NEW TEPS 입문편 실전 250+ 독해
Reading

NEW TEPS 완벽 대비 최신판

NEXUS Edu

☑ 서울대텝스관리위원회 NEW TEPS 경향 완벽 반영

☑ 뉴텝스 250점 이상 목표 달성을 위한 최적의 뉴텝스 입문서

☑ 신유형 문제는 한눈에 파악할 수 있도록 별도 표시

☑ 뉴텝스 실전 완벽 대비 Actual Test 3회분 수록

☑ 고득점의 감을 확실하게 잡아 주는 상세한 해설 제공

☑ 모바일 단어장, 받아쓰기, 보카 테스트 등 다양한 부가자료 제공

MP3 | 모바일 단어장 | 온라인 받아쓰기 | 모바일 VOCA TEST | 정답 자동 채점 | + | 어휘 리스트 & 테스트

MP3 듣기
모바일 단어장
온라인 받아쓰기
정답 자동 채점

추가 제공 자료 www.nexusbook.com

❶ MP3
❷ 모바일 단어장
❸ 정답 자동 채점
❹ 온라인 받아쓰기
❺ 모바일 VOCA TEST
❻ 어휘 리스트 & 테스트
❼ 테스트 도우미

* 추가 제공 자료는 영역마다 다를 수 있습니다.

NEW TEPS 입문편 실전 250+

청해 넥서스TEPS연구소 지음 | 296쪽 | 18,000원

문법 넥서스TEPS연구소 지음 | 224쪽 | 15,000원

독해 넥서스TEPS연구소 지음 | 304쪽 | 18,000원

NEW
TEPS
입문편
실전 250+ 청해

NEW TEPS 입문편(실전 250+) 청해

지은이 넥서스TEPS연구소
펴낸이 임상진
펴낸곳 (주)넥서스

출판신고 1992년 4월 3일 제311-2002-2호 ①
10880 경기도 파주시 지목로 5
Tel (02)330-5500 Fax (02)330-5555

ISBN   979-11-6165-702-8 14740
       979-11-6165-700-4 14740 (SET)

www.nexusbook.com

출발부터 다른, 실력 향상 프로젝트 뉴텝스 청해

NEW
TEPS

입문편
실전 250+

청해

넥서스TEPS연구소 지음

Listening

NEXUS Edu

TEPS 점수 환산표 TEPS → NEW TEPS

TEPS	NEW TEPS	TEPS	NEW TEPS	TEPS	NEW TEPS	TEPS	NEW TEPS
981~990	590~600	771~780	433~437	561~570	303~308	351~360	185~189
971~980	579~589	761~770	426~432	551~560	298~303	341~350	181~184
961~970	570~578	751~760	419~426	541~550	292~297	331~340	177~180
951~960	564~569	741~750	414~419	531~540	286~291	321~330	173~177
941~950	556~563	731~740	406~413	521~530	281~285	311~320	169~173
931~940	547~555	721~730	399~405	511~520	275~280	301~310	163~168
921~930	538~546	711~720	392~399	501~510	268~274	291~300	154~163
911~920	532~538	701~710	387~392	491~500	263~268	281~290	151~154
901~910	526~532	691~700	381~386	481~490	258~262	271~280	146~150
891~900	515~525	681~690	374~380	471~480	252~257	261~270	140~146
881~890	509~515	671~680	369~374	461~470	247~252	251~260	135~139
871~880	502~509	661~670	361~368	451~460	241~247	241~250	130~134
861~870	495~501	651~660	355~361	441~450	236~241	231~240	128~130
851~860	488~495	641~650	350~355	431~440	229~235	221~230	123~127
841~850	483~488	631~640	343~350	421~430	223~229	211~220	119~123
831~840	473~481	621~630	338~342	411~420	217~223	201~210	111~118
821~830	467~472	611~620	332~337	401~410	212~216	191~200	105~110
811~820	458~465	601~610	327~331	391~400	206~211	181~190	102~105
801~810	453~458	591~600	321~327	381~390	201~206	171~180	100~102
791~800	445~452	581~590	315~320	371~380	196~200		
781~790	438~444	571~580	309~315	361~370	190~195		

※출처: 한국영어평가학회 (보다 세분화된 환산표는 www.teps.or.kr에서 내려받을 수 있습니다.)

기존 텝스 시험이 NEW TPES로 개정된 이후, 문항 수와 시험 시간이 줄어 응시 부담과 피로도는 낮아졌습니다. 하지만 수험자가 느끼는 난이도는 크게 변하지 않아 여전히 어렵다는 의견들이 많습니다. 그렇습니다! TEPS는 각 영역마다 고비가 있는 시험입니다. 특히, 청해는 시험지에 아무것도 나와 있지 않아 오로지 자신의 듣기 능력에만 의존해야 하기 때문에 부담감이 다른 영역에 비해 높습니다. 이는 수험자의 청해 능력 평가를 목표로 하고, 요령을 통한 정답 유추를 방지하기 위함이라고 합니다. 하지만 수험자들이 빠른 속도로 생소한 생활영어 표현과 어려운 어휘를 청취로 문제를 해결한다는 것이 결코 쉽지 않고, 듣기 범위도 실용 영어에서부터 학술적인 내용까지 다양하므로 부담감이 매우 높습니다. 또한 대화나 담화문을 잘 듣고 이해했음에도 선택지 구성이 정답과 오답을 가려내기 힘듭니다.

그렇다면, NEW TEPS 청해 성적을 올리려면 어떻게 공부해야 할까요? 이는 TEPS의 길로 들어선 모든 수험자의 공통된 질문일 것입니다. 다른 공인 영어 시험과 마찬가지로 TEPS도 단순히 영어 능력을 측정하는 것이 아니라 어떻게 영어로 종합적이며 논리적인 사고를 할 수 있는지를 평가하는 시험이기 때문에 수험자 본인의 취약점을 잘 파악하여 적합한 교재를 선정하고 이를 꾸준하게 학습하는 것이 관건입니다. 또한 무조건 어려운 문제를 많이 푸는 것보다는 기본부터 실전까지 다양한 난이도의 문제를 바탕으로 딕테이션, 쉐도잉 등의 청취 실력을 높이는 훈련을 꾸준히 하는 것이 더 효과적입니다. 또한 NEW TEPS 청해 영역의 Part 4와 5의 지문들은 대부분 학술적인 내용을 다루고 있으므로 평소에 폭넓은 분야의 주제에 익숙해지도록 다양한 글을 읽어야 합니다.

〈NEW TEPS 입문편(실전250+) 청해〉에서는 이러한 텝스 청해의 문제 유형 파악을 기본으로, 청해 기본 훈련 및 가이드라인을 통해 청해의 기초 실력을 잡아줍니다. 또한 실전에서 활용할 수 있는 핵심 표현 및 집중 공략 훈련을 통해 단계별 청해 실력을 높여 주며, 기출 문제를 바탕으로 한 Actual Test를 통해 기초부터 실전까지 체계적으로 실력을 다질 수 있도록 구성되어 있습니다. 실질적인 점수를 올려 줄 〈NEW TEPS 입문편(실전250+) 청해〉를 통해 여러분이 원하는 목표를 꼭 이루시길 바랍니다.

넥서스TEPS연구소

Contents

Part III & IV & V

Ⅱ NEW TEPS 실전 모의고사 3회분

정답 및 해설(부록)

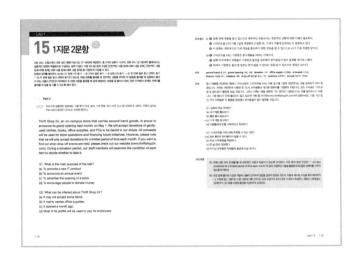

초급자를 위한
청해 유형 전략

뉴텝스 청해의 문제 유형을 21개 Unit으로 나눠 핵심 전략을 설명합니다. 텝스 입문자들을 위해 파트별, 주제별, 문제 유형별로 학습할 수 있도록 체계적으로 구성했습니다.

청해 기본 훈련

앞에서 학습한 TEPS 청해 유형 전략을 바로 실전 문제에 적용해 볼 수 있도록 연습 문제와 그에 대한 가이드라인을 제시했습니다.

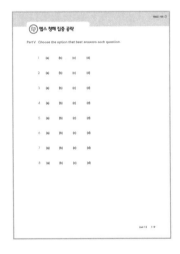

청해 집중 공략

청해 기본 훈련을 통해 축적된 핵심 전략을 활용하여, 실전 문제 풀이를 해볼 수 있도록 텝스 청해 집중 공략을 준비했습니다. Actual Test에 들어가기에 앞서 짧은 시간 동안 실전 감각을 익힐 수 있습니다.

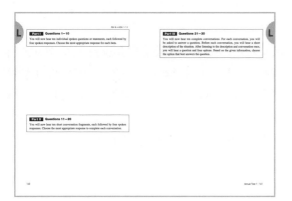

NEW TEPS 실전 모의고사 3회

최신기출 경향에 맞춘 실전 모의고사 3회분을 준비하여 수험자가 원하는 점수를 현실화할 수 있도록 했습니다. 또한 체계적으로 청해 실력을 향상시킬 수 있도록 온라인 받아쓰기를 제공합니다.

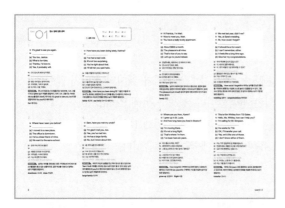

정답 및 상세한 해설

청해 집중 공략과 Actual Test 3회분의 전체 문제에 대한 정확한 해석과 상세한 해설, 친절한 어휘를 실어 뉴텝스 입문자의 청해 학습에 부족함이 없도록 준비했습니다.

부가 제공 자료

어휘 학습을 위해 QR코드를 통해 모바일 단어장 및 VOCA TEST를 이용할 수 있으며, 추가로 어휘 리스트&테스트를 넥서스 홈페이지(www.nexusbook.com)에서 다운로드할 수 있습니다.

TEPS는 Test of English Proficiency developed by Seoul National University의 약자로 서울대학교 언어교육원에서 개발하고, TEPS관리위원회에서 주관하는 국가공인 영어 시험입니다. 1999년 1월 처음 시행 이후 2018년 5월 12일부터 새롭게 바뀐 NEW TEPS가 시행되고 있습니다. TEPS는 정부기관 및 기업의 직원 채용이나 인사고과, 해외 파견 근무자 선발과 더불어 국내 유수의 대학과 특목고 입학 및 졸업 자격 요건, 국가고시 및 자격 시험의 영어 대체 시험으로 활용되고 있습니다.

1 / NEW TEPS는 종합적 지문 이해력 평가를 위한 시험으로, 실제 영어 사용 환경을 고려하여 평가 효율성을 높이고 시험 응시 피로도는 낮춰 수험자의 내재화된 영어 능력을 평가합니다.

2 / 편법이 없는 시험을 위해 청해(Listening)에서는 시험지에 선택지가 제시되어 있지 않아 눈으로 읽을 수 없고 오직 듣기 능력에만 의존해야 합니다. 청해나 독해(Reading)에서는 한 문제로 다음 문제의 답을 유추할 수 있는 가능성을 배제하기 위해 1지문 1문항을 고수해 왔지만 NEW TEPS부터 1지문 2문항 유형이 새롭게 추가되었습니다.

3 / 실생활에서 접할 수 있는 다양한 주제와 상황을 다룹니다. 일상생활과 비즈니스를 비롯해 문학, 과학, 역사 등 학술적인 소재도 출제됩니다.

4 / 청해, 어휘, 문법, 독해의 4영역으로 나뉘며, 총 135문항에 600점 만점입니다. 영역별 점수 산출이 가능하며, 점수 외에 5에서 1+까지 10등급으로 나뉩니다.

NEWTEPS 시험 구성

영역	문제 유형	문항수	제한 시간	점수 범위
청해 Listening Comprehension	**Part I** : 한 문장을 듣고 이어질 대화로 가장 적절한 답 고르기 (문장 1회 청취 후 선택지 1회 청취)	10	40분	0~240점
	Part II : 짧은 대화를 듣고 이어질 대화로 가장 적절한 답 고르기 (대화 1회 청취 후 선택지 1회 청취)	10		
	Part III : 긴 대화를 듣고 질문에 가장 적절한 답 고르기 (대화 및 질문 1회 **청취** 후 선택지 1회 청취)	10		
	Part IV : 담화를 듣고 질문에 가장 적절한 답 고르기 (1지문 1문항) (담화 및 질문 2회 청취 후 선택지 1회 청취)	6		
	Part V : 담화를 듣고 질문에 가장 적절한 답 고르기 (1지문 2문항) (담화 및 질문 2회 청취 후 선택지 1회 청취)	신유형 4		
어휘 Vocabulary	**Part I** : 대화문의 빈칸에 가장 적절한 어휘 고르기	10	변경 통합 25분	0~60점
	Part II : 단문의 빈칸에 가장 적절한 어휘 고르기	20		
문법 Grammar	**Part I** : 대화문의 빈칸에 가장 적절한 답 고르기	10		0~60점
	Part II : 단문의 빈칸에 가장 적절한 답 고르기	15		
	Part III : 대화 및 문단에서 문법상 틀리거나 어색한 부분 고르기	5		
독해 Reading Comprehension	**Part I** : 지문을 읽고 빈칸에 가장 적절한 답 고르기	10	40분	0~240점
	Part II : 지문을 읽고 문맥상 어색한 내용 고르기	2		
	Part III : 지문을 읽고 질문에 가장 적절한 답 고르기 (1지문 1문항)	13		
	Part IV : 지문을 읽고 질문에 가장 적절한 답 고르기 (1지문 2문항)	신유형 10		
총계	**14개 Parts**	135문항	105분	0~600점

청해 (Listening Comprehension) _40문항

정확한 청해 능력을 측정하기 위하여 문제와 보기 문항을 문제지에 인쇄하지 않고 들려줌으로써 자연스러운 의사소통의 인지 과정을 최대한 반영하였습니다. 다양한 의사소통 기능(Communicative Functions)의 대화와 다양한 상황(공고, 방송, 일상생활, 업무 상황, 대학 교양 수준의 강의 등)을 이해하는 데 필요한 전반적인 청해력을 측정하기 위해 대화문(dialogue)과 담화문(monologue)의 소재를 균형 있게 다루었습니다.

어휘 (Vocabulary) _30문항

문맥 없이 단순한 동의어 및 반의어를 선택하는 시험 유형을 배제하고 의미 있는 문맥을 근거로 가장 적절한 어휘를 선택하는 유형을 문어체와 구어체로 나누어 측정합니다.

문법 (Grammar) _30문항

밑줄 친 부분 중 오류를 식별하는 유형 등의 단편적이며 기계적인 문법 지식 학습을 조장할 우려가 있는 분리식 시험 유형을 배제하고, 의미 있는 문맥을 근거로 오류를 식별하는 유형을 통하여 진정한 의사소통 능력의 바탕이 되는 살아 있는 문법, 어법 능력을 문어체와 구어체를 통하여 측정합니다.

독해 (Reading Comprehension) _35문항

교양 있는 수준의 글(신문, 잡지, 대학 교양과목 개론 등)과 실용적인 글(서신, 광고, 홍보, 지시문, 설명문, 양식 등)을 이해하는 데 요구되는 총체적인 독해력을 측정하기 위해서 실용문 및 비전문적 학술문과 같은 독해 지문의 소재를 균형 있게 다루었습니다.

청해 Listening Comprehension

★ PART I (10문항)

두 사람의 질의응답 문제를 다루며, 한 번만 들려줍니다. 내용 자체는 단순하고 기본적인 수준의 생활 영어 표현으로 구성되어 있지만, 교과서적인 지식보다는 재빠른 상황 판단 능력이 필요합니다. Part I에서는 속도 적응 능력뿐만 아니라 순발력 있는 상황 판단 능력이 요구됩니다.

Choose the most appropriate response to the statement.

W I heard that it's going to be very hot tomorrow.

M _____

(a) It was the hottest day of the year.
(b) Be sure to dress warmly.
(c) Let's not sweat the details.
(d) It's going to be a real scorcher.

W 내일은 엄청 더운 날씨가 될 거래.

M _____

(a) 일 년 중 가장 더운 날이었어.
(b) 옷을 따뜻하게 입도록 해.
(c) 사소한 일에 신경 쓰지 말자.
(d) 엄청나게 더운 날이 될 거야.

정답 (d)

★ PART II (10문항)

짧은 대화 문제로, 두 사람이 A-B-A 순으로 보통의 속도로 대화하는 형식입니다. 소요 시간은 약 12초 전후로 짧습니다. Part I과 마찬가지로 한 번만 들려줍니다.

Choose the most appropriate response to complete the conversation.

M Would you like to join me to see a musical?

W Sorry no. I hate musicals.

M How could anyone possibly hate a musical?

W _____

(a) Different strokes for different folks.
(b) It's impossible to hate musicals.
(c) I agree with you.
(d) I'm not really musical.

M 나랑 같이 뮤지컬 보러 갈래?

W 미안하지만 안 갈래. 나 뮤지컬을 싫어하거든.

M 뮤지컬 싫어하는 사람이 있어?

W _____

(a) 사람마다 제각각이지 뭐.
(b) 뮤지컬을 싫어하는 것은 불가능해.
(c) 네 말에 동의해.
(d) 나는 그다지 음악에 재능이 없어.

정답 (a)

앞의 두 파트에 비해 다소 긴 대화를 들려줍니다. NEW TEPS에서는 대화와 질문 모두 한 번만 들려 줍니다. 대화의 주제나 주로 일어나고 있는 일, 화자가 갖고 있는 문제점, 세부 내용, 추론할 수 있는 것 등에 대해 묻습니다.

Choose the option that best answers the question.

W I just went to the dentist, and he said I need surgery.

M That sounds painful!

W Yeah, but that's not even the worst part. He said it will cost $5,000!

M Wow! That sounds too expensive. I think you should get a second opinion.

W Really? Do you know a good place?

M Sure. Let me recommend my guy I use. He's great.

Q: Which is correct according to the conversation?

(a) The man doesn't like his dentist.

(b) The woman believes that $5,000 sounds like a fair price.

(c) The man thinks that the dental surgery is too costly for her.

(d) The woman agrees that the dental treatment will be painless.

W 치과에 갔는데, 의사가 나보고 수술을 해야 한대.

M 아프겠다!

W 응, 하지만 더 심한 건 수술 비용이 5천 달러라는 거야!

M 왜! 너무 비싸다. 다른 의사의 진단을 받아 보는 게 좋겠어.

W 그래? 어디 좋은 곳이라도 알고 있니?

M 물론이지. 내가 가는 곳을 추천해 줄게. 잘하시는 분이야.

Q 대화에 의하면 다음 중 옳은 것은?

(a) 남자는 담당 치과 의사를 좋아하지 않는다.

(b) 여자는 5천 달러가 적당한 가격이라고 생각한다.

(c) 남자는 치과 수술이 여자에게 너무 비싸다고 생각한다.

(d) 여자는 치과 시술이 아프지 않을 것이라는 점에 동의한다.

정답 (c)

★ PART IV (6문항)

이전 파트와 달리, 한 사람의 담화를 다룹니다. 방송이나 뉴스, 강의, 회의를 시작하면서 발제하는 것 등의 상황이 나옵니다. Part IV, Part V는 담화와 질문을 두 번씩 들려줍니다. 담화의 주제와 세부 내용, 추론할 수 있는 것 등에 대해 묻습니다.

Choose the option that best answers the question.

Tests confirmed that a 19-year-old woman recently died of the bird flu virus. This was the third such death in Indonesia. Cases such as this one have sparked panic in several Asian nations. Numerous countries have sought to discover a vaccine for this terrible illness. Officials from the Indonesian Ministry of Health examined the woman's house and neighborhood, but could not find the source of the virus. According to the ministry, the woman had fever for four days before arriving at the hospital.

Q: Which is correct according to the news report?
(a) There is an easy cure for the disease.
(b) Most nations are unconcerned with the virus.
(c) The woman caught the bird flu from an unknown source.
(d) The woman was sick for four days and then recovered.

최근 19세 여성이 조류 독감으로 사망한 것이 검사로 확인되었고, 인도네시아에서 이번이 세 번째이다. 이와 같은 사건들이 일부 아시아 국가들에게 극심한 공포를 불러 일으켰고, 많은 나라들이 이 끔찍한 병의 백신을 찾기 위해 힘쓰고 있다. 인도네시아 보건부의 직원들은 그녀의 집과 이웃을 조사했지만, 바이러스의 근원을 찾을 수 없었다. 보건부에 의하면, 그녀는 병원에 도착하기 전 나흘 동안 열이 있었다.

Q 뉴스 보도에 의하면 다음 중 옳은 것은?
(a) 이 병에는 간단한 치료법이 있다.
(b) 대부분의 나라들은 바이러스에 대해 관심이 없다.
(c) 여자는 알려지지 않은 원인에 의해 조류 독감에 걸렸다.
(d) 여자는 나흘 동안 앓고 나서 회복되었다.

정답 (c)

이번 NEW TEPS에 새롭게 추가된 유형으로 1지문 2문항 유형입니다. 2개의 지문이 나오므로 총 4문항을 풀어야 합니다. 주제와 세부 내용, 추론 문제가 섞여서 출제되며, 담화와 질문을 두 번씩 들려줍니다.

Choose the option that best answers each question.

Most of you have probably heard of the Tour de France, the most famous cycling race in the world. But you may not be familiar with its complex structure and award system. The annual race covers about 3,500 kilometers across 21 days of racing. It has a total of 198 riders split into 22 teams of 9. At the end of the tour, four riders are presented special jerseys.

The most prestigious of these is the yellow jerseys. This is given to the rider with the lowest overall time. The white jersey is awarded on the same criterion, but it's exclusive to participants under the age of 26. The green jersey and the polka-dot jersey are earned based on points awarded at every stage of the race. So what's the difference between these two jerseys? Well, the competitor with the most total points gets the green jersey, while the rider with the most points in just the mountain sections of the race receives the polka-dot one.

Q1:　What is the talk mainly about?
(a) How the colors of the Tour de France jerseys were chosen.
(b) How the various Tour de France jerseys are won.
(c) Which Tour de France jerseys are the most coveted.
(d) Why riders in the Tour de France wear different colored jerseys.

Q2:　Which jersey is given to the rider with the most points overall?
(a) The yellow jersey　　　(c)　The green jersey
(b) The white jersey　　　(d)　The polka-dot jersey

여러분은 아마도 세계에서 가장 유명한 사이클링 대회인 투르 드 프랑스에 대해 들어보셨을 것입니다. 하지만 여러분은 그 대회의 복잡한 구조와 수상 체계에 대해서는 잘 모를 것입니다. 매년 열리는 이 대회는 21일 동안 약 3,500킬로미터를 주행하게 되어있습니다. 이 대회에서 총 198명의 참가자가 각각 9명으로 구성된 22팀으로 나뉩니다. 대회 마지막에는 4명의 선수에게 특별한 저지를 수여합니다.

가장 영예로운 것은 노란색 저지입니다. 이것은 가장 단시간에 도착한 참가자에게 수여됩니다. 흰색 저지는 같은 기준에 의하여 수여되는데, 26세 미만의 참가자에게만 수여됩니다. 녹색 저지와 물방울무늬 저지는 대회의 매 단계의 점수에 기반하여 주어집니다. 그럼 이 두 저지의 차이점은 무엇일까요? 자. 가장 높은 총점을 딴 참가자는 녹색 저지를 받고, 산악 구간에서 가장 많은 점수를 딴 참가자는 물방울무늬 저지를 받습니다.

Q1 담화문의 주제는 무엇인가?
(a) 투르 드 프랑스 저지의 색깔은 어떻게 정해지는가
(b) 다양한 투르 드 프랑스 저지가 어떻게 수여되는가
(c) 어떤 투르 드 프랑스 저지가 가장 선망의 대상이 되는가
(d) 투르 드 프랑스의 선수들이 다양한 색의 저지를 입는 이유는 무엇인가　　　　정답 (b)

Q2 가장 많은 총점을 획득한 선수에게 어떤 저지가 주어지는가?
(a) 노란색 저지　　　(c) 녹색 저지
(b) 흰색 저지　　　(d) 물방울무늬 저지　　　　정답 (c)

★ PART I (10문항)

구어체로 되어 있는 A와 B의 대화 중 빈칸에 가장 적절한 단어를 고르는 문제입니다. 단어의 단편적인 의미보다는 문맥에서 쓰인 의미가 더 중요합니다. 한 개의 단어로 된 선택지뿐만 아니라 두세 단어 이상의 구를 이루는 선택지도 있습니다.

Choose the option that best completes the dialogue.

A Congratulations on your _____ of the training course.

B Thank you. It was hard, but I managed to pull through.

(a) improvement
(b) resignation
(c) evacuation
(d) completion

A 훈련 과정을 완수한 거 축하해.
B 고마워. 어려웠지만 가까스로 끝낼 수 있었어.

(a) 개선
(b) 사임
(c) 철수
(d) 완료

정답 (d)

★ PART II (20문항)

하나 또는 두 개의 문장 속의 빈칸에 가장 적당한 단어를 고르는 문제입니다. 어휘력을 늘릴 때 한 개씩 단편적으로 암기하는 것보다는 하나의 표현으로, 즉 의미 단위로 알아 놓는 것이 제한된 시간 내에 어휘 시험을 정확히 푸는 데 많은 도움이 됩니다. 후반부로 갈수록 수준 높은 어휘가 출제되며, 단어 사이의 미묘한 의미의 차이를 묻는 문제도 출제됩니다.

Choose the option that best completes the sentence.

Brian was far ahead in the game and was certain to win, but his opponent refused to _____.

(a) yield
(b) agree
(c) waive
(d) forfeit

브라이언이 게임에 앞서 가고 있어서 승리가 확실했지만 그의 상대는 굴복하려 하지 않았다.

(a) 굴복하다
(b) 동의하다
(c) 포기하다
(d) 몰수당하다

정답 (a)

★ PART I (10문항)

A와 B 두 사람의 짧은 대화를 통해 구어체 관용 표현, 품사, 시제, 인칭, 어순 등 문법 전반에 대한 이해를 묻습니다. 대화 중에 빈칸이 있고, 그곳에 들어갈 적절한 표현을 고르는 형식입니다.

Choose the option that best completes the dialogue.

A I can't attend the meeting, either.

B Then we have no choice _____ the meeting.

(a) but canceling

(b) than to cancel

(c) than cancel

(d) but to cancel

A 저도 회의에 참석할 수 없어요.

B 그러면 회의를 취소하는 수밖에요.

(a) 그러나 취소하는

(b) 취소하는 것보다

(c) 취소하는 것보다

(d) 취소하는 수밖에

정답 (d)

★ PART II (15문항)

Part I에서 구어체의 대화를 나눴다면, Part II에서는 문어체의 문장이 나옵니다. 서술문 속의 빈칸을 채우는 문제로 수 일치, 태, 어순, 분사 등 문법 자체에 대한 이해도는 물론 구문에 대한 이해력이 중요합니다.

Choose the option that best completes the sentence.

_____ being pretty confident about it, Irene decided to check her facts.

(a) Nevertheless

(b) Because of

(c) Despite

(d) Instead of

그 일에 대해 매우 자신감이 있었음에도 불구하고 아이린은 사실을 확인하기로 했다.

(a) 그럼에도 불구하고

(b) 때문에

(c) 그럼에도 불구하고

(d) 대신에

정답 (c)

★ PART III (대화문: 2문항 / 지문: 3문항)

① A–B–A–B의 대화문에서 어법상 틀리거나 문맥상 어색한 부분이 있는 문장을 고르는 문제입니다. 이 영역 역시 문법 뿐만 아니라 정확한 구문 파악과 대화 내용을 이해하는 능력이 중요합니다.

Identify the option that contains a grammatical error.

(a) A: What are you doing this weekend?

(b) B: Going fishing as usual.

(c) A: Again? What's the fun in going fishing? Actually, I don't understand why people go fishing.

(d) B: For me, I like being alone, thinking deeply to me, being surrounded by nature.

(a) A 이번 주말에 뭐해?

(b) B 평소처럼 낚시 가.

(c) A 또 가? 낚시가 뭐 재미있니? 솔직히 난 사람들이 왜 낚시를 하러 가는지 모르겠어.

(d) B 내 경우엔 자연에 둘러 싸여서 혼자 깊이 생각해 볼 수 있다는 게 좋아.

정답 (d) me → myself

---

② 한 문단을 주고 그 가운데 문법적으로 틀리거나 어색한 문장을 고르는 문제입니다. 문법적으로 틀린 부분을 신속하게 골라야 하므로 독해 문제처럼 속독 능력도 중요합니다.

Identify the option that contains a grammatical error.

(a) The creators of a new video game hope to change the disturbing trend of using violence to enthrall young gamers. (b) Video game designers and experts on human development teamed up and designed a new computer game with the gameplay that helps young players overcome everyday school life situations. (c) The elements in the game resemble regular objects: pencils, erasers, and the like. (d) The players of the game "win" by choose peaceful solutions instead of violent ones.

(a) 새 비디오 게임 개발자들은 어린 게이머들의 흥미 유발을 위해 폭력적인 내용을 사용하는 불건전한 판도를 바꿔 놓을 수 있기를 바란다. (b) 비디오 게임 개발자들과 인간 발달 전문가들이 공동으로 개발한 새로운 컴퓨터 게임은 어린이들이 매일 학교에서 부딪히는 상황에 잘 대처할 수 있도록 도와준다. (c) 실제로 게임에는 연필과 지우개 같은 평범한 사물들이 나온다. (d) 폭력적인 해결책보다 비폭력적인 해결책을 선택하면 게임에서 이긴다.

정답 (d) by choose → by choosing

★ PART I (10문항)

지문 속 빈칸에 알맞은 것을 고르는 유형입니다. 글 전체의 흐름을 파악하여 문맥상 빈칸에 들어갈 내용을 찾아야 하는데, 주로 지문의 주제와 관련이 있습니다. 마지막 두 문제, 9번과 10번은 빈칸에 알맞은 연결어를 고르는 문제입니다. 문맥의 흐름을 논리적으로 파악할 수 있어야 합니다.

Read the passage and choose the option that best completes the passage.

Tech industry giants like Facebook, Google, Twitter, and Amazon have threatened to shut down their sites. They're protesting legislation that may regulate Internet content. The Stop Online Piracy Act, or SOPA, according to advocates, will make it easier for regulators to police intellectual property violations on the web, but the bill has drawn criticism from online activists who say SOPA will outlaw many common internet-based activities, like downloading copyrighted content. A boycott, or blackout, by the influential web companies acts to _____.

(a) threaten lawmakers by halting all Internet access
(b) illustrate real-world effects of the proposed rule
(c) withdraw web activities the policy would prohibit
(d) laugh at the debate about what's allowed online

페이스북, 구글, 트위터, 아마존과 같은 거대 기술업체들이 그들의 사이트를 닫겠다고 위협했다. 그들은 인터넷 콘텐츠를 규제할지도 모르는 법령의 제정에 반대한다. 지지자들은 온라인 저작권 침해 금지 법안으로 인해 단속 기관들이 더 쉽게 웹상에서 지적 재산 침해 감시를 할 수 있다고 말한다. 그러나 온라인 활동가들은 저작권이 있는 콘텐츠를 다운로드하는 것과 같은 일반적인 인터넷 기반 활동들이 불법화될 것이라고 이 법안을 비판하고 있다. 영향력 있는 웹 기반 회사들에 의한 거부 운동 또는 보도 통제는 발의된 법안이 현실에 미치는 영향을 보여 주기 위한 것이다.

(a) 인터넷 접속을 금지시켜서 입법자들을 위협하기 위한
(b) 발의된 법안이 현실에 미치는 영향을 보여 주기 위한
(c) 그 정책이 금지하게 될 웹 활동들을 중단하기 위한
(d) 온라인에서 무엇이 허용될지에 대한 논쟁을 비웃기 위한

정답 (b)

글의 흐름상 어색한 문장을 고르는 문제로, 전체 흐름을 파악하여 지문의 주제나 소재와 관계없는 내용을 고릅니다.

Read the passage and identify the option that does NOT belong.

For the next four months, major cities will experiment with new community awareness initiatives to decrease smoking in public places. (a) Anti-tobacco advertisements in recent years have relied on scare tactics to show how smokers hurt their own bodies. (b) But the new effort depicts the effects of second-hand smoke on children who breathe in adults' cigarette fumes. (c) Without these advertisements, few children would understand the effects of adults' hard-to-break habits. (d) Cities hope these messages will inspire people to think about others and cut back on their tobacco use.

향후 4개월 동안 주요 도시들은 공공장소에서의 흡연을 줄이기 위해 지역 사회의 의식을 촉구하는 새로운 계획을 시도할 것이다. (a) 최근에 금연 광고는 흡연자가 자신의 몸을 얼마나 해치고 있는지를 보여 주기 위해 겁을 주는 방식에 의존했다. (b) 그러나 이 새로운 시도는 어른들의 담배 연기를 마시는 아이들에게 미치는 간접흡연의 영향을 묘사한다. (c) 이러한 광고가 없다면, 아이들은 어른들의 끊기 힘든 습관이 미칠 영향을 모를 것이다. (d) 도시들은 이러한 메시지가 사람들에게 타인에 대해서 생각해 보고 담배 사용을 줄이는 마음이 생기게 할 것을 기대하고 있다.

정답 (c)

글의 내용 이해를 측정하는 문제로, 글의 주제나 대의 혹은 전반적 논조를 파악하는 문제, 세부 내용을 파악하는 문제, 추론하는 문제가 있습니다.

Read the passage, question, and options. Then, based on the given information, choose the option that best answers the question.

In theory, solar and wind energy farms could provide an alternative energy source and reduce our dependence on oil. But in reality, these methods face practical challenges no one has been able to solve. In Denmark, for example, a country with some of the world's largest wind farms, it turns out that winds blow most when people need electricity least. Because of this reduced demand, companies end up selling their power to other countries for little profit. In some cases, they pay customers to take the leftover energy.

Q: Which of the following is correct according to the passage?

(a) Energy companies can lose money on the power they produce.

(b) Research has expanded to balance supply and demand gaps.

(c) Solar and wind power are not viewed as possible options.

(d) Reliance on oil has led to political tensions in many countries.

이론상으로 태양과 풍력 에너지 발전 단지는 대체 에너지 자원을 제공하고 원유에 대한 의존을 낮출 수 있다. 그러나 사실상 이러한 방법들은 아무도 해결할 수 없었던 현실적인 문제에 부딪친다. 예를 들어 세계에서 가장 큰 풍력 에너지 발전 단지를 가진 덴마크에서 사람들이 전기를 가장 덜 필요로 할 때 가장 강한 바람이 분다는 것이 판명되었다. 이러한 낮은 수요 때문에 회사는 결국 그들의 전력을 적은 이윤으로 다른 나라에 팔게 되었다. 어떤 경우에는 남은 에너지를 가져가라고 고객에게 돈을 지불하기도 한다.

Q 이 글에 의하면 다음 중 옳은 것은?

(a) 에너지 회사는 그들이 생산한 전력으로 손해를 볼 수도 있다.

(b) 수요와 공급 격차를 조정하기 위해 연구가 확장되었다.

(c) 태양과 풍력 에너지는 가능한 대안으로 간주되지 않는다.

(d) 원유에 대한 의존은 많은 나라들 사이에 정치적 긴장감을 가져왔다.

정답 (a)

이번 NEW TEPS에 새롭게 추가된 유형으로 1지문 2문항 유형입니다. 5개의 지문이 나오므로 총 10문항을 풀어야 합니다. 주제와 세부 내용, 추론 문제가 섞여서 출제됩니다.

Read the passage, questions, and options. Then, based on the given information, choose the option that best answers each question.

You seem exasperated that the governor's proposed budget would triple the funding allocated to state parks. What's the problem? Such allocation hardly represents "profligate spending," as you put it. Don't forget that a third of all job positions at state parks were cut during the last recession. This left the parks badly understaffed, with a dearth of park rangers to serve the 33 million people who visit them annually. It also contributed to deterioration in the parks' natural beauty due to a decrease in maintenance work.

These parks account for less than 1% of our state's recreational land, yet they attract more visitors than our top two largest national parks and national forests combined. They also perform a vital economic function, bringing wealth to nearby rural communities by attracting people to the area. The least we can do is to provide the minimum funding to help keep them in good condition.

Q1:   What is the writer mainly trying to do?
(a) Justify the proposed spending on state parks
(b) Draw attention to the popularity of state parks
(c) Contest the annual number of state park visitors
(d) Refute the governor's stance on the parks budget

Q2:   Which statement would the writer most likely agree with?
(a) Low wages are behind the understaffing of the state parks.
(b) State parks require more promotion than national parks.
(c) The deterioration of state parks is due mainly to overuse.
(d) The state parks' popularity is disproportionate to their size.

여러분은 주립 공원에 할당된 예산을 세배로 증가시키려는 주지사의 제안을 듣고 분노할지도 모른다. 무엇이 문제일까? 그와 같은 할당은 여러분들이 말하듯이 '낭비적인 지출'이라고 말하기 힘들다. 지난 경제 침체기 동안 주립 공원 일자리의 1/3이 삭감되었다는 사실을 잊지 말기 바란다. 이 때문에 공원은 부족한 관리인들이 매년 공원을 방문하는 3천3백만 명의 사람들을 처리해야 하는 인력 부족에 시달리고 있다. 또 그 때문에 관리 작업 부족으로 공원의 자연 경관이 망가지게 되었다.

이 공원들은 주의 여가지의 1%도 차지하지 않지만, 규모가 가장 큰 2개의 국립공원과 국립 숲을 합친 것보다 많은 방문객을 끌어들인다. 그들은 사람들을 그 지역으로 끌어들여 부를 주변의 공동체에게 가져다줌으로써 중요한 경제적 기능을 한다. 우리가 할 수 있는 최소한의 일은 공원이 잘 관리될 수 있도록 최소한의 자금을 조달하는 것이다.

Q1 작가가 주로 하고 있는 것은?

(a) 주립 공원 예산안을 정당화하기

(b) 주립 공원 인기에 대한 주의를 환기시키기

(c) 매년 주립 공원을 방문하는 사람 수에 대한 의문 제기하기

(d) 공원 예산에 대한 주지사의 입장에 대해 반박하기

정답 (a)

Q2 저자가 동의할 것 같은 내용은?

(a) 인력난에 시달리는 주립 공원의 배경에는 낮은 임금이 있다.

(b) 주립 공원은 국립공원보다 더 많은 지원이 필요하다.

(c) 주립 공원은 지나친 사용 때문에 망가지고 있다.

(d) 주립 공원의 인기는 그 규모와는 어울리지 않는다.

정답 (b)

※ 독해 Part 4 뉴텝스 샘플 문제는 서울대텝스관리위원회에서 제공한 문제입니다. (www.teps.or.kr)

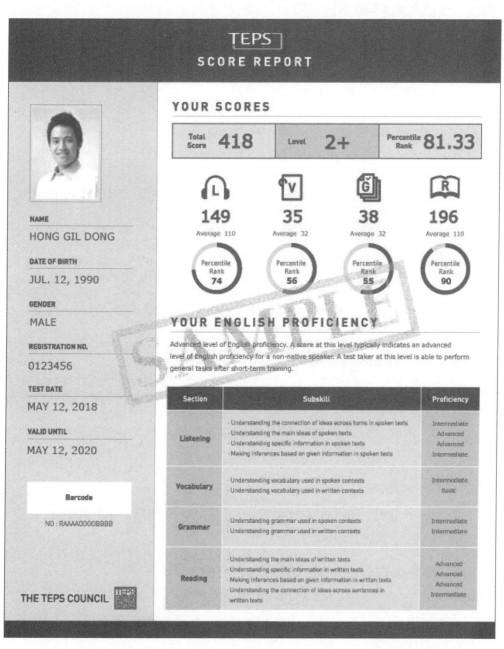

NEW TEPS Q&A

1 / 시험 접수는 어떻게 해야 하나요?

정기 시험은 회차별로 지정된 접수 기간 중 인터넷(www.teps.or.kr) 또는 접수처를 방문하여 접수하실 수 있습니다. 정시 접수의 응시료는 39,000원입니다. 접수기간을 놓친 수험생의 응시편의를 위해 마련된 추가 접수도 있는데, 추가 접수 응시료는 42,000원입니다.

2 / 텝스관리위원회에서 인정하는 신분증은 무엇인가요?

아래 제시된 신분증 중 한 가지를 유효한 신분증으로 인정합니다.

일반인, 대학생	주민등록증, 운전면허증, 기간 만료전의 여권, 공무원증, 장애인 복지카드, 주민등록(재)발급 확인서 *대학(원)생 학생증은 사용할 수 없습니다.
중 · 고등학생	학생증(학생증 지참 시 유의 사항 참조), 기간 만료 전의 여권, 청소년증(발급 신청 확인서), 주민등록증(발급 신청 확인서), TEPS신분확인증명서
초등학생	기간 만료 전의 여권, 청소년증(발급신청확인서), TEPS신분확인증명서
군인	주민등록증(발급신청확인서), 운전면허증, 기간만료 전의 여권, 현역간부 신분증, 군무원증, TEPS신분확인증명서
외국인	외국인등록증, 기간 만료 전의 여권, 국내거소신고증(출입국 관리사무소 발행)

*시험 당일 신분증 미지참자 및 규정에 맞지 않는 신분증 소지자는 시험에 응시할 수 없습니다.

3 / TEPS 시험 볼 때 꼭 가져가야 하는 것은 무엇인가요?

신분증, 컴퓨터용 사인펜, 수정테이프(컴퓨터용 연필, 수정액은 사용 불가), 수험표입니다.

4 / TEPS 고사장에 도착해야 하는 시간은 언제인가요?

오전 9시 30분까지 입실을 완료해야 합니다. (토요일 시험의 경우 오후 2:30까지 입실 완료)

5 / 시험장의 시험 진행 일정은 어떻게 되나요?

	시험 진행 시간	내용	비고
시험 준비 단계 (입실 완료 후 30분)	10분	답안지 오리엔테이션	1차 신분확인
	5분	휴식	
	10분	신분확인 휴대폰 수거 (기타 통신전자기기 포함)	2차 신분확인
	5분	최종 방송 테스트 문제지 배부	
본 시험 (총 105분)	40분	청해	쉬는 시간 없이 시험 진행 각 영역별 제한시간 엄수
	25분	어휘/문법	
	40분	독해	

*시험 진행 시험 당일 고사장 사정에 따라 변동될 수 있습니다.
*영역별 제한 시간 내에 해당 영역의 문제 풀이 및 답안 마킹을 모두 완료해야 합니다.

6 / 시험 점수는 얼마 후에 알게 되나요?

TEPS 정기시험 성적 결과는 시험일 이후 2주차 화요일 17시에 TEPS 홈페이지를 통해 발표되며 우편 통보는 성적 발표일로부터 7~10일 가량 소요됩니다. 성적 확인을 위해서는 성적 확인용 비밀번호를 반드시 입력해야 합니다. 성적 확인 비밀번호는 가장 최근에 응시한 TEPS 정기 시험 답안지에 기재한 비밀번호 4자리입니다. 성적 발표일은 변경될 수 있으니 홈페이지 공지사항을 참고하시기 바랍니다. TEPS 성적은 2년간 유효합니다.

※자료 출처 : www.teps.or.kr

등급	점수	영역	능력검정기준(Description)
1+	526~600	전반	외국인으로서 최상급 수준의 의사소통 능력 교양 있는 원어민에 버금가는 정도로 의사소통이 가능하고 전문분야 업무에 대처할 수 있음 (Native Level of English Proficiency)
1	453~525	전반	외국인으로서 최상급 수준에 근접한 의사소통능력 단기간 집중 교육을 받으면 대부분의 의사소통이 가능하고 전문분야 업무에 별 무리 없이 대처할 수 있음 (Near-Native Level of Communicative Competence)
2+	387~452	전반	외국인으로서 상급 수준의 의사소통능력 단기간 집중 교육을 받으면 일반 분야업무를 큰 어려움 없이 수행할 수 있음 (Advanced Level of Communicative Competence)
2	327~386	전반	외국인으로서 중상급 수준의 의사소통능력 중장기간 집중 교육을 받으면 일반분야 업무를 큰 어려움 없이 수행할 수 있음 (High Intermediate Level of Communicative Competence)
3+	268~326	전반	외국인으로서 중급 수준의 의사소통능력 중장기간 집중 교육을 받으면 한정된 분야의 업무를 큰 어려움 없이 수행할 수 있음 (Mid Intermediate Level of Communicative Competence)
3	212~267	전반	외국인으로서 중하급 수준의 의사소통능력 중장기간 집중 교육을 받으면 한정된 분야의 업무를 다소 미흡하지만 큰 지장 없이 수행할 수 있음 (Low Intermediate Level of Communicative Competence)
4+	163~211	전반	외국인으로서 하급수준의 의사소통능력 장기간의 집중 교육을 받으면 한정된 분야의 업무를 대체로 어렵게 수행할 수 있음 (Novice Level of Communicative Competence)
4	111~162		
5+	55~110	전반	외국인으로서 최하급 수준의 의사소통능력 단편적인 지식만을 갖추고 있어 의사소통이 거의 불가능함 (Near-Zero Level of Communicative Competence)
5	0~54		

I

NEW TEPS
청해 전략

뉴텝스
신유형

MP3 바로 듣기
받아쓰기 테스트
모바일 단어장

01 인사 & 소개

유형 리뷰 | 인사, 안부 및 소개에 관한 대화문은 사회생활을 하는 데 기본이 된다. 처음 만난 사람, 오랜만에 만난 사람, 또는 다른 사람을 소개하는 상황 등을 중심으로 출제된다.

Part I

Point Part 1에 나오는 상황들을 크게 분류한 후 각각에 따른 관용 표현을 함께 익혀두자. 처음 한 문장을 듣고 대화 상황을 바로 이해해야 다음에 이어질 가능한 응답들을 예측할 수 있다.

M: Hey, how's it going?

W: _____

(a) Not really.
(b) Pretty good.
(c) I have no idea.
(d) Nice meeting you here.

문제 풀이 ❶ 친한 사이에 안부를 묻는 How is it going?과 어울리는 것은 (b)의 Pretty good이다.

❷ (a)와 (c)는 인사에 대한 응답으로 적절하지 않고, (d)는 작별할 때 하는 인사로 쓰인다.

번역 M: 안녕, 어떻게 지내니?

W: _____

(a) 꼭 그렇진 않아.
★(b) 아주 잘 지내.
(c) 나도 모르겠어.
(d) 만나서 반가웠어.

오답 탈출

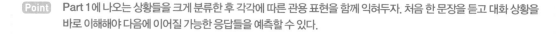

Nice to meet you. **vs Nice** meeting you.

두 문장은 유사해 보이지만 구분해서 기억해야 한다. Nice to meet you(만나서 반가워요)는 처음 대면했을 때 하는 인사말이고, Nice meeting you(만나서 반가웠어요)는 작별하면서 할 수 있는 말이다.

Possible Answers

□ **Great.** 아주 잘 지내.
□ **Not bad.** 나쁘진 않아.
□ **Can't complain.** 괜찮은 편이야.

Point Part 2의 경우 인사, 소개 및 안부에 관한 내용이 종합적으로 대화문에 담겨 있다. 먼저 대화문의 전체 흐름에 유의해야 하고, 문제를 해결하는 데 필요한 핵심 내용이 마지막 말에 담겨 있을 때가 많으므로 특히 주의하여 듣도록 한다.

W: Long time no see!
M: Yeah, I haven't seen you for ages.
W: By the way, how's your job treating you?
M: _____

(a) It could be worse.
(b) He treats me badly.
(c) I'm glad you like it.
(d) It's nice to work with you.

문제 풀이 ❶ How is your job treating you?는 '일이 당신을 어떻게 대하고 있는가?' 즉, '하는 일이 어때?'라는 표현으로, treat는 '(특정한 태도로) 대하다, 취급하다'라는 뜻으로 쓰인다.

❷ (a)의 It could be worse는 '(더 안 좋을 수 있지만) 이 정도로 다행이다'라는 의미로, 하고 있는 일이 괜찮다는 뜻으로 쓸 수 있다. (b) He treats me badly는 그가 나를 안 좋게 대한다는 의미이므로 질문에 대한 답으로 알맞지 않다.

번역 W: 오랜만이야!
M: 그래. 오랫동안 못 봤구나.
W: 그나저나, 하는 일은 어때?
M: _____
★(a) 그냥 그렇지, 뭐.
(b) 그는 나에게 심하게 굴어.
(c) 네가 좋다니 기뻐.
(d) 함께 일하게 돼 좋아.

오답 탈출

It couldn't be worse. ⓥⓢ **It could be worse.**

두 문장은 비슷하게 들리지만 의미는 전혀 다르다. It couldn't be worse는 '정말 안 좋아'라는 의미이고, It could be worse는 '그럭저럭 괜찮아'라는 의미이다. It couldn't be worse의 경우 not의 발음이 강하게 발음되지 않기 때문에 [커든 비]처럼 들림에 주의해야 한다.

Possible Answers

☐ **I'm alright.** 난 잘 지내.
☐ **Things are going well.** 일이 잘되고 있어.
☐ **It pays the bills.** 먹고 살 만해.

인사 (Greetings)

A: Hi. What's up? 어떻게 지내세요?
B: Just the usual. 그저 그래요.

A: What brings you here? 무슨 일로 왔어요?
B: I'm here on business. 출장으로 왔습니다.

A: Please say hello to her. 그녀에게 안부 좀 전해 주세요.
B: Sure I will. 그럴게요.

A: I haven't seen you in ages. 오랜만입니다.
B: It's been a while. 오랜만이에요.

소개 (Introduction)

A: Let me introduce myself. I'm Jake. 제 소개를 하죠. 저는 제이크예요.
B: Hi, I'm Susan. Glad to meet you. 안녕하세요. 저는 수잔이에요. 만나서 반가워요.

A: Haven't I met you before? 전에 뵌 적이 있나요?
B: I don't think so. 그런 것 같진 않은데요.

작별 (Farewells)

A: I'm afraid I'd better be leaving. 이제 가봐야겠어요.
B: Drop me a line. 연락해요.

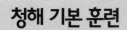

A　Listen to each response and choose the answer.

1　(a) 적절한 응답이다　　　　(b) 부적절한 응답이다
2　(a) 적절한 응답이다　　　　(b) 부적절한 응답이다
3　(a) 적절한 응답이다　　　　(b) 부적절한 응답이다
4　(a) 적절한 응답이다　　　　(b) 부적절한 응답이다
5　(a) 적절한 응답이다　　　　(b) 부적절한 응답이다

B　Listen and choose the correct response.

6　(a)　　(b)
7　(a)　　(b)
8　(a)　　(b)
9　(a)　　(b)
10　(a)　　(b)

 텝스 청해 집중 공략　　　　해설집 P2

Part I　Choose the most appropriate response for each item.

1　(a)　　(b)　　(c)　　(d)
2　(a)　　(b)　　(c)　　(d)
3　(a)　　(b)　　(c)　　(d)
4　(a)　　(b)　　(c)　　(d)

Part II　Choose the most appropriate response to complete each conversation.

5　(a)　　(b)　　(c)　　(d)
6　(a)　　(b)　　(c)　　(d)
7　(a)　　(b)　　(c)　　(d)
8　(a)　　(b)　　(c)　　(d)

1

A: How are things going with you? 어떻게 지내니?
B: Can't complain. 그럭저럭 지내.

해법 안부를 묻는 인사에 그럭저럭 지낸다고 하며 대화가 자연스럽게 이어지고 있다.
Can't complain. 그럭저럭 지내.

2

A: This is Mike. We went to the same school. 이 애가 마이크야. 우리는 같은 학교에 다녔어.
B: I know that school, too. 나도 그 학교를 알아.

해법 마이크라는 친구를 소개하는 상황이므로 만나서 반갑다(Nice to meet you)거나 소개하는 인사 등이 와야 한다. 학교에 대해 언급하는 것은 자연스럽지 않다.
go to the same school 같은 학교에 다니다

3

A: You look familiar. Have we met before? 낯이 익네요. 우리 전에 만난 적이 있나요?
B: Yes, I've seen him once. 네, 그를 한 번 본 적이 있어요.

해법 서로가 만난 적이 있냐고 묻는데, 다른 사람(him)을 지칭했으므로 어색한 대화이다. 당신을 한 번 본 적이 있어요 (I've seen you once)라고 말하는 것이 적절하다.
look familiar 낯이 익다

4

A: What have you been up to lately? 요즘 어떻게 지냈니?
B: So far, so good. 지금까지는 좋아.

해법 So far, so good은 현재 진행 중인 일이나 계획의 진행 상황에 대해 잘되고 있다는 의미로, '아직은 아무 문제없어, 잘되어 가고 있어'라는 뜻으로 쓰인다. 안부를 묻는 데 대한 응답으로는 알맞지 않다.

5

A: Let's keep in touch. 연락하고 지내자.
B: Sure, I will drop you a line. 그래, 연락할게.

해법 연락하고 지내자는 말에 I will drop you a line(연락할게)이라고 말했으므로 적절한 응답이다.
keep in touch 연락하고 지내다   **drop A a line** A에게 연락을 하다

6

> What are you up to? 어떻게 지냈어요?
> (a) Nothing special. 별일 없어요.
> (b) Good to see you. 만나서 반가워요.

해법 어떻게 지내냐는 안부를 묻는 인사이므로 대체적인 근황을 얘기하는 (a)가 자연스러운 응답이다.
Nothing special. 별일 없다. 그냥 그렇다.

7

> Nice talking to you. Take care. 만나서 반가웠어. 잘 가.
> (a) OK, I will take care of it. 좋아. 내가 처리할게.
> (b) I will. Let's keep in touch. 그래, 연락하고 지내자.

해법 Nice talking to you는 헤어질 때 하는 말이므로 (b)가 적절하다. take care of는 '돌보다'의 뜻이 있지만 (a)처럼 '~을 처리하다'는 의미로도 쓰인다. 자신이 알아서 하겠다는 의미이므로 작별 인사로는 적절하지 않다.
Take care. 몸 건강히 지내.

8

> I didn't expect to run into you. 널 이렇게 만나게 될 줄은 몰랐어.
> (a) Let's run to the building. 건물까지 뛰어가자.
> (b) What a coincidence! 정말 우연이네!

해법 우연히 만난 상대에게 건네는 인사에 대해 정말 우연이라고 대답하는 (b)가 적절하다. run into는 '우연히 만나다' 라는 뜻으로, (a)의 run과 의미를 구별해야 한다.
run into ~을 우연히 만나다   **coincidence** 우연

9

> I'm Grace, Lawrence's colleague. 로렌스의 동료, 그레이스예요.
> (a) Nice to meet you. 만나서 반가워요.
> (b) It was a pleasure seeing you again. 다시 만나서 반가웠어요.

해법 처음 소개받은 상대방에게는 만나서 반갑다고 하는 (a)가 적절하다. (b)는 상대방과 다시 만난 뒤 헤어지면서 하는 인사이다.
colleague 동료

10

> Give my best to your brother. 남동생에게 안부 좀 전해 줘.
> (a) I saw your brother. 네 남동생을 만났어.
> (b) OK, I will. 응, 그럴게.

해법 남동생에게 안부를 전해 주라는 인사에 대한 응답으로는 그렇게 하겠다는 (b)가 적절하다.
give one's best to ~에게 안부를 전하다

02 칭찬 & 축하

유형 리뷰 | 일상에서 가장 흔한 상황 중 하나가 칭찬이나 축하일 것이다. 승진, 출산, 패션, 업무 수행 등 자주 출제되는 카테고리가 있다. 질문 유형뿐만 아니라 칭찬이나 축하에 대한 감사 표현도 함께 묶어서 기억하도록 하자.

 Part I

Point Part 1에 자주 출제되는 칭찬이나 축하 상황 관련 표현은 특히 정형화된 표현 위주로 출제된다. 상황별 질문 유형뿐만 아니라 응답 유형도 숙지하고 있으면 쉽게 답을 고를 수 있다.

M: Your presentation was great.
W: _____

(a) Me too.
(b) Don't mention it.
(c) Thanks. You deserve it.
(d) It's nice of you to say so.

문제 풀이 ❶ 발표가 훌륭했다는 상대방의 칭찬에 대한 감사를 나타내는 표현을 묻고 있다.

❷ 상대방에게 고마움을 표시하는 (d)가 적절하다.

❸ (c)의 You deserve it은 받을 자격이 있다는 뜻으로, 상대방을 칭찬할 때 쓰는 표현이다.

번역 M: 발표가 훌륭했어요.
W: _____
(a) 저도 그래요.
(b) 천만에요.
(c) 고마워요. 당신은 그럴 만해요.
★(d) 그렇게 말해주니 고마워요.

오답 탈출 **마지막까지 잘 들어야 오답 함정을 피할 수 있다.**

상대방의 칭찬에 대해 무조건 고맙다(thanks)고 답했다고 정답은 아니다. 선택지를 끝까지 듣고 적절성 여부를 가려야 한다. 앞의 대화에서 발표가 훌륭했다는 칭찬에 (c)와 같이 대답한 경우, Thanks까지는 적절하게 응답했으나 뒤에 이어지는 말인 You deserve it은 부적절하므로 오답이 된다. 선택지가 몇 초 만에 지나가기 때문에 끝까지 정확히 듣는 습관을 갖자.

Possible Answers

☐ **I'm glad you liked it.** 좋으셨다니 기뻐요.
☐ **Thanks for the compliment.** 칭찬해 주시니 감사해요.

Point Part 2의 경우 앞부분의 대화를 듣고 상황을 파악한 후 정답을 고르기 때문에 비교적 쉽다. 단, 앞에서 제시하고 있는 대화의 흐름과도 연결이 자연스러워야 하므로 대화 전체 상황에 대한 이해 또한 요구된다.

W: You look different. What's up?
M: I have a date with Ann.
W: A date with your dream girl? Congratulations.
M: _____

(a) Thanks, I'm flattered.
(b) I still can't believe it.
(c) The pleasure is all mine.
(d) You also hoped to see her.

문제 풀이 ❶ 상대방의 축하 인사에 대한 응답으로 Thanks 외에 다른 표현이 나올 수 있다는 점에 유의한다.

❷ (b)는 너무 기뻐서 실감이 나지 않는다는 표현으로, 축하에 대한 응답으로 적절하다.

❸ (a)의 I'm flattered는 칭찬받았을 때 하는 응답이다.

번역 W: 오늘 달라 보이는구나. 무슨 일이야?
M: 앤과 데이트하기로 했어.
W: 꿈에 그리던 그녀와 데이트를 한다고? 축하해.
M: _____

(a) 고마워, 우쭐해지는군.
★(b) 아직도 믿을 수가 없어.
(c) 천만에.
(d) 너도 그녀를 만나고 싶어 했구나.

오답 탈출

빈출 관용표현은 무조건 외우자.

관용표현은 해석하고자 하면 그 뜻을 짐작하기 어려우므로, 많이 쓰이는 관용표현들을 미리 학습해서 오답을 쉽게 피하도록 하자. (a)에서 Thanks는 적절한 대답이지만 I'm flattered는 축하가 아닌 칭찬에 대한 응답이므로 답이 될 수 없다. 또한 (c)의 The pleasure is all mine은 You're welcome이나 It's my pleasure처럼 상대방이 고마움을 표시할 때 '별 말씀을요'라는 의미로 쓸 수 있는 표현으로, 역시 축하에 대한 응답으로 적절하지 않다.

Possible Answers

☐ **I'm really looking forward to it.** 정말 기다려져.
☐ **I'm so excited.** 너무 신난다.

청해 표현 훈련

칭찬 (Compliment)

A: That's awesome! 정말 대단해!
B: Thanks. 감사해요.

A: I like your bag. 가방이 마음에 드네요.
B: Really? I got it at a garage sale. 정말요? (사람이 자기 집 차고에서 하는)중고 물품 세일에서 샀어요.

A: You're the right person for this job. 당신은 이 일에 적임자예요.
B: Thanks, I'm flattered. 감사합니다. 과찬의 말씀이시네요.

A: He is really good at dancing. 그는 정말 춤을 잘 춰요.
B: Yeah, he's really something. 맞아요, 그는 정말 대단해요.

A: Wow, look at Jane's painting. 와, 제인이 그린 그림을 봐요.
B: That's amazing! She is a born artist. 대단해! 그 여자는 천부적인 예술가예요.

축하 & 감사 (Congratulations & Thanks)

A: Congratulations on your promotion. 승진을 축하드려요.
B: I owe everything to you. 모든 게 당신 덕분이에요.

A: I'm glad that you won first prize. 네가 일등상을 타서 기뻐.
B: You deserve all the credit. 다 네 덕분이야.

A: I'm grateful for your support. 도움을 주셔서 감사해요.
B: No sweat. 별거 아니에요.

A: I can't thank you enough for your visit. 방문해 주셔서 어떻게 감사를 드려야 할지 모르겠네요.
B: The pleasure is all mine. 별말씀을요.

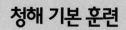

 청해 기본 훈련

A Listen to each response and choose the answer.

1　(a) 적절한 응답이다　　　(b) 부적절한 응답이다
2　(a) 적절한 응답이다　　　(b) 부적절한 응답이다
3　(a) 적절한 응답이다　　　(b) 부적절한 응답이다
4　(a) 적절한 응답이다　　　(b) 부적절한 응답이다
5　(a) 적절한 응답이다　　　(b) 부적절한 응답이다

B Listen and choose the correct response.

6　(a)　(b)
7　(a)　(b)
8　(a)　(b)
9　(a)　(b)
10　(a)　(b)

텝스 청해 집중 공략

해설집 P4

Part I Choose the most appropriate response for each item.

1　(a)　(b)　(c)　(d)
2　(a)　(b)　(c)　(d)
3　(a)　(b)　(c)　(d)
4　(a)　(b)　(c)　(d)

Part II Choose the most appropriate response to complete each conversation.

5　(a)　(b)　(c)　(d)
6　(a)　(b)　(c)　(d)
7　(a)　(b)　(c)　(d)
8　(a)　(b)　(c)　(d)

청해 기본 훈련 가이드라인

1

A: I appreciate your help. 도와주셔서 감사합니다.
B: Don't mention it. 별말씀을요.

해법   고마워하는 상대방에게 별거 아니라고 응답하는 내용이므로 자연스러운 대화이다.
Don't mention it. 별말씀을요.

2

A: Your performance was great! It was awesome. 당신 공연은 정말 대단했어요! 멋지네요.
B: You're really something. 당신은 정말 대단하세요.

해법   상대방의 공연을 칭찬하고 있으므로 칭찬에 대해 감사하는 응답이 나와야 한다. You're really something과 같이 상대방에게 '정말 대단해요'라고 칭찬할 때 쓰는 표현은 적절하지 않다.
something 중요한 사람[사물]

3

A: How can I thank you enough for your help? 도움을 주신 것을 어떻게 감사해야 하죠?
B: No worries. It's nothing. 걱정 마세요. 별거 아닙니다.

해법   도움에 대해 감사하는 상대방에게 별거 아니니 신경 쓰지 말라는 내용이므로 대화의 흐름이 자연스럽다.
thank A enough A에게 충분히 고마워하다

4

A: You're the right person for this position. 당신은 이 자리에 적임자입니다.
B: Yeah, I think I'm right. 네, 제가 옳다고 생각합니다.

해법   right person은 어떤 직위에 딱 알맞은 사람이라는 의미인데, 대답으로 자신의 의견이 옳다(I'm right)라고 말했으므로 자연스럽지 않다.
right person for ~에 적임자

5

A: How could such a little child compose this music? 어떻게 그렇게 어린 아이가 음악을 작곡할 수 있지?
B: He must be a born artist. 그 아이는 천부적인 예술가임에 틀림없어.

해법   아이가 작곡한 음악의 우수성에 대해 감탄을 하는 사람에게 그 아이가 타고난 예술가라고 동의하고 있으므로 자연스러운 대화 내용이다.
compose 작곡하다   **born artist** 천부적인 예술가

6

Mom, Jake gave me a lift home. 엄마, 제이크가 집까지 차로 바래다 주었어요.
(a) How sweet of him! 그는 정말 마음이 따뜻하구나!
(b) How can I thank you enough! 당신에게 어떻게 고마움을 표시해야 할지요!

해법 집까지 바래다 준 제이크를 칭찬하는 내용인 (a)가 응답으로 자연스럽다. (b)는 you를 him으로 바꿔 How can I thank him enough!가 되어야 맞다.
give a lift 차를 태워 주다

7

You had a baby. Congratulations! 출산하셨군요. 축하드려요!
(a) Thanks, I'm happy for you. 감사합니다. 축하드려요.
(b) Thanks. I'm extremely happy. 감사해요. 정말 행복해요.

해법 출산을 축하하는 인사에 대해 감사하는 응답이 적절하다. (a)는 상대방에게 축하를 하는 말이므로 적절하지 않다. (b)는 상대방에게 감사하면서 본인도 행복하다고 했으므로 자연스럽다.
have a baby 출산하다 **I'm happy for you.** 축하해.

8

I like your soup. It's authentic. 당신이 만든 수프 마음에 들어요. 정통이네요.
(a) I think you're flattering me. 과찬이세요.
(b) You really like authentic soup. 정통 수프를 좋아하시네요.

해법 상대방이 수프 맛을 칭찬한 것에 대해 과찬이라고 하는 (a)가 적절하다. (b)는 앞에 나온 authentic을 반복하여 혼란을 유도한 오답이다.
authentic 정통의 **flatter** 아첨하다, 듣기 좋은 말을 하다

9

This suit looks good on you. 이 정장이 잘 어울리시네요.
(a) I liked your suit. 당신 정장이 마음에 들었어요.
(b) I didn't think I looked nice in it. 이 옷이 저에게 어울리지 않는다고 생각했는데요.

해법 정장이 마음에 든다는 칭찬에 대한 응답으로 상대방의 정장이 마음에 들었다고 말하는 (a)는 어색하다. 본인은 어울리지 않는다고 생각한다는 (b)가 적절한 응답이다.
look good on ~에게 어울리다 **look nice in** ~을 입어 잘 어울려 보이다

10

I appreciate your help with the financial problem. 재정 문제를 해결해 줘서 고마워.
(a) You deserve it. 너는 그럴 만한 자격이 있어.
(b) No sweat. What are friends for? 별거 아니었어. 친구 좋다는 게 뭐니?

해법 재정 문제를 해결해 준 것에 대해 고마워하는 상대방에게 (b)의 별거 아니라는 응답이 자연스럽다. (a)는 승진 등 상대방이 이룬 업적에 대해 칭찬할 때 할 수 있는 표현이다.
No sweat. 별거 아니야. **What are friends for?** 친구 좋다는 게 뭐니?

03 사과 & 불평

유형 리뷰 | 불평에 관한 답변 유형으로 사과, 위로, 격려 및 조언 등을 예상할 수 있다. 사과하는 상대에 대해서 괜찮다고 하거나, 상사나 교사가 충고하는 답변 등이 자주 출제된다.

 Part I

 Point Part 1에서 불평에 대한 응답으로 위로나 격려의 표현 등 전형적인 대답뿐만 아니라 때로는 비전형적인 다양한 대답이 선택지를 들으면서 적극적으로 대처할 수 있어야 한다.

M: You've kept me waiting for an hour again.
W: _____

(a) It won't take that long.
(b) You'd better not do it again.
(c) Sorry, I was stuck in traffic.
(d) I'm afraid I always have to wait.

문제 풀이 ❶ 한 시간이나 기다렸다는 상대방의 불평에 대해 교통 체증 때문에 늦었다고 사과를 하는 (c)가 적절하다.
❷ (b)와 (d)는 기다린 사람이 해야 할 말로 알맞다.

번역 M : 너 때문에 또 한 시간이나 기다렸어.
W : _____
(a) 그렇게 오래 걸리진 않을 거야.
(b) 다음번에는 그렇게 하지 않는 게 좋을 거야.
★(c) 미안. 교통 체증 때문에 꼼짝달싹 못하고 있었어.
(d) 내가 항상 기다려야 해서 유감이야.

오답 탈출 **반복되는 단어의 유혹에 넘어가지 말자.**

질문에 쓰인 단어와 같은 단어가 나온 선택지를 답으로 고르지 않도록 한다. 남자의 말에서 언급되었던 again과 wait가 선택지 (b)와 (d)에 각각 반복되어 혼란을 유도하고 있다. 언뜻 들으면 서로 연관되는 것처럼 들릴 수 있지만 대부분 함정일 가능성이 많으므로 주의해야 한다.

Possible Answers

□ **Sorry, the traffic was heavy.** 미안. 교통 정체가 심했어.
□ **Sorry, the traffic was bumper to bumper.** 미안. 차가 많이 밀렸어.

🎧 **Part II**

Point Part 2의 경우 구체적인 문제점을 지적하거나 불만사항에 관한 질문이 대화문에 함께 나오기 때문에 대화문에 나타난 상황의 원인이나 불만사항 등 세밀한 내용까지 감안해서 판단해야 한다.

W: When can I board the train?
M: You'll be allowed to board shortly.
W: It was scheduled to leave half an hour ago.
M: _____

(a) The next train has just left.
(b) You should've booked it earlier.
(c) I'll check your boarding pass first.
(d) But it's been delayed by mechanical problems.

문제 풀이 ❶ 열차의 지연에 대해 불평하는 승객에게 할 수 있는 응답을 묻고 있다.

❷ 기차가 지연되고 있는 이유를 말한 (d)가 가장 적절하다.

❸ train, leave, half an hour ago만 듣고 대화 내용과 무관한 (a)나 (b)를 답으로 고르지 않도록 한다.

번역 W: 기차를 언제 탈 수 있나요?
M: 곧 승차하실 수 있을 겁니다.
W: 30분 전에 출발하기로 되어 있었잖아요.
M: _____
(a) 다음 열차가 막 출발했습니다.
(b) 더 일찍 표를 예매해야 했어요.
(c) 표를 먼저 확인해 드릴게요.
★(d) 기계적인 결함으로 연착되고 있어요.

오답 탈출

논리적으로 맞는지 확인해 본다.

몇 가지 표현만을 가지고 유추할 경우 대화의 흐름에 어울리지 않아 오답 함정일 가능성이 많다. 앞의 대화에서 board the train, leave half an hour ago 등의 정황으로 (a) The next train has just left (다음 열차가 막 출발했어요)를 답으로 착각할 수 있다. 하지만 It was scheduled to leave half an hour ago는 스케줄상 30분 전에 이미 출발했어야 했다는 내용이므로 다음 열차에 관해 언급하는 것은 논리적으로 맞지 않다.

Possible Answers

□ **It's been held up because of engine trouble.** 엔진 문제로 지연되고 있습니다.
□ **It's running a little behind schedule.** 예정보다 조금 늦어지고 있어요.

불평 & 사과 (Complaint & Apology)

A: Excuse me, there is a hair in this soup. 잠깐만요, 이 수프에 머리카락이 있어요.

B: I'm terribly sorry. I'll get you a new one. 정말 죄송합니다. 새로 가져다 드릴게요.

A: How could you forget my birthday? 어떻게 내 생일을 깜박할 수가 있니?

B: I'm sorry. It slipped my mind. 미안해. 까맣게 잊고 있었어.

A: You should drive more slowly. 천천히 운전해 주세요.

B: Sorry, I'm in a bit of a rush. 죄송합니다. 제가 좀 급해서요.

걱정 & 위로 (Concern & Encouragement)

A: I'm worried about my midterm. 중간고사가 걱정돼.

B: You'll be fine. 잘할 거야.

A: My English doesn't seem to be improving. 영어 실력이 나아지는 것 같지 않아.

B: Don't worry. You'll get better with practice. 걱정 마, 연습하면 나아질 거야.

A: I flunked Chemistry. 화학 시험에 낙제했어요.

B: I'm sorry to hear that. 유감이네요.

사과 & 응답 (Apology & Response)

A: I owe you an apology. 사과드려요.

B: That's OK. 괜찮아요.

A: I'm afraid I can't accept that offer. 죄송하지만 그 제안을 받아들일 수 없네요.

B: Why, what's the matter? 왜죠, 뭐가 문제인가요?

A: Sorry for being late. 늦어서 죄송해요.

B: You should have left earlier. 더 일찍 출발했어야죠.

A   Listen to each response and choose the answer.

1   (a) 적절한 응답이다   (b) 부적절한 응답이다
2   (a) 적절한 응답이다   (b) 부적절한 응답이다
3   (a) 적절한 응답이다   (b) 부적절한 응답이다
4   (a) 적절한 응답이다   (b) 부적절한 응답이다
5   (a) 적절한 응답이다   (b) 부적절한 응답이다

B   Listen and choose the correct response.

6   (a)   (b)
7   (a)   (b)
8   (a)   (b)
9   (a)   (b)
10   (a)   (b)

텝스 청해 집중 공략

해설집 P6

PartⅠ   Choose the most appropriate response for each item.

1   (a)   (b)   (c)   (d)
2   (a)   (b)   (c)   (d)
3   (a)   (b)   (c)   (d)
4   (a)   (b)   (c)   (d)

PartⅡ   Choose the most appropriate response to complete each conversation.

5   (a)   (b)   (c)   (d)
6   (a)   (b)   (c)   (d)
7   (a)   (b)   (c)   (d)
8   (a)   (b)   (c)   (d)

청해 기본 훈련 가이드라인

1

A: You're late again! 너 또 늦었구나!
B: I hate being late. 난 늦는 것은 질색이야.

해법 늦었다고 말하는 상대방의 불평에 대해 사과로 응답하는 것이 아니라 동의하고 있으므로 자연스럽지 않다.
hate -ing ~하는 것을 싫어하다

2

A: I'm worried that he is always speeding. 그가 항상 과속을 해서 걱정이야.
B: You'll be better. 넌 나아질 거야.

해법 다른 사람이 과속하는 것을 걱정하는 상대에게 '당신은 나아질 거예요'라는 답변은 어울리지 않는다.
speed 과속하다

3

A: Excuse me, this car makes funny noises. 잠시만요, 이 차에서 이상한 소리가 나네요.
B: Let me check it again. 다시 한 번 확인해 볼게요.

해법 차에서 이상한 소리가 난다고 걱정하는 사람에게 그것을 확인해 보겠다고 해결책을 제시하고 있으므로 적절한 응답이다.
make a funny noise 이상한 소리가 나다

4

A: I have to work this Saturday. 이번 주 토요일에 일해야 해요.
B: Just leave me alone. 저를 혼자 내버려두세요.

해법 주말에 일해야 한다고 불평하는 사람에게 필요한 것은 위로나 격려이다. Just leave me alone은 상대가 지나치게 간섭하려고 할 때 가능한 응답으로 여기서는 적절하지 않다.
leave A alone A를 내버려두다

5

A: I'm sorry to let you down. 실망시켜 드려 죄송합니다.
B: You should have thought twice. 좀 더 신중했어야 했어요.

해법 실망시켜 죄송하다는 상대방의 사과에 대해 좀 더 조심했어야 했다고 자신의 의견을 말하고 있으므로 자연스러운 대화이다.
let A down A를 실망시키다　**should have p.p.** ~했어야 했다

6

My keyboard isn't working properly. 제 키보드가 잘 안 돼요.

(a) You should work harder. 당신은 더 열심히 일해야 해요.

(b) Try this one. 이것을 한 번 써봐요.

해법 키보드가 제대로 작동이 안 된다고 불평하는 상대방에게 해결책을 제시해 주는 (b)가 어울린다. (a)에서 work는 '일하다'는 뜻이지만 '(기계 따위가) 작동하다'는 의미로도 쓰인다.

properly 제대로

7

I owe you an apology. 당신에게 사과할 게 있어요.

(a) About what? 무엇에 관해서죠?

(b) Not much. 말도 안 돼요.

해법 사과를 한다고 해서 반드시 이해를 하거나 책망을 하는 내용으로 연결되는 것은 아니다. (a)처럼 상대방에게 무엇에 관한 사과인지 묻는 대답도 가능하다. (b)는 당치도 않다는 의미로 답할 때 쓰는 표현이다.

owe A an apology A에게 사과할 것이 있다

8

Excuse me, but this seat is mine. 실례합니다만, 제 자리인 것 같은데요.

(a) Sorry, I forgot to check my number. 죄송해요. 제 번호를 확인하는 것을 깜박했네요.

(b) Never mind. That's OK. 신경 쓰지 마세요. 괜찮아요.

해법 상대에게 불만을 제기할 때 Excuse me를 문장 앞에 사용해서 주의를 끌기도 한다. (a)는 미안하다고 사과하며 변명하고 있으므로 적절하다. (b)는 실수한 상대에게 할 수 있는 말이다.

Never mind. 신경 쓰지 마세요.

9

Oh, no. I'm locked out of my car. 이런. 차 열쇠를 안에 놓고 차문을 잠갔어요.

(a) There is a spare in my purse. 제 지갑에 여분의 열쇠가 있어요.

(b) Lock the door, first. 우선 문을 잠가요.

해법 차 열쇠를 안에 놓고 문을 잠갔다고 말하는 사람에게 (a)는 여분의 열쇠가 있다고 해결책을 말해 주므로 자연스럽다. 먼저 문을 잠그라고 말하는 (b)는 내용상 맞지 않다.

be locked out of the car 차 열쇠를 안에 놓고 문을 잠그다 **spare** 여분

10

How could you forget to send your résumé? 어떻게 당신의 이력서 보내는 것을 잊어버릴 수 있어요?

(a) You should send it by email. 이메일로 보내야 해요.

(b) It completely slipped my mind. 완전히 깜박했어요.

해법 이력서 보내는 것을 잊어버린 상대에게 불평을 하는 상황이므로 깜박했다고 말하는 (b)가 적절하다.

résumé 이력서 **slip one's mind** 깜박하다

UNIT

04 제안 & 허락

유형 리뷰 | 제안이나 권유에 관한 대화문의 경우, 한 사람이 무엇인가를 제안하면 다른 사람이 그것을 허락하거나 거절하는 패턴이 가장 대표적이다. 식사 메뉴 제안부터 카풀 제안, 휴가 허락, 노트 필기 빌리기 등이 출제된 적 있다.

 Part I

 제안이나 허가를 구하는 유형은 질문 표현이 반복적으로 나온다. Would you like to...? Would you mind...? Could you...? Why don't you...? How about...? 과 같은 대표적인 질문에 대한 예상 응답들을 숙지하고 있자.

M: Why don't you try this cheese sample?
W: _____

(a) The sample isn't ready.
(b) Sure thing. Here you go.
(c) Certainly, sir. Go ahead.
(d) Thanks, it goes well with wine.

문제 풀이 ❶ Why don't you...?라며 권유하고 있으므로 제안을 승낙하는 (d)가 응답으로 적절하다.
❷ (a)는 샘플이 준비되지 않았다고 말하고 있고, (b)는 상대방에게 오히려 샘플을 맛보라고 권하고 있는 표현이므로 적절하지 않다.

번역 M: 이 치즈 샘플을 맛보는 게 어때요?
W: _____
(a) 샘플이 준비가 안 되었네요.
(b) 좋아요. 여기 있어요.
(c) 물론이죠. 선생님. 어서 하세요.
★(d) 좋아요. 와인과 잘 어울리네요.

오답 탈출 **누가 어떤 요구를 하는지 세부사항들을 정확히 파악한다.**

제안을 받고 있는 대상이 누구이고 어떤 행동을 할 것을 요구하는지 정확하게 판단해야 한다. 선택지 중 승낙하는 대답은 (b)와 (d)인데, (b)는 Sure thing으로 답하여 적절한 응답일 것 같지만 샘플을 맛볼 것을 요청하는 상대방에게 오히려 맛볼 것을 권하므로 어울리지 않는다. 처음 반응만 듣고 정답으로 판단한다면 오답을 고를 수 있으므로 유의해야 한다.

Possible Answers

□ **Sure, what variety is it?** 좋아요. 어떤 종류죠?
□ **OK, it looks delicious.** 알았어요. 맛있어 보이네요.

Point Part 2의 경우 대화의 처음부터 제안·허락을 나타내는 표현이 바로 나오기도 하지만, 세 번째 대화에서 Can you...? Why don't you...? 등으로 묻기도 한다.

W: I can't wait to go on a cruise.
M: Me, too. It will be great to relax on a ship.
W: Are we allowed to take our puppy on board?
M: _____

(a) Never. I didn't mean it.
(b) Sure! When are you back then?
(c) Not at all. Let me accompany him.
(d) Why not ask Peter to look after him?

문제 풀이 ❶ 세 번째 대화에서 애완견을 배에 태울 수 있는지 묻고 있는 문제다.

❷ 상대방의 질문에 대해 다른 친구에게 맡기는 것이 어떻겠냐고 제안하는 (d)가 적절하다.

❸ (b)의 경우 상대방에게 언제 돌아올 거냐고 질문하고 있으므로 내용과 맞지 않고, (c)는 부정의 대답이 먼저 나왔기 때문에 논리적으로 맞지 않다.

번역 W : 크루즈 여행을 빨리 가고 싶어.
M : 나도 그래. 배에서 휴식을 취하는 것은 근사할 거야.
W : 강아지를 배에 태워도 될까?
M : _____

(a) 절대로 아니야. 그럴 의도는 아니었어.
(b) 물론이야! 언제 돌아올 건데?
(c) 전혀 아니지. 내가 데려갈게.
★(d) 피터에게 봐달라고 하는 게 어때?

오답 탈출
> **의문문 형태로 권유나 제안을 할 수 있다.**
>
> 권유나 제안을 표현할 때 평서문만 가능한 것은 아니다. 평서문으로 제안하는 경우 I want you to do/ I would like you to do(당신이 ~했으면 좋겠다)라고 하며 직접적으로 제안할 수 있고, what[how] about...?/ why don't you...?/ why not...?(~하는 게 어때?, ~하지 그래?) 등의 의문문 형태로 권유나 제안을 하기도 한다.

Possible Answers

□ **No, pets are not allowed.** 안 돼, 애완동물은 허용되지 않아.
□ **No, we'll ask someone to take care of him while we're away.** 안 돼, 우리가 없는 동안 다른 사람에게 봐 달라고 부탁할 거야.

제안 & 승낙 (Suggestion & Acceptance)

A: May I see your passport? 여권 좀 보여주시겠습니까?
B: Sure, here it is. 네, 여기요.

A: Mind if I use your pen? 펜 좀 써도 될까요?
B: Of course not. 물론이죠.

A: Let's go fishing this Saturday. 이번 토요일에 낚시 가자.
B: Sounds good to me. 좋아.

A: Would it be OK to drive me home? 집까지 태워다 줄 수 있겠니?
B: No problem. 물론이지.

A: Can I ask you a favor? 도움을 부탁해도 될까요?
B: OK. What is it? 그래요. 무엇인데요?

A: Please let me give you a hand. 내가 도와 줄게.
B: Thanks a million. 정말로 고마워.

제안 & 거절 (Suggestion & Refusal)

A: Why don't we go out and see a movie? 영화 보러 가지 않을래?
B: I wish we could, but I have an assignment to do. 그러면 좋겠지만 과제물이 있어.

A: I'd like you to join us. 우리와 함께 하면 좋겠어요.
B: I'd love to but I have to go now. 저도 그러고 싶지만 지금 가야 해요.

A: Can you come to my housewarming party? 집들이에 오실 수 있어요?
B: I'll have to take a rain check. 다음번에 하기로 해요.

A: May I help you with your baggage? 짐 옮기는 것 좀 도와 드릴까요?
B: I can take care of it by myself. 제가 처리할 수 있어요.

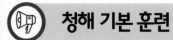
A   Listen to each response and choose the answer.

1   (a) 승낙하는 응답이다   (b) 거절하는 응답이다
2   (a) 승낙하는 응답이다   (b) 거절하는 응답이다
3   (a) 승낙하는 응답이다   (b) 거절하는 응답이다
4   (a) 승낙하는 응답이다   (b) 거절하는 응답이다
5   (a) 승낙하는 응답이다   (b) 거절하는 응답이다

B   Listen and choose the correct response.

6   (a)   (b)
7   (a)   (b)
8   (a)   (b)
9   (a)   (b)
10   (a)   (b)

 텝스 청해 집중 공략

해설집 P8

Part I Choose the most appropriate response for each item.

1   (a)   (b)   (c)   (d)
2   (a)   (b)   (c)   (d)
3   (a)   (b)   (c)   (d)
4   (a)   (b)   (c)   (d)

Part II Choose the most appropriate response to complete each conversation.

5   (a)   (b)   (c)   (d)
6   (a)   (b)   (c)   (d)
7   (a)   (b)   (c)   (d)
8   (a)   (b)   (c)   (d)

📢 청해 기본 훈련 가이드라인

1

A: Can you come over to my house this afternoon? 오늘 오후에 우리 집에 올 수 있니?
B: I'll have to take a rain check. 다음번이 좋겠어.

해법 오늘 오후에 올 수 있냐는 말에 다음번에 가겠다고 거절하는 상황이므로 정답은 (b)이다.
come over to ~에 오다 **take a rain check** 다음번에 하다

2

A: Mind if I ask you a favor? 부탁 좀 드려도 될까요?
B: Of course not. What is it? 물론이지. 어떤 일인데?

해법 Mind로 시작되는 의문문의 경우 승낙의 의미는 Of course not/ Certainly not/ Not at all처럼 부정으로 응답한다는 점에 주의한다. 승낙하는 상황이므로 (a)가 정답이다.
ask A a favor A에게 도움을 구하다

3

A: Care for a burger for lunch? 점심에 햄버거 먹을래?
B: Not really. I'm full. 별로. 배가 불러.

해법 햄버거 먹을 것을 권하는 상대에게 Not really라고 말하고 배가 부르다며 거절하는 상황이므로 정답은 (b)이다.
care for ~을 원하다

4

A: Can I help you with this laundry? 세탁하는 것 도와 줄까?
B: It's no problem. I can take care of it. 괜찮아. 내가 할 수 있어.

해법 도와주겠다는 상대에게 It's no problem이라고 정중히 거절하는 상황이므로 정답은 (b)이다.
help A with B A가 B하는 것을 돕다 **laundry** 세탁 **take care of** ~을 돌보다; 처리하다

5

A: Is it OK if I call you tonight? 오늘 밤에 전화해도 될까?
B: Why not? Any time is OK. 왜 안 되겠니? 언제라도 좋아.

해법 전화해도 되겠냐는 제안에 대해 Why not?(왜 안 되겠어?)이라고 답한 것은 승낙하는 의미이므로 (a)가 정답이다.

6

What about a compact car? 소형차는 어떠세요?
(a) Sounds good to me. 좋을 것 같아요.
(b) You'd better try another one. 다른 것을 타보시는 게 좋겠네요.

해법 소형차를 권유하는 말에 그것이 좋겠다고 하는 (a)가 응답으로 자연스럽다.
compact car 소형차

7

How about asking Christina out? 크리스티나에게 데이트 신청하는 게 어때?
(a) I'd like to but what if she refuses? 그러고 싶지만, 거절하면 어떡해?
(b) What would you like me to ask her? 내가 그녀에게 뭘 물어 보기를 바라니?

해법 데이트 신청을 해보라는 제안에 거절당할까 봐 주저하는 (a)가 적절한 응답이다. (b)는 '어떤 질문하기를 바라느냐?'는 의미로, 데이트 신청을 권유하는 내용과는 관련이 없는 응답이다.
ask A out A에게 데이트 신청하다

8

We're throwing a party tonight. Want to come? 오늘 밤에 파티를 열 건데, 올래?
(a) Sure. Is it a potluck? 당연하지. 음식은 각자 가져가는 거야?
(b) Great. We had fun. 좋아. 재미있었어.

해법 파티 초대에 승낙하며 음식을 각자 가져가야 하는지를 묻고 있는 (a)가 적절한 응답이다. (b)에서 과거 시제로 재미있었다는 대답은 파티를 열 예정이라는 말에 대한 응답으로 어울리지 않는다.
throw a party 파티를 열다   **potluck** 음식을 각자 가져와서 나누어 먹는 식사

9

Would you like me to reschedule for you? 시간을 다시 잡아드릴까요?
(a) Thanks a million. 정말 감사해요.
(b) I'm afraid I can't make it. 죄송하지만 안 될 것 같네요.

해법 시간을 다시 잡아주겠다고 하는 상대방에게 고맙다고 응답하는 (a)가 자연스럽다. (b)는 약속 장소나 시간에 맞춰 갈 수 없다는 표현으로, 초대나 약속에 대한 응답으로 가능하다.
reschedule 시간을 다시 정하다

10

Can you staple these pages together? 이 페이지들을 스테이플러로 고정해 주시겠어요?
(a) Sure. Here is the stapler. 물론이죠. 스테이플러 여기 있어요.
(b) Yes, just give me a minute. 네, 잠깐만요.

해법 스테이플러로 고정해 달라는 요청에 대해 (b)는 잠깐만 기다려 달라고 말하고 있으므로 자연스럽다. (a)는 스테이플러를 건네줄 때 할 수 있는 말이다.
staple 스테이플러로 고정시키다

05 의견 & 동의

유형 리뷰 | 의견을 물어볼 때 답변 유형으로 동의, 반대, 또는 제3의 답변 등이 있겠다. Part 2에서는 특히 동의나 반대를 직설적으로 답하지 않고 우회 표현을 사용할 경우 오답을 고르기 쉽다. 따라서 관련 표현들을 숙지하는 것이 좋다.

 Part I

Point Part 1에서 의견을 말할 때 의문문보다는 평서문을 이용하기 때문에 난이도가 더 높아진다. I can't believe, You seem, I was really surprised 등으로 대화를 시작하는 유형이 종종 출제된다.

W: Our school policy on hair is too strict.
M: _____

(a) It really does.
(b) You're telling me.
(c) My hair is not long enough.
(d) I was about to get a haircut.

문제 풀이 ❶ (b) You're telling me는 '내 말이 그 말이다'라는 뜻으로, 상대방 의견에 전적으로 동의하는 표현이다.
❷ (d)는 질문에 나온 hair를 반복하지만 머리를 자르려고 했다는 의미이므로 어울리지 않는다.

번역 W: 우리 학교 두발 규정은 너무 엄격해.
M: _____
(a) 정말 그래.
★(b) 내 말이 그 말이야.
(c) 내 머리는 충분히 길지 않아.
(d) 막 머리를 자르려던 참이야.

오답 탈출

> **우리말로 그럴듯해 보이는 오답 함정에 주의하라.**
> 우리말로 의미가 통하는 것처럼 보이는 함정 선택지를 잘 피할 수 있어야 한다. (a) It really does는 우리말로는 '정말 그래'로 적절해 보이지만 질문에서 be동사 is로 물었으므로 It really is라고 해야 알맞은 응답이다. 또한 (b) You're telling me 역시, 직역하면 '너는 나에게 말하고 있다'라고 착각할 수 있지만 상대방에게 동의할 때 쓰는 관용표현이다. 이처럼 의미뿐만 아니라 문법적인 요소, 의미가 확립된 관용표현까지 고려해야 한다.

Possible Answers

☐ **You're not kidding.** 농담 아니지.
☐ **That's the truth.** 맞아.

Part 2에서도 직접적으로 의견을 묻는 질문 유형은 비교적 쉽게 답을 고를 수 있지만 간접적으로 의견을 진술할 경우 난이도가 높아진다. How would you like...? What do you think...? 등과 같은 질문이 자주 나온다.

W: I heard you moved into a new apartment.
M: I just moved last Friday.
W: How do you like your new neighborhood?
M: _____

(a) Definitely, I like it better.
(b) I really liked living in an apartment.
(c) I miss my neighbors. They moved away.
(d) Honestly, it falls short of my expectation.

문제 풀이 ❶ 구체적인 상황에서 직접적으로 상대방의 의견을 물었을 때의 적절한 응답을 고르는 문제이다.

❷ How do you like...?로 의견을 묻는 말에 (d)가 '본인의 기대 수준에는 못 미친다'라고 말하고 있으므로 적절한 응답이다.

❸ (a)의 Definitely는 의문문에 대한 응답으로, Yes나 Sure를 대신하여 긍정의 대답을 강조할 때 쓰는 표현이다. 새로 이사한 동네에 대한 물음에 (b)와 (c)처럼 예전 집에 대해 언급하는 것은 어울리지 않는다.

번역 W: 새 아파트로 이사했다고 들었어.
M: 지난 금요일에 이사했어.
W: 새로 이사한 동네는 어때?
M: _____
(a) 물론이지, 그곳이 더 좋아.
(b) 난 아파트에서 사는 게 정말로 좋았어.
(c) 이웃 사람들이 보고 싶어. 그 분들은 이사를 갔거든.
★(d) 솔직히, 내 기대에는 못 미쳐.

오답 탈출 정답처럼 들리는 오답에 주의한다.
질문에 대한 선택지를 듣다 보면 정답처럼 들리는 선택지들이 있다. 그러한 선택지 속에 숨어 있는 복병에 주의해야 한다.
(a)의 경우 I like it better는 적절하지만 Definitely 때문에 어울리는 응답이 될 수 없다. How do you like your new neighborhood?라는 질문에서 neighborhood와 (c)의 neighbors는 각각 '이웃'과 '이웃 사람들'이라는 뜻으로 의미 차이가 있고, 새로운 동네가 어떤지를 묻는 말에 이사 간 동네 사람들이 그립다고 한 말은 적절하지 않다.

Possible Answers

□ **It's got its pros and cons.** 좋은 점도 있고 안 좋은 점도 있어.
□ **It's a big improvement on my last place.** 지난번 집보다 훨씬 좋아.

청해 표현 훈련

의견 물어보기 & 자신의 의견 표현하기 (Asking & Expressing One's Opinion)

A: What do you think about a smoking ban in public places?
공공장소에서의 흡연 금지에 관해 어떻게 생각하니?

B: I think it's unfair for smokers. 흡연자들에게는 불공정하다고 생각해.

A: What do you think of the real estate market? 부동산 시장에 대해 어떻게 생각하니?

B: I suppose it will fluctuate for a while. 당분간 변동이 있을 것 같아.

A: How do you like your new school? 새로운 학교는 어때?

B: It goes far beyond my expectation. 기대 이상이야.

A: I don't like Jack's attitude. He is really bossy. 잭의 태도가 마음에 안 들어. 너무 강압적이야.

B: Really? 정말?

A: Would you like to join us? 우리와 함께 하시겠어요?

B: I'd love to. 그럴게요.

동의 & 반대 (Agreeing & Disagreeing)

A: The rock concert was really awesome. 록 콘서트는 정말 멋졌어.

B: You're telling me. 네 말이 맞아.

A: I think John is the best hockey player. 난 존이 최고의 하키 선수라고 생각해.

B: I couldn't agree with you less. 그렇게 생각하지 않아.

A: Sara is a born singer. 사라는 천부적인 가수야.

B: She really is. 정말 그래.

A: The government's new tax plan sounds reasonable.
정부의 새로 바뀐 세금안이 합리적인 것 같아.

B: I do agree with that. 동감이야.

청해 기본 훈련

A Listen to each response and choose the answer.

1 (a) 동의하는 응답이다   (b) 동의하지 않는 응답이다
2 (a) 동의하는 응답이다   (b) 동의하지 않는 응답이다
3 (a) 동의하는 응답이다   (b) 동의하지 않는 응답이다
4 (a) 동의하는 응답이다   (b) 동의하지 않는 응답이다
5 (a) 동의하는 응답이다   (b) 동의하지 않는 응답이다

B Listen and choose the correct response.

6   (a)   (b)
7   (a)   (b)
8   (a)   (b)
9   (a)   (b)
10 (a)   (b)

텝스 청해 집중 공략

Part I Choose the most appropriate response for each item.

1 (a)   (b)   (c)   (d)
2 (a)   (b)   (c)   (d)
3 (a)   (b)   (c)   (d)
4 (a)   (b)   (c)   (d)

Part II Choose the most appropriate response to complete each conversation.

5 (a)   (b)   (c)   (d)
6 (a)   (b)   (c)   (d)
7 (a)   (b)   (c)   (d)
8 (a)   (b)   (c)   (d)

1

A: Laura is the best actress I've ever seen. 로라는 내가 지금까지 본 여배우 중에서 최고야.
B: Exactly. 맞아.

해법 로라가 최고의 여배우라고 생각한다는 상대방의 의견에 Exactly(맞아)라며 동의하고 있다.
actress 여배우

2

A: Hawaii is a perfect place for a honeymoon. 하와이는 신혼여행지로 완벽해.
B: I couldn't agree with you less. 난 네 의견과는 달라.

해법 couldn't agree with you less의 의미를 파악하면 쉽게 해결할 수 있다. '전적으로 반대한다'는 의미이므로 (b)가 정답이다.
honeymoon 신혼여행 **I couldn't agree (with you) less.** 절대 반대이다.

3

A: This restaurant's pizza is terrible. 이 식당의 피자는 형편없어.
B: Really? I think it's worth a try. 정말? 먹을 만하다고 생각하는데.

해법 피자가 형편없다는 말에 먹을 만하다고 답하고 있는 것으로 보아 상대방의 의견에 동의하지 않으므로 (b)가 정답이다.
worth a try 해볼 만한 가치가 있는

4

A: This exhibit is really something. 이 전시회는 정말로 특별해요.
B: No doubt about it. 맞아.

해법 No doubt about it은 '의심할 여지가 없다, 즉 정말 그렇다'라는 뜻으로, 상대방 의견에 전적으로 동의하고 있다.
exhibit 전시회 **something** 특별한 것, 뛰어난 것 **No doubt about it.** 동의해.

5

A: Our boss expects his new plan to work well. 우리 사장님은 그의 새로운 계획이 잘될 거라고 기대하셔.
B: I don't think it's going to work out like he wants it to. 나는 그가 원하는 대로 될 거라고 생각하지는 않아.

해법 새로운 계획이 잘 진행될 것이라는 말에 그렇게 생각하지 않는다고 했으므로 상대방의 말에 동의하지 않는 상황이다. 따라서 정답은 (b)이다.
expect 기대하다 **work out** 해결하다. (일이) 잘 풀리다

6

How's the wedding reception going? 결혼 피로연은 어떻게 진행되고 있나요?
(a) I'm glad you like it. 당신이 좋아하니 기뻐요.
(b) It's all going like clockwork. 모든 것이 계획대로 진행되고 있어요.

해법 (b)의 go like clockwork는 시계처럼 정확하게 진행되는 것에 비유한 표현으로, 준비 상황을 묻는 말에 잘 되고 있다는 의미이므로 응답으로 적절하다.
wedding reception 결혼 피로연 **go like clockwork** 잘 진행되다

7

How do you like the estimate I gave you? 제가 드린 견적서는 어떠신가요?
(a) I'd like to make a few changes. 조금 바꾸고 싶어요.
(b) That's what I thought. 제가 생각한 게 바로 그거예요.

해법 견적서에 관한 의견을 묻는 말에 조금 바꾸고 싶다고 답한 (a)가 적절하다. (b)는 상대방의 의견에 동의하는 표현으로, 견적서에 대한 구체적인 평가를 요청했을 때의 대답으로는 적절하지 않다.
How do you like...? ~에 관해 어떻게 생각합니까?

8

Kathy has a really beautiful voice. 캐시는 목소리가 정말 좋아.
(a) She really does. 정말 그래.
(b) Yes, she is. 응, 맞아.

해법 캐시의 목소리가 좋다는 상대방의 말에 그렇다고 긍정하는 (a)가 적절하다. 제시문에서 has라는 일반동사로 말했으므로 (b)를 Yes, she does라고 대답하면 맞다.

9

Do you like the way Nancy treats us? 낸시가 우리에게 하는 행동이 마음에 드니?
(a) She should learn how to behave. 그녀는 어떻게 행동해야 하는지 배워야 해.
(b) She looks especially good today. 그녀는 오늘 특히 좋아 보여.

해법 낸시의 행동이 마음에 드냐는 질문에 행동하는 법(how to behave)을 배워야 한다는 의견을 나타내는 (a)가 적절하다. (b)는 외양이 좋아 보인다는 의미로, 행동에 관한 의견과는 관련이 없다.
treat 다루다

10

Should we buy a cake for him? 우리가 그에게 케이크를 사야 할까?
(a) That depends. 상황에 따라 다를 거야.
(b) Exactly. He needs to do it. 맞아. 그는 그렇게 할 필요가 있어.

해법 케이크를 사야 하는지에 대해 묻자 상황에 따라 다를 것이라고 대답한 (a)가 자연스럽다. (b)는 동의는 하고 있지만 그 남자가 케이크를 사야 한다는 의미이므로 논리에 맞지 않다.
That depends. 상황에 따라 다르다.

06 의문사가 없는 의문문

유형 리뷰 | 의문사가 없는 의문문은 do나 be동사 또는 조동사를 이용한 의문문 유형으로, 일반적으로 Yes / No로 대답할 수 있다. 하지만 실제 출제된 문제들을 보면 Yes / No를 생략하고 바로 제3의 답변이 나오는 문제도 많다. 또한 시제나 조동사를 각별히 유의해서 듣도록 한다.

 Part I

Point Do you...? Is that...? Can you...? 등이 대표 의문문 유형으로 Yes / No로 답해 그럴듯해 보이지만, 이어지는 말이 어색한 오답 함정에 특히 주의한다.

W: Do you take VISA?
M: _____

(a) Yes, we did.
(b) You don't need a visa.
(c) Yes, I will take you there.
(d) Any credit card is OK.

문제 풀이 ❶ 신용카드를 쓸 수 있느냐는 질문에 대해 (d)는 어떤 신용카드라도 다 괜찮다고 했으므로 가장 적절하다.

❷ (c)는 Yes라는 긍정의 대답을 했지만 take의 의미가 다르게 쓰여 내용과 어울리지 않으므로 오답이다.

번역 W: 비자(신용카드 브랜드) 카드 받나요?
M: _____
(a) 네, 그랬어요.
(b) (여권의) 비자는 필요 없습니다.
(c) 네, 제가 거기로 데려다 드릴게요.
★(d) 어떤 신용카드도 괜찮아요.

오답 탈출

> **시제까지 오류가 없을 때 정답으로 선택한다.**
>
> 질문에 대해 짧게 대답하는 선택지에 특히 주의한다. Do you...?로 시작하는 질문에 대한 답변에 do / does / did가 포함될 경우 시제를 점검해 봐야 한다. Do you take VISA?라고 현재로 묻는 말에 (a)는 Yes, we did라며 과거 시제로 답을 하고 있기 때문에 시제 부분에 오류가 있어 답이 될 수 없다. Yes, we do라고 하면 가능한 응답이다.

Possible Answers ―――――――――――――――――――――――――――――――――

□ **It's cash or check only.** 현금이나 수표만 됩니다.
□ **We accept all major credit cards.** 주요 신용카드는 모두 받습니다.

Point 대화 중 특정 사실을 묻기 위해 do나 be동사, 조동사로 시작하는 의문문으로 Yes / No의 의미를 표현하기 위해 우회적으로 대답한 경우 특히 유의하도록 한다.

W: Are you going to Joe's Groceries today?
M: Probably after work, around 6 p.m.
W: Could you pick up low fat milk for me?
M: _____

(a) I will be there soon.
(b) It will be my pleasure.
(c) Sure, Joe liked low fat milk, too.
(d) Tell me where the grocery store is.

문제 풀이 ❶ 상대방의 부탁에 대한 응답을 요구하는 문제이다.

❷ 우유를 사다 달라는 부탁에 대해 It will be my pleasure라며 흔쾌히 승낙하는 (b)가 정답이다.

❸ (c)는 앞에서 언급된 Joe를 반복하여 혼란을 주고 있고, (d)는 앞의 대화에서 식료품점을 서로 알고 있는 것으로 유추할 수 있는데도 다시 위치를 물었으므로 오답이다.

번역 W: 오늘 조의 식료품점에 갈 거니?
M: 아마, 6시경 일 끝나고.
W: 저지방 우유 좀 사다 줄래?
M: _____

(a) 거기에 곧 갈게.
★(b) 그럴게.
(c) 물론이야, 조도 저지방 우유를 좋아했어.
(d) 식료품점이 어디인지 알려 줘.

오답 탈출 | 선택지 내용 중 일부 내용만 옳을 때 특히 주의한다.

Could you…?라는 질문에 (c)처럼 Sure로 시작되는 대답은 상대방의 요청에 대한 긍정의 표현이므로 답으로 착각하기 쉽다. 하지만 이어지는 Joe liked low fat milk, too는 low fat milk를 반복해 그럴듯해 보이지만 우유를 사다 달라는 부탁에 대한 응답으로 적절하지 않다.

Possible Answers ────────────────────────────

☐ **I'd be happy to.** 기꺼이 해줄게.
☐ **You can count on me.** 나에게 맡겨.
☐ **Sure, no problem.** 그럴게.

📖 청해 표현 훈련

Do를 사용한 의문문

A: Did I do something wrong? 제가 뭐 잘못한 것이 있나요?

B1: No, I don't think so. 아뇨, 그렇게 생각하지 않는데요.

B2: You forgot to call me. 저에게 전화를 하는 것을 잊으셨어요.

A: Do you know what happened to Anna? 애나에게 무슨 일이 생긴 줄 아니?

B: How can I not? She is my roommate. 어떻게 모르겠니? 그 애는 나의 룸메이트야.

Be를 사용한 의문문

A: Is there anything I can do for you? 제가 뭐 도와드릴 일이 있나요?

B1: Well, not really. 글쎄요, 그렇지는 않아요.

B2: Please type this for me. 이거 타이핑 좀 해주세요.

A: Are we there yet? 아직 멀었어요?

B: Yeah, we're almost there. 네, 거의 다 왔어요.

Do 이외의 조동사를 사용한 의문문

A: Will you stay a little longer? 좀 더 계실 수 있나요?

B: Let me think about it. 잠깐 생각해 보고요.

A: Could you fix some coffee for me? 커피 좀 타주시겠어요?

B: You bet. 물론이죠.

A: Have you seen Sue lately? 최근에 수를 본 적 있나요?

B: I just heard that she's looking for another job. 다른 일자리를 찾고 있다고 들었어요.

A: Could you give my jacket back soon? 재킷을 곧 돌려주실 수 있나요?

B: No problem. Here it is. 그럼요, 여기 있어요.

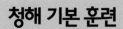

청해 기본 훈련

A **Listen to each response and choose the answer.**

1   (a) 긍정의 응답이다   (b) 부정의 응답이다
2   (a) 긍정의 응답이다   (b) 부정의 응답이다
3   (a) 긍정의 응답이다   (b) 부정의 응답이다
4   (a) 긍정의 응답이다   (b) 부정의 응답이다
5   (a) 긍정의 응답이다   (b) 부정의 응답이다

B **Listen and choose the correct response.**

6   (a)   (b)
7   (a)   (b)
8   (a)   (b)
9   (a)   (b)
10   (a)   (b)

 해설집 P12

텝스 청해 집중 공략

Part I   **Choose the most appropriate response for each item.**

1   (a)   (b)   (c)   (d)
2   (a)   (b)   (c)   (d)
3   (a)   (b)   (c)   (d)
4   (a)   (b)   (c)   (d)

Part II **Choose the most appropriate response to complete each conversation.**

5   (a)   (b)   (c)   (d)
6   (a)   (b)   (c)   (d)
7   (a)   (b)   (c)   (d)
8   (a)   (b)   (c)   (d)

📢 청해 기본 훈련 가이드라인

1

A: Do you know any good restaurants around here? 주변에 좋은 레스토랑을 알고 계시나요?
B: How can I not? It's my neighborhood. 어떻게 모르겠어요? 저희 동네잖아요.

해법 좋은 식당을 아냐는 질문에 자신의 동네이기 때문에 당연히 알고 있다는 긍정의 의미이므로 정답은 (a)이다.
How can I not? 어떻게 아니겠어요?

2

A: Would you spare me a few minutes? 시간 좀 잠깐 내주실 수 있나요?
B: I'm busy at the moment. Can I talk to you later? 지금 좀 바쁘네요. 나중에 얘기할까요?

해법 지금 시간을 낼 수 있냐는 질문에 나중에 이야기하자고 말하고 있으므로 요청에 대해 거절하는 상황이다. 따라서 (b)가 정답이다.
spare 시간을 내다   **at the moment** 현재

3

A: Can I see the doctor at 10? 10시에 의사 선생님을 뵐 수 있나요?
B: Sorry, there is no opening this morning. 죄송합니다만, 오전에 빈자리가 없네요.

해법 10시에 의사를 만날 수 있냐는 질문에 오전에 빈자리가 없다고 답하고 있으므로 부정의 의미이다. 따라서 정답은 (b)이다.
opening 비어 있는 자리

4

A: Is it OK to text you? 문자로 메시지를 보내도 되니?
B: Why not? This is my number. 물론이야. 이게 내 전화번호야.

해법 문자를 상대방에게 보내겠다는 말에 Why not?(왜 안 되겠어?)이라고 말하면서 전화번호를 알려 주고 있으므로 긍정하는 내용이다. 따라서 정답은 (a)이다.
text 문자 메시지를 보내다

5

A: Have you ever been to Rome? 로마에 가본 적 있니?
B: About four years ago. 약 4년 전에.

해법 로마에 가본 적 있냐는 상대방의 질문에 Yes/ No라고 직접적인 언급은 없지만 약 4년 전이라는 시점을 이야기한 것으로 보아 다녀왔다고 할 수 있다. 따라서 (a)가 정답이다.
have been to ~에 가본 적이 있다

6

Hey. Come on. Are you out of your mind? 이봐. 너 제정신이니?
(a) I'm not myself today. 난 오늘 제정신이 아니야.
(b) I don't mind at all. 전혀 개의치 않아.

해법 제정신이냐는 질문에 대해 (a)는 오늘 제정신이 아니라고 답하고 있으므로 자연스러운 응답이다. (b)의 mind는 '꺼리다'는 의미이므로 질문과 전혀 관계없는 응답이다.
out of mind 정신이 나간

7

Can we meet at the Hilton tomorrow? 우리 내일 힐튼 호텔에서 만날까?
(a) Yes, I'm on the way now. 응, 난 지금 거기에 가는 길이야.
(b) It's under renovation. 지금 수리 중이야.

해법 내일 힐튼 호텔에서 만나자는 상대방에게 (a)처럼 지금 가는 길이라고 말하는 것은 적절하지 않다. 호텔이 수리 중이라고 말하는 (b)가 적절하다.
be on the way ~로 가는 중이다   **under renovation** 수리 중인

8

Will you be able to contact Jane this week? 이번 주에 제인에게 연락할 수 있겠니?
(a) I will drop by to see her soon. 곧 들러 볼게.
(b) Yes, I've seen her. 응, 만난 적이 있어.

해법 이번 주에 제인에게 연락할 수 있겠냐는 질문에 곧 들르겠다고 답하는 (a)가 적절하다. (b)는 과거에 본 적이 있다는 대답으로 앞으로의 할 일과는 관계없다.
drop by 들르다(stop by/ come by)

9

Didn't I tell you to fax the contract? 계약서를 팩스로 보내 달라고 말하지 않았나요?
(a) You were supposed to do that. 그렇게 했어야죠.
(b) Sorry, it slipped my mind. 죄송해요. 깜박했어요.

해법 팩스를 왜 안 보냈는지를 추궁하는 상대방에게 깜박 잊었다고 사과를 하는 (b)가 적절한 응답이다. (a)는 상대방이 보냈어야 했다고 답하고 있으므로 어울리지 않다.
fax 팩스로 보내다   **contract** 계약서   **be supposed to** ~하기로 되어 있다   **slip one's mind** 깜박 잊다

10

Could you help me fill out this form? 이 서류 작성하는 것을 도와주시겠어요?
(a) Of course. Fill it up, please. 물론이죠. 가득 채워 주세요.
(b) Sorry, I'm in a rush now. 죄송하지만 제가 급해서요.

해법 fill out(문서를 채우다, 작성하다)과 fill up(~을 채우다)의 의미 차이에 유의해야 한다. 서류에 기입하는 것을 도와달라는 요청에 시간이 없다고 말하는 (b)가 응답으로 자연스럽다.
fill out (서류 등을) 작성하다   **fill up** ~을 가득 채우다   **in a rush** 아주 바쁘게

07 의문사가 있는 의문문

유형 리뷰 | 의문사가 들어간 의문문은 의문사가 요구하는 정보가 무엇인지를 파악하는 것이 가장 중요하다. 또한 How come...? Why don't you...? What about...? 등 의문사 관용표현도 자주 출제된다.

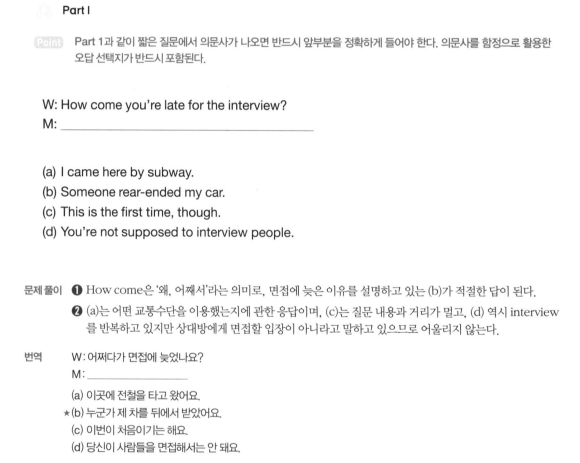

Part I

Point Part 1과 같이 짧은 질문에서 의문사가 나오면 반드시 앞부분을 정확하게 들어야 한다. 의문사를 함정으로 활용한 오답 선택지가 반드시 포함된다.

W: How come you're late for the interview?

M: _____

(a) I came here by subway.
(b) Someone rear-ended my car.
(c) This is the first time, though.
(d) You're not supposed to interview people.

문제 풀이 ❶ How come은 '왜, 어째서'라는 의미로, 면접에 늦은 이유를 설명하고 있는 (b)가 적절한 답이 된다.

❷ (a)는 어떤 교통수단을 이용했는지에 관한 응답이며, (c)는 질문 내용과 거리가 멀고, (d) 역시 interview 를 반복하고 있지만 상대방에게 면접할 입장이 아니라고 말하고 있으므로 어울리지 않는다.

번역 W: 어쩌다가 면접에 늦었나요?

　　　 M: _____

　　　 (a) 이곳에 전철을 타고 왔어요.
　★(b) 누군가 제 차를 뒤에서 받았어요.
　　　 (c) 이번이 처음이기는 해요.
　　　 (d) 당신이 사람들을 면접해서는 안 돼요.

오답 탈출

> 의문사가 들어간 관용표현을 미리 익혀두자.
>
> How come은 의문사 How와 come을 분리해서 생각하면 (a)가 정답처럼 보이지만 덩어리로 '어째서, 왜'라는 의미로 이해해야 한다. 대체적으로 어떤 일이 일어난 이유와 상황을 설명하는 경우가 많은데, 앞의 질문에서 How come you're late for the interview?로 물었기 때문에 인터뷰에 늦은 그럴싸한 변명 등이 답변으로 올 것을 예측하며 선택지들을 듣도록 한다.

Possible Answers

☐ **My car was hit on the way over.** 오는 길에 제 차가 치었어요.

☐ **Someone smashed into my car.** 누군가 제 차를 받았어요.

☐ **I had a car accident.** 자동차 사고가 났어요.

Point Part 2의 경우 처음 대화를 잘 이해했더라도 세 번째 대화에 나오는 의문사를 놓쳐 정답을 제대로 고르지 못하는 실수를 종종 범할 수 있다. 각 의문사에 따른 대표 응답 유형을 익혀두자.

W: Ted, did you get a new dorm roommate?
M: Yeah, I finally got a new one.
W: What's your first impression of him?
M: _____

(a) That must've been nice.
(b) Much better than I expected.
(c) His expectation was very high.
(d) Yes, he looks more compatible with you.

문제 풀이 ❶ 새로운 룸메이트에 대한 첫 인상을 묻고 있다.

❷ What으로 물었으므로 기대했던 것보다 좋았다고 구체적인 의견을 말한 (b)가 적절하다.

❸ (a)는 질문한 여자가 할 만한 말이고, (c)의 '그의 기대가 높았다'라는 말은 어울리지 않으며, (d)의 경우 Yes로 답하고 있으므로 의문사 의문문에 대한 응답으로는 부적절하다.

번역 W: 테드, 기숙사 룸메이트가 새로 생겼어?
M: 그래, 드디어 새로운 룸메이트가 생겼어.
W: 첫인상은 어떻니?
M: _____

(a) 틀림없이 좋았겠구나.
★(b) 내가 기대했던 것보다 훨씬 좋아.
(c) 그의 기대가 매우 높았어.
(d) 그래, 너와 더 잘 어울릴 것 같아.

오답 탈출

의문사로 물었는데 Yes/ No로 대답하면 오답이다.

의문사 의문문에 대해 Yes/ No로 답을 하고 있다면 일단 답이 될 수 없다. (d)에서 Yes 뒤에 나온 문장만 보면 '너와 잘 어울려 보인다'의 의미로 가능할 수도 있지만 앞에 Yes가 나와 있으므로 오답이 된다. 각 의문사에 대한 응답 패턴을 미리 정리해 두도록 하자.

Possible Answers

□ **He's a really nice guy.** 그는 정말 좋은 사람이야.
□ **He doesn't seem too bad.** 그는 그다지 나빠 보이지는 않아.

의문사를 사용한 의문문

A: What are you looking for? 뭘 찾고 있니?

B: I'm looking for my cell phone. 내 휴대폰을 찾고 있어.

A: Where is the nearest convenience store? 가장 가까운 편의점이 어디에 있지?

B: Just around the corner. 모퉁이를 돌면 있어요.

A: Who is Derek's fiancée? 누가 데릭의 약혼자죠?

B: That girl wearing sunglasses. 저기 선글라스를 쓴 여자야.

A: When is the term paper due? 학기말 보고서 마감일이 언제지?

B: By Friday. 금요일까지야.

의문사의 관용 표현이 들어간 의문문

A: What is your new boss like? 새로운 상사는 어때?

B: She seems pretty laid back and open-minded. 느긋하고 개방적이야.

A: What's the rate? 요금이 얼마죠?

B: There is a special package for teenagers. 십대를 위한 특별 요금제가 있습니다.

A: How far is your school from here? 여기에서 학교까지는 거리가 얼마나 되지?

B: About ten minutes' walk. 걸어서 10분 정도 거리야.

A: How long have you known each other? 서로 알고 지낸 지 얼마나 됐니?

B: Ever since we were in junior high. 중학교 때부터.

A: How do you like your coffee? 커피는 어떻게 해줄까?

B: I like it strong./ With cream and sugar, please. 진한 것이 좋아요./ 크림과 설탕을 넣어 주세요.

A: How come you missed the party? 어째서 파티에 참석하지 않았니?

B: I didn't feel well. 몸이 안 좋았어.

A: How did the project go? 프로젝트는 어떻게 됐니?

B: It was a big success. 대단히 성공적이었어.

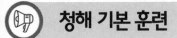
A Read the answer and choose the appropriate question.

1   Answer: About 15 minutes by car.
       Question: (a)   (b)

2   Answer: He's a flight attendant.
       Question: (a)   (b)

3   Answer: For more than 10 years.
       Question: (a)   (b)

4   Answer: A buffet restaurant will be good.
       Question: (a)   (b)

5   Answer: 120 bucks during the off season.
       Question: (a)   (b)

B Listen and choose the correct response.

6   (a)   (b)
7   (a)   (b)
8   (a)   (b)
9   (a)   (b)
10   (a)   (b)

텝스 청해 집중 공략

해설집 P14

Part I Choose the most appropriate response for each item.

1   (a)   (b)   (c)   (d)
2   (a)   (b)   (c)   (d)
3   (a)   (b)   (c)   (d)
4   (a)   (b)   (c)   (d)

Part II Choose the most appropriate response to complete each conversation.

5   (a)   (b)   (c)   (d)
6   (a)   (b)   (c)   (d)
7   (a)   (b)   (c)   (d)
8   (a)   (b)   (c)   (d)

1
About 15 minutes by car. 차로 15분 정도 걸려.

(a) How far is the cinema from your house? 집에서 극장까지 거리가 얼마나 되니?
(b) When did you finish your part? 네가 할 부분을 언제 끝냈니?

해법 차로 15분 정도 걸린다는 답은 거리나 시간에 관한 질문인 (a)와 자연스럽게 이어진다.

2
He's a flight attendant. 그는 비행기 승무원이야.

(a) When did he get a new job? 그 사람은 언제 새로운 직장을 구했니?
(b) What does he do for a living? 그 남자 직업이 뭐야?

해법 그가 비행기 승무원이라는 것은 직업을 묻는 질문과 어울리므로 (b)가 정답이다.
do for a living 생계를 유지하다

3
For more than 10 years. 10년 이상.

(a) How long have you known each other? 두 사람이 알고 지낸 지 얼마나 됐지?
(b) When are you planning to start your own business? 언제 자영업을 시작할 계획이니?

해법 시간 앞의 for는 '~동안'이라는 기간을 나타내므로 두 사람이 알고 지낸 기간을 묻고 있는 (a)가 적절하다.

4
A buffet restaurant will be good. 뷔페 식당이 좋을 거야.

(a) Who do you usually have lunch with? 너는 보통 누구와 점심을 먹니?
(b) Where should we have our school reunion? 어디에서 학교 동창회를 할까?

해법 장소에 대한 의견을 나타내고 있으므로 동창회를 열 장소를 묻고 있는 (b)가 가능한 질문이다.
reunion 동창회

5
120 bucks during the off season. 비수기에 120달러 정도입니다.

(a) What's the rate per night? 하루에 방 값은 어떻게 되나요?
(b) How are you going to pay? 어떻게 지불하실 건가요?

해법 buck은 dollar이므로 가격을 물어보는 질문이 적절하다. (a)의 rate는 '요금, 비율, 등급'이라는 뜻으로, What's the rate라고 하면 요금이 얼마냐고 묻는 질문이므로 자연스럽다. (b)는 지불 방법을 묻는 질문이다.
buck 달러   **off season** 비수기 (↔peak season 성수기)

6

How often does the shuttle to the ice-rink run? 아이스 링크행 셔틀은 얼마나 자주 운행합니까?
(a) I always use it. 저는 항상 그것을 이용해요.
(b) Every 20 minutes. 20분마다요.

해법 셔틀 버스가 얼마나 자주 운행되는지를 묻고 있는데, (a)는 셔틀의 운항 횟수와 관계가 없으므로 적절한 응답이 될 수 없다. (b)가 '20분마다'라는 의미로 적절하다.
run 운행하다 **every 20 minutes** 20분에 하나씩

7

What took you so long? 왜 이렇게 늦었어요?
(a) I had to see my client. 고객을 만나야 했어요.
(b) I arrived just a few minutes ago. 몇 분 전에 도착했어요.

해법 What took you so long?은 '무엇이 너를 오래 걸리게 했니?' 즉, '왜 늦었니?'라는 의미로, 적절한 이유를 말해야 한다. 고객과 약속이 있었다고 말하는 (a)가 자연스럽다.

8

Which team are you going to root for? 어떤 팀을 응원할 거야?
(a) I'm afraid I can't make it. 약속을 지킬 수 없겠어.
(b) I'm not going to take either side. 아무 편도 들지 않을 거야.

해법 Which 의문문은 선택을 요구하는 질문이지만 (b)처럼 어느 팀도 응원하지 않겠다는 비전형적 대답이 올 수 있다. (a)는 약속을 못 지킬 것이라고 답하고 있으므로 어울리지 않는다.
root for ~을 응원하다

9

What if I can't find a partner for the prom? 졸업 파티에 같이 갈 파트너를 못 구하면 어쩌지?
(a) There will be someone just for you. 너에게 맞는 사람이 있을 거야.
(b) Use my glasses if you want. 원한다면 내 안경을 써봐.

해법 졸업 파티에 갈 파트너를 구하지 못할까 봐 걱정하는 상대방에게는 위로의 표현이 적절하다. 어울리는 상대가 있을 것이라고 말하는 (a)가 적절하다. 안경을 써보라고 권하는 (b)는 내용상 관계가 없다.
What if...? ~라면 어쩌지? **prom** 졸업 파티

10

How's your job search going? 구직은 어떻게 되어 가고 있니?
(a) My father drove me there. 아버지가 차로 태워다 주셨어.
(b) So far, so good. 지금까지는 괜찮아.

해법 (b)의 So far, so good은 '지금까지는 괜찮다'는 뜻으로, 구직 진행 상황을 묻는 질문과 어울리는 응답이다. (a)는 이동 수단에 관한 답이므로 적절하지 않다.
So far, so good. 현재까지는 좋다.

08 기타의문문

유형 리뷰 | 선택의문문이나 부정·부가의문문은 몇 가지 사항을 염두에 두어야 한다. 선택의문문의 경우 선택 사항으로 제시하고 있는 것이 무엇인지 정확히 판단해야 한다. 부가의문문은 상대방에게 동의나 반대를 이끌어 낼 때의 마지막 말을 잘 들어야 한다. 또한 평서문의 형태로 상대방에게 의견을 구하기도 하므로 주의한다.

Part I

 선택의문문의 경우 Which로 시작되는 경우가 많으며 대개 2가지 정도의 선택 사항이 주어진다. 제시된 선택 사항을 이해한 뒤에 답하는 것도 중요하지만 주어진 선택 사항 이외에 제3의 의견도 답이 될 수 있다는 점도 주의하자!

W: Which jacket would you like to take? The green or blue one?

M: _____

(a) Either one will be fine.
(b) The blue shirt, please.
(c) Green and blue don't go together.
(d) You'd better take the green one.

문제 풀이 ❶ 녹색과 파란색 중 어떤 재킷을 고를 것인지 질문에 (a)가 어떤 것이든 괜찮다고 답하고 있으므로 적절한 답이다.

❷ (b)는 blue shirt라고 답하고 있으므로 재킷의 색깔과는 관계없는 답이며, (d)는 녹색을 고르라고 상대에게 제안하고 있으므로 오답이다.

번역 W: 어느 재킷을 살 건가요, 녹색인가요 아니면 파란색인가요?

M: _____

★(a) 어떤 거든 괜찮아요.
 (b) 파란색 셔츠로 주세요.
 (c) 녹색과 파랑은 어울리지 않아요.
 (d) 네가 녹색을 고르는 것이 좋겠어.

오답 탈출   **선택의문문에서 제3의 응답이 나올 가능성이 높다.**

선택의문문에서는 제시한 두 가지 중 하나를 선택해야 한다는 고정 관념을 버리고 듣자. 항상 제3의 답이 존재할 수 있다는 것을 알고 대비해야 한다. green과 blue 중 하나를 고르는 것에만 몰입하다 보면 jacket/ shirt를 잊어버리고 (b)를 고를 수 있다. 실제로 시험에는 제3의 응답이 정답이 되는 경우가 더 많다.

Possible Answers

☐ **It doesn't matter to me.** 전 상관없어요.
☐ **I'll take the green one please.** 녹색으로 주세요.

🎧 **Part II**

Point 부정의문문을 이용한 질문을 들을 때는 주어진 질문의 의도를 정확하게 판단해야 한다. 긍정일 때는 Yes, 부정일 때는 No로 답하거나, Yes/No를 생략하고 설명을 덧붙여 답하는 경우도 많으므로 이에 주의할 필요가 있다.

W: The kids sure are having fun on the roller coaster, aren't they?
M: Yeah, but Ted doesn't look too happy.
W: Why do you suppose that is? Doesn't he enjoy riding?
M: _____

(a) He will give me a ride home.
(b) Actually, he is afraid of heights.
(c) Not really. He will ride it again.
(d) No, it's nice to go on a ride with you.

문제 풀이　❶ Doesn't he enjoy riding?(그는 놀이기구 타는 것을 좋아하지 않나요?)이라며 부정의문문으로 질문하고 있으므로 주의가 필요하다.

❷ (b)는 Yes/No로 답을 하고 있지는 않지만 고소공포증이 있다고 답하고 있으므로 적절한 답이 된다.

❸ 즐기지 않는다고 답을 한 뒤 다시 탈 것이라고 하는 (c)는 논리적으로 어울리지 않는다.

번역　W: 애들이 롤러코스터를 타면서 즐거운 시간을 보내고 있지 않나요?
M: 네, 하지만 테드는 재미있어 하는 것 같지 않아요.
W: 왜 그렇게 생각하시죠? 그는 놀이기구 타는 것을 좋아하지 않나요?
M: _____
(a) 그가 나를 집까지 태워다 줄 거예요.
★(b) 사실 그 아이는 고소공포증이 있어요.
(c) 별로요. 그 아이는 다시 탈 거예요.
(d) 아뇨, 당신과 함께 타니까 좋네요.

오답 탈출　**Yes/No만 기다리지 말자.**

부정의문문이나 부가의문문은 한국인 학습자가 일상 회화에서 잘 사용하지 않는 문장 패턴이라 실제 청해에서 훨씬 어렵게 느껴질 수 있다. 질문도 어려운데 Yes/No 답변을 예측하고 있다가 정답을 놓치는 경우가 많다. (b)처럼 Yes/No를 생략하고 다른 설명을 덧붙인 선택지가 정답일 확률이 더 높다.

Possible Answers

□ **He gets kind of nervous on fast rides.** 그는 빠르게 움직이는 놀이기구를 무서워해요.
□ **Maybe it's making him feel sick.** 그는 아마 속이 메스꺼울 거예요.

선택의문문

A: Which cuisine do you like better, Chinese or Japanese?
어떤 음식이 좋아, 중식이야 일식이야?

B: I like Japanese better. 난 일식이 더 좋아.

A: Which color do you prefer, purple or red? 어떤 색이 좋나요, 보라색인가요 빨간색인가요?

B: Neither. 둘 다 별로네요.

A: How would you like to send it, by regular or express?
그것을 어떻게 보낼까요, 보통 아니면 빠른 우편요?

B: Express mail, please. 빠른 우편으로 해주세요.

부정의문문 / 부가의문문

A: Doesn't Mary look younger with short hair? 머리가 짧으니까 메리가 더 어려 보이지 않나요?

B: Yes, she looks in her twenties. 네, 20대처럼 보이네요.

A: Can't you arrange it by tomorrow? 내일까지 그것을 준비해 줄 수 없겠니?

B: I'm sorry, I can't. 유감스럽게도 안 되겠어요.

A: You aren't thinking of quitting your job, are you? 일을 그만두려고 하는 건 아니지, 그렇지?

B: Not at the moment. 지금은 아니야.

기타 평서문

A: We need to buy some fruit. 과일을 좀 사야겠어.

B: I'm up for whatever you suggest. 네가 제안하는 것은 무엇이든 찬성이야.

A: It's hard to follow a vegetarian diet. 채식주의자의 식단을 따르는 것은 힘들어.

B: No pain, no gain. 대가 없이 얻을 수 있는 것은 없어.

A: Please put me through to Tim. 팀 좀 연결해 주세요.

B: Certainly. Please hold. 알겠습니다. 끊지 말고 기다려 주세요.

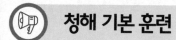
A   Listen to each response and choose the answer.

1   (a) 적절한 응답이다   (b) 부적절한 응답이다
2   (a) 적절한 응답이다   (b) 부적절한 응답이다
3   (a) 적절한 응답이다   (b) 부적절한 응답이다
4   (a) 적절한 응답이다   (b) 부적절한 응답이다
5   (a) 적절한 응답이다   (b) 부적절한 응답이다

B   Listen and choose the correct response.

6   (a)   (b)
7   (a)   (b)
8   (a)   (b)
9   (a)   (b)
10   (a)   (b)

 텝스 청해 집중 공략

해설집 P16

Part I   Choose the most appropriate response for each item.

1   (a)   (b)   (c)   (d)
2   (a)   (b)   (c)   (d)
3   (a)   (b)   (c)   (d)
4   (a)   (b)   (c)   (d)

Part II   Choose the most appropriate response to complete each conversation.

5   (a)   (b)   (c)   (d)
6   (a)   (b)   (c)   (d)
7   (a)   (b)   (c)   (d)
8   (a)   (b)   (c)   (d)

🔊 청해 기본 훈련 가이드라인

| Answers | 1 (a) | 2 (a) | 3 (a) | 4 (b) | 5 (a) | 6 (a) | 7 (b) | 8 (a) | 9 (b) | 10 (a) |

1

A: Which of the CDs do you like? 어떤 CD가 마음에 드세요?

B: Neither, do you have anything else? 둘 다 별로예요. 다른 것은 없어요?

해법 어떤 CD를 원하는지 묻는 말에 어느 것도 마음에 들지 않아 다른 것을 찾고 있으므로 적절한 응답으로 볼 수 있다. 따라서 (a)가 정답이다.

else 또 다른

2

A: How would you like to send it, by regular or express? 어떻게 보내시겠어요, 보통인가요 빠른 우편인가요?

B: Express. It needs to go quickly. 빠른 우편이요. 배송이 빨리 돼야 해요.

해법 우편물을 보내는 방법을 묻는 말에 빠른 우편을 선택하겠다는 적절한 답변을 하므로 (a)가 정답이다.

regular 보통 (우편)   **express** 빠른 (우편)

3

A: Would you like a window or an aisle seat? 창가 쪽으로 하시겠어요, 아니면 통로 쪽 자리로 하시겠어요?

B: Window, please. 창가 자리요.

해법 어떤 좌석을 선택할지 묻고 있으며 이에 대해 창가 쪽 자리를 원한다고 답하고 있으므로 어울리는 대화이다.

aisle seat 통로 쪽 자리

4

A: You don't have a digital camera, do you? 디지털 카메라 없지, 그렇지?

B: Yes, I should have borrowed it. 응, 빌렸어야 했는데.

해법 디지털 카메라가 없지 않냐는 질문에 I should have borrowed it(빌렸어야 했다)이라고 한 것은 없다는 의미이다. 부정의문문의 대답은 질문과 상관없이 긍정이면 Yes, 부정이면 No로 대답하면 되는데, Yes라고 하고 부정의 의미가 이어졌으므로 부적절한 응답이 되겠다.

should have p.p. ~했어야 했다

5

A: We're running out of gas. 기름이 떨어지고 있어.

B: Don't worry. There's a gas station right over there. 걱정 마, 저기에 주유소가 있어.

해법 기름이 떨어진다고 걱정하는 상대방에게 근처에 주유소가 있다고 알려 주고 있으므로 자연스러운 응답이다.

run out of ~이 부족해지다

6

You didn't tell her, did you? 아직 그녀에게 말하지 않았어, 그렇지?
(a) I'll keep it to myself. 비밀로 할 거야.
(b) I don't think you did. 난 네가 했다고 생각하지 않아.

해법 부정의문문에도 Yes나 No가 아닌 다른 응답이 올 수 있다. 여자에게 말하지 않았느냐고 묻는 말에 혼자만 알고 있겠다는 (a)가 응답으로 적절하다.
keep to oneself 혼자서 비밀을 지키다

7

Which movie would you prefer, action or horror? 액션과 공포물 중 어느 영화가 더 좋아요?
(a) He is the best action star ever. 그 남자는 최고의 액션배우예요.
(b) Why don't we see a romantic comedy? 로맨틱 코미디를 보는 게 어때요?

해법 두 개의 영화 중 하나의 선택을 유도했지만 다른 대안으로 로맨틱 코미디 영화를 볼 것을 권하는 (b)가 자연스럽다. 영화에 대한 선택을 묻는 말에 배우에 대해 이야기한 (a)는 적절하지 않다.
horror 공포 (영화)

8

We need to buy more snacks. 간식거리를 좀 더 사야겠어.
(a) I'm up for whatever you suggest. 네가 제안하는 것은 뭐든지 동의해.
(b) Yes, we did. 응, 우리는 그랬지.

해법 간식거리를 사야겠다는 말에 (a)는 어떤 제안을 하든지 동의한다는 의견이므로 응답으로 적절하다. (b)가 답이 되려면 과거 시제가 아닌 현재 시제, 즉 Yes, we do가 되어야 한다.
be up for ~에 찬성이다   **whatever** 무엇이든지

9

It's been 30 minutes and my food still hasn't arrived. 30분째 음식이 나오지 않고 있어요.
(a) Sorry, I'll book you earlier. 죄송합니다만, 이른 시간으로 예약을 잡아 드릴게요.
(b) Sorry, the kitchen is busy today. 죄송합니다만, 오늘 주방이 바빠서요.

해법 음식이 나오지 않는다는 손님의 불평에 (b)가 주방이 몹시 바쁘기 때문이라는 이유를 설명하고 있으므로 어울리는 대화이다. (a)는 식당에 예약 전화할 때나 가능한 응답이다.
book 예약하다   **kitchen** 주방

10

How would you like your hair done, permed or colored? 머리를 어떻게 하고 싶나요, 파마나 염색할 거예요?
(a) I'll leave it to the hair dresser. 미용사에게 맡기겠어요.
(b) I just left my hair straight. 머리를 직모로 놔두었어요.

해법 머리를 파마할 것인지 염색할 것인지 의견을 묻고 있다. (a)가 미용사의 의견에 따르겠다고 했으므로 자연스럽다. (b)는 예전의 직모 상태를 유지했다고 말하고 있으므로 대답으로 어울리지 않는다.
leave hair straight 머리를 직모 상태로 놔두다

09 토픽 1 - 건강 & 직장 & 교통

유형 리뷰 | 일상생활과 연관된 토픽 중 건강과 직장, 교통에 관한 대화는 TEPS 시험에서 매회 출제된다. 관련 토픽별 빈출 표현 리스트를 정리해서 대비하면 좀 더 효과적으로 학습할 수 있다.

Part I

Point Part 1에서 지금까지 출제된 관련 토픽들을 살펴보면 비행 정보 문의, 다이어트 관련 대화, 카풀, 교통 체증으로 인한 지각, 아픈 증세 언급, 취업 면접 등 일상과 관련된 아주 세밀한 대화들이다. 토픽별 관련 표현들에 익숙해지도록 하자.

W: How are you getting to Austin?

M: _____

(a) We should be on time.
(b) I've been there only once.
(c) There is no bus service here.
(d) Tony will give me a lift there.

문제 풀이 ❶ 오스틴에 가는 교통수단을 묻는 질문에 구체적인 방법을 언급하고 있는 (d)가 적절한 답이 된다.

❷ (a)는 언제까지 가야 하는지에 대한 답으로 적절하며, (b)는 가본 적이 있는지에 대한 물음에 어울리는 답이고, (c)는 버스라는 교통수단을 언급하고 있지만 질문 내용에는 빗나갔다.

번역 W: 오스틴에는 어떻게 가세요?

M: _____

(a) 정각에 도착해야 해요.
(b) 딱 한 번 가본 적이 있어요.
(c) 여기에는 버스편이 없네요.
★(d) 토니가 저를 태워줄 거예요.

오답 탈출

> **최빈출 의문사 How**
> 교통수단을 묻는 대표적인 의문사 How는 수단, 방법, 절차 등을 묻는 질문에 자주 출제된다. 정답으로 bus, taxi, subway 등을 직접 언급하면 고르기가 더 쉽겠지만 (d)처럼 give a lift, give a ride, carpool, pick up 등의 표현들로 제시하는 경우가 더 많다.

Possible Answers

□ **I'm going to drive myself.** 혼자 운전해서 갈 거예요.
□ **My flight leaves tomorrow evening.** 제 비행기는 내일 저녁에 떠나요.
□ **I haven't figured that out yet.** 아직 확인해 보지 않았어요.

Point Part 2에서 자주 출제되는 구체적인 상황들을 보면 자동차 사고, 병원 진료 예약, 상사의 업무 마감 기일 재촉, 비행기 좌석 예약, 휴가 계획 등 Part 1 보다 좀 더 세부 내용들을 많이 담고 있다.

W: I'm nervous about my job interview.
M: Just focus on your strengths.
W: What do you think is my greatest strength?
M: _____

(a) You're a great team player.
(b) Let's get back to my point.
(c) It's an once-in-a-lifetime chance.
(d) Keen sense of humor is my strength.

문제 풀이 ❶ 면접을 보기 전 상대방에게 자신의 강점을 묻고 있다.

❷ (a)는 남자가 여자에게 팀워크에 강하다고 말해 주고 있으므로 어울리는 응답이다.

❸ 일생에 한 번뿐인 좋은 기회라고 말하는 (c)는 문맥상 어색하다. (d)는 남자가 자신의 강점을 말하고 있으므로 부적절하다.

번역 W: 면접 때문에 긴장이 돼.
M: 너의 강점에 집중해 봐.
W: 내 강점이 뭐라고 생각하니?
M: _____

★(a) 넌 팀워크에 강하잖아.
(b) 내가 말하는 요점으로 돌아가자.
(c) 일생에 한 번뿐인 기회야.
(d) 유머 감각이 내 강점이야.

오답 탈출

남녀의 역할을 서로 구분해서 듣는다.

Part 2에서는 특히 남녀의 역할이 바뀌어 선택지에 제시하는 오답 함정이 자주 나온다. 두 번째 여자의 대화에서 my greatest strength에 대해 물었는데 (d)처럼 my strength라고 응답하는 오답 선택지에 주의하자.

Possible Answers

☐ **You've got excellent communication skills.** 넌 화술에 능하잖아.
☐ **You have the ability to get along well with people.** 넌 사람들과 잘 지내는 능력이 있어.

건강 (Health)

A: I exercise every day. 난 매일 운동을 해.
B: That's why you look so toned. 그래서 몸이 탄력 있어 보이는구나.

A: What's wrong? 왜 그래?
B: I feel under the weather. 몸이 좋지 않아.

A: Can I see a doctor today? 오늘 진료를 받을 수 있나요?
B: I'll squeeze you into our schedule. 일정을 한번 잡아보죠.

직장 (Workplace)

A: I got a promotion. 저 승진했어요.
B: Congratulations. 축하해요.

A: Where's Lawrence? 로렌스 어디 있어요?
B: He called in sick. 아파서 못 온다고 전화 왔어요.

A: I applied for a job in the marketing department. 마케팅 부서에 지원했어.
B: It will suit you. 너에게 잘 맞을 거야.

A: Are there any job openings? 공석이 있나요?
B: There is one in the R&D department. 연구 개발 부서에 한 자리 있어요.

교통 (Transportation)

A: Were you stuck in traffic? 차가 막혀 꼼짝도 못했니?
B: Yeah, the traffic was bumper to bumper. 응. 차가 쭉 늘어서 있었지.

A: It's too late. The subway isn't running. 시간이 너무 늦었어. 지하철이 운행되지 않네.
B: I will give you a lift home. 집까지 차로 데려다 줄게.

A: Was your car towed? 차가 견인되었나요?
B: Yes, I was involved in a car accident. 네. 교통사고가 났거든요.

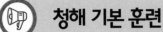
A Read the answer and choose the appropriate question.

1 Answer: I feel under the weather.
   Question: (a)   (b)

2 Answer: We have no openings this afternoon.
   Question: (a)   (b)

3 Answer: Yeah, the traffic was terrible.
   Question: (a)   (b)

4 Answer: You look more toned these days.
   Question: (a)   (b)

5 Answer: Congratulations!
   Question: (a)   (b)

B Listen and choose the correct response.

6   (a)   (b)
7   (a)   (b)
8   (a)   (b)
9   (a)   (b)
10 (a)   (b)

텝스 청해 집중 공략

해설집 P18

PartI Choose the most appropriate response for each item.

1 (a)   (b)   (c)   (d)
2 (a)   (b)   (c)   (d)
3 (a)   (b)   (c)   (d)
4 (a)   (b)   (c)   (d)

PartII Choose the most appropriate response to complete each conversation.

5 (a)   (b)   (c)   (d)
6 (a)   (b)   (c)   (d)
7 (a)   (b)   (c)   (d)
8 (a)   (b)   (c)   (d)

청해 기본 훈련 가이드라인

1   I feel under the weather. 몸이 안 좋아.

   (a) What's the weather like? 날씨가 어때?
   (b) What's wrong? 무슨 일이야?

해법   feel under the weather는 '몸이 안 좋다'는 의미이므로 무슨 일이 있는지 묻는 (b)가 알맞은 질문이다.
under the weather 몸 상태가 좋지 않은

2   We have no openings this afternoon. 오늘 오후에는 빈자리가 없습니다.

   (a) Can I see the doctor this morning? 오늘 오전에 의사 선생님 좀 뵐 수 있나요?
   (b) Could you squeeze me in this afternoon? 저를 오후 시간에 넣어 주시겠어요?

해법   squeeze는 '짜다, 밀어 넣다'라는 뜻이며, 오후 스케줄에 넣어 달라는 표현으로 쓸 수 있으므로 (b)가 적절하다.
(a)는 this morning과 서로 어울리지 않는다.
opening 비어 있는 자리   **squeeze** 억지로 끼어 넣다

3   Yeah, the traffic was terrible. 응. 교통이 정말 엉망이었어.

   (a) Was there a traffic jam? 교통 체증이 있었니?
   (b) How are you getting there? 그곳에 어떻게 갈 거니?

해법   교통이 엉망이었다고 했으므로 교통 체증(traffic jam) 여부를 묻고 있는 (a)가 정답이다.
traffic jam 교통 체증

4   You look more toned these days. 요즘 몸매가 더 좋아 보이네.

   (a) I just finished tuning my guitar. 이제 막 기타 튜닝을 끝냈어.
   (b) I'm taking swimming lessons. 수영 레슨을 받고 있어.

해법   toned/ tuning의 의미를 구별하여 들어야 한다. 근육이나 탄력 등 몸 상태와 어울리는 것은 (b)이다.
toned (피부 · 근육 등이) 탄력 있는   **tune** 곡조를 맞추다

5   Congratulations! 축하해!

   (a) I got a raise. 월급이 올랐어.
   (b) Sara called in sick. 사라가 아프다고 전화를 했어.

해법   축하하는 내용에 어울리는 기쁜 소식이 와야 한다. (a)가 월급이 인상되었다는 내용으로 축하할 만한 일이다.
raise 급여 인상   **call in sick** 전화로 병가를 내다

6

> What happened to David? 데이비드에게 무슨 일이 생겼어?
> (a) He's coming down with the flu. 독감에 걸렸어.
> (b) My car was towed away. 내 차가 견인되었어.

해법 데이비드에게 무슨 일이 일어났는지를 질문하고 있으므로 그가 독감에 걸렸다는 (a)가 내용상 어울린다. (b)는 내 차에 생긴 일이므로 데이비드와는 연관이 없다.
come down with (병에) 걸리다   **tow away** (자동차를) 끌다; 견인하다

7

> How can I send my résumé? 이력서는 어떻게 보낼까요?
> (a) By the end of this month. 이번 달 말까지요.
> (b) By email or registered mail. 이메일이나 등기 우편으로요.

해법 (a)의 By는 '~까지'의 의미로 기한을 가리키고, (b)의 By는 수단, 방법을 나타낸다. (b)가 이메일이나 등기 우편 등 이력서의 배송 방법에 관해 이야기하고 있으므로 적절하다.
résumé 이력서   **registered mail** 등기 우편

8

> I wonder if there are any job openings. 지원할 수 있는 자리가 있는지 모르겠어요.
> (a) Opening hours are from 9 to 5. 영업 시간은 9시에서 5시까지예요.
> (b) Actually there aren't any. 사실 한 자리도 없어요.

해법 지원할 수 있는 일자리가 있는지 묻자 남은 자리가 없다고 말하는 (b)가 적절하다. (a)의 Opening hours는 영업 시간의 의미로 일자리와는 관계가 없다.
opening 회사 등에 비어 있는 자리(**vacancy**)   **opening hours** 영업 시간

9

> Late again? I'm tired of your excuses. 또 늦었구나. 이제 네 변명이 지겨워.
> (a) You look tired. Try some vitamins. 피곤해 보이는구나. 비타민 좀 먹어봐.
> (b) Sorry, but my car battery was dead. 미안해, 하지만 차 배터리가 방전되었어.

해법 질문에서 말한 tired(지겨운)와 (a)의 tired(피곤한)를 구분해서 알아두자. 상대방의 변명이 지겹다(tired of)고 했으므로 늦은 이유를 말하는 (b)가 적절하다.
excuse 변명   **dead** 기능이 정지된

10

> How did you find out about the job opening? 어떻게 그 일자리에 대해 알아보았니?
> (a) I'm interested in the Marketing department. 마케팅 부서에 관심이 있어.
> (b) It's posted on the website. 웹 사이트에 올라와 있었어.

해법 일자리에 대해 알아본 경로를 묻는 말에는 구체적인 방법이 나와야 하므로 웹 사이트에서 찾았다고 말하는 (b)가 자연스러운 응답이다.
post (정보 등을) 올리다

10 토픽2 - 학교 & 공공장소

유형 리뷰 | 수험생들의 일상생활과 밀접한 학교, 은행, 도서관 등의 공공장소는 TEPS 시험에서 빠지지 않고 출제되는 토픽 유형이다. 이런 토픽에서 잘 활용되는 구체적인 상황들을 잘 분류해 보도록 한다.

Part I

Point 학교 생활과 관련된 수상 축하, 프로젝트 도움 주기, 시험 결과, 학기말 과제 등이 중심 토픽으로 출제된다.

W: I'm worried about my presentation tomorrow.

M: _____

(a) Just try to be yourself.
(b) Finally, you've made it.
(c) I have no choice but to do it.
(d) Don't worry. Your presentation was great!

문제 풀이 ❶ 발표 때문에 걱정하는 상대방을 위로할 말로, (a)가 평소대로 하라고 조언하고 있으므로 가장 적절하다.

❷ 아직 발표를 한 것이 아니므로 드디어 해냈다거나 잘했다는 (b)나 (d)는 답이 될 수 없다.

번역 W: 내일 있을 발표가 걱정돼.

M: _____

★ (a) 평소대로만 해.
  (b) 드디어 네가 해냈구나.
  (c) 내가 할 수밖에 없어.
  (d) 걱정 마. 네 발표는 훌륭했어.

오답 탈출

시제까지 일치해야 정답이다.

시제를 고려하지 않은 채 성급하게 선택지를 고르면 오답일 가능성이 높다. 내일(tomorrow) 있을 발표를 걱정하는 여자에게 (d)처럼 Don't worry라고 위로하는 것은 적절하나 이어지는 was는 시제가 어색하다. 정답 선택에서 시제가 중요한 변수가 될 수 있는 점을 명심하자.

Possible Answers

☐ **Just relax and don't stress over it.** 긴장 풀고 스트레스 받지 마세요.
☐ **Don't worry, you'll do fine.** 걱정하지 마. 잘할 수 있을 거야.

Point 도서관, 식당, 극장, 미술 전시회, 기차역, 은행 등의 공공장소에서 가능한 대화 유형들은 빈출되니 잘 정리해서 관련 표현들에 익숙해지도록 하자.

W: I need to deposit some money.
M: Why don't you use an ATM?
W: There are long lines of people out there.
M: _____

(a) Who else can help you?
(b) We've been waiting forever.
(c) You can deposit it through an ATM.
(d) There is one available right behind you.

문제 풀이 ❶ deposit money, ATM, long lines로 보아 은행에서 일어나는 상황임을 알 수 있다.

❷ 여자의 두 번째 대화가 평서문으로 끝나기 때문에 여러 응답을 예측할 수 있는데, 바로 뒤에 사용 가능한 현금 인출기가 있다고 말하는 (d)가 어울린다.

❸ (b)는 은행 직원이 아니라 고객이 기다렸다고 답해야 하며, (c)는 남자가 이미 앞에서 언급했으므로 적절하지 않다.

번역 W: 돈을 입금하려고요.
M: 현금 인출기를 이용하시는 것은 어떨까요?
W: 많은 사람들이 밖에 줄 서서 기다리는데요.
M: _____

(a) 또 누가 당신을 도와드릴 수 있나요?
(b) 우리는 너무 오래 기다렸어요.
(c) 현금 인출기로 입금하실 수 있어요.
★(d) 바로 뒤에 있는 것을 사용하실 수 있어요.

오답 탈출 대화 내용을 반복한 선택지는 오답일 가능성이 높다.

남자가 Why don't you use an ATM?이라고 말했는데, (c)에서 다시 You can deposit it through an ATM이라고 반복되고 있다. 이처럼 대화문에 나온 비슷한 의미의 정보가 선택지에서 반복되면 오답일 가능성을 생각하며 소거하도록 한다.

Possible Answers

□ **The ones inside the bank aren't crowded.** 은행 안에 있는 인출기는 붐비지 않아요.

□ **The lines in here are long, too.** 여기 역시 줄이 길어요.

학교 (On campus)

A: I applied to graduate school. 대학원에 지원했어.
B: Good luck to you. / I'll cross my fingers for you. 행운이 있기를 바라.

A: I need ten credits to graduate. 졸업하려면 10학점이 필요해.
B: Me, too. 나도 그래.

A: I need to submit my term paper by the due date. 기말 리포트를 마감일까지 제출해야 해.
B: Careful you don't forget it then. 그때까지 잊지 말도록 해.

A: I'm thinking about doing a double major. 복수 전공을 할까 생각 중이야.
B: Why don't you see an academic advisor? 지도 교수님을 먼저 만나보지 그래?

은행 (At a bank)

A: I'd like to open an account. 계좌를 개설하고 싶어요.
B: Fill out this form, please. 이 서류를 작성해 주세요.

A: Can I exchange US dollars to yen? 달러를 엔화로 바꿀 수 있나요?
B: Certainly. How much would you like to exchange? 물론이죠. 얼마나 바꾸시겠어요?

A: Is there a charge to transfer money? 송금하면 수수료가 있나요?
B: There is a one dollar commission for it. 수수료가 1달러 있습니다.

A: Excuse me, this ATM is not working. 실례합니다만, 현금 자동 인출기가 작동이 안 되네요.
B: You need to type in your pin number. 비밀 번호를 입력하셔야 해요.

우체국 (At a post office)

A: How would you like to send it? 어떻게 보내시겠어요?
B: By registered mail, please. 등기 우편으로요.

A: How much is the value of the contents? 내용물의 값어치는 얼마인가요?
B: About $250. 대략 250달러 정도예요.

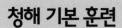 **청해 기본 훈련**

A **Listen to each response and choose the answer.**

1   (a) 적절한 응답이다   (b) 부적절한 응답이다
2   (a) 적절한 응답이다   (b) 부적절한 응답이다
3   (a) 적절한 응답이다   (b) 부적절한 응답이다
4   (a) 적절한 응답이다   (b) 부적절한 응답이다
5   (a) 적절한 응답이다   (b) 부적절한 응답이다

B **Listen and choose the correct response.**

6   (a)   (b)
7   (a)   (b)
8   (a)   (b)
9   (a)   (b)
10 (a)   (b)

텝스 청해 집중 공략

해설집 P20

Part I **Choose the most appropriate response for each item.**

1   (a)   (b)   (c)   (d)
2   (a)   (b)   (c)   (d)
3   (a)   (b)   (c)   (d)
4   (a)   (b)   (c)   (d)

Part II **Choose the most appropriate response to complete each conversation.**

5   (a)   (b)   (c)   (d)
6   (a)   (b)   (c)   (d)
7   (a)   (b)   (c)   (d)
8   (a)   (b)   (c)   (d)

1

A: It's a shame I flunked biology. 유감스럽게도 생물학에서 낙제했어.
B: I wish I had studied harder. 내가 좀 더 열심히 공부했더라면 좋았을 텐데.

해법 생물학에서 낙제해서 유감스럽다고 말하고 있는데, 오히려 상대(you)가 아닌 자신(I)이 공부를 더 했어야 했다고 말했으므로 부적절한 응답이다.
flunk 낙제하다

2

A: I'd like to open a checking account. 당좌 예금 계좌를 개설하려고요.
B: Next person, please. 다음 분 오세요.

해법 은행에서 당좌 예금 계좌를 개설하고자 한다는 고객의 말에 은행 직원이 다음 손님 차례라고 말한 것은 적절하지 않다.
checking account 당좌 예금 계좌

3

A: What's the postage for this parcel? 이 소포 요금은 얼마인가요?
B: It will get to New York within three days. 뉴욕까지 3일 안에 갈 겁니다.

해법 소포의 요금을 물었을 때는 가격에 대한 답이 와야 하는데 배송 소요 시간을 말했기 때문에 적절하지 않다.
postage 요금 **parcel** 소포 **within** ~안에

4

A: How can I contact the person in the foreign exchange department? 외환 부서 직원과 연락하고 싶어요.
B: I will let you know his number. 번호를 알려 드릴게요.

해법 외환 부서 직원과 연락할 수 있는 방법을 묻는 질문에 대해 번호를 알려 주겠다고 했으므로 적절한 응답이다.
foreign exchange department 외환 부서

5

A: Don't forget to submit your paper by this afternoon. 오늘 오후까지 보고서 제출하는 것을 잊지마.
B: I know. Professor Lee is strict about deadlines. 나도 알아. 이 교수님은 마감 기한에 엄격하잖아.

해법 잊지 말고 보고서를 오후까지 내라고 조언해 주는 친구에게 자신도 알고 있다며 교수님이 마감 기한에 엄격하다고 덧붙이고 있으므로 어울리는 대화이다.
submit 제출하다 **strict** 엄격한 **deadline** 마감일

6

How many more credits do you need to graduate? 졸업하려면 몇 학점을 더 이수해야 하나요?
(a) I need 20 more credits. 20학점 이상을 이수해야 해요.
(b) I have a good credit rating. 저는 신용 등급이 좋아요.

해법 졸업을 하기 위해 몇 학점(credit)을 더 이수해야 하는지에 대한 물음에 20학점 이상을 더 이수해야 한다는 (a)가 응답으로 어울린다. (b)의 credit rating은 '신용 등급'을 가리키는 말로 학점과 관계가 없다.
credit 학점 **credit rating** 신용 등급

7

Where can I register for a scholarship? 어디에서 장학금 신청을 할 수 있나요?
(a) I was offered a full scholarship. 저는 전액 장학금을 받았어요.
(b) Drop by the student union office. 학생회 사무실에 들려 보세요.

해법 장학금을 어디에서 신청해야 하는지를 묻고 있으므로 장소와 관련된 답이 알맞다. (b)가 학생회 사무실에서 신청하라고 알려 주고 있으므로 적절한 응답이 된다.
full scholarship 전액 장학금 **student union office** 학생회 사무실

8

What is the PIN number of your credit card? 신용 카드 비밀 번호가 어떻게 되나요?
(a) Here is my hair pin. 여기에 제 머리 핀이 있어요.
(b) I think it's 6540. 6540일 거예요.

해법 PIN number의 PIN은 Personal Identification Number(개인 식별 번호)의 약자이므로 (b)가 정답이다. 신용 카드의 비밀 번호를 묻고 있는데 hair pin에 관해 언급하고 있으므로 (a)는 적절하지 않다.
PIN number 비밀 번호

9

How much is the contents value for this package? 이 소포 내용물의 값어치는 얼마나 되나요?
(a) I can give you a discount. 할인해 드릴게요.
(b) Let me see. It's hard to calculate. 글쎄요. 계산하기 힘드네요.

해법 우체국에서 소포로 부치는 물건의 값어치를 묻고 있으므로 값으로 계산하기 힘들다고 말한 (b)가 적절하다. (a)는 할인을 해주겠다는 말이므로 어울리지 않는다.
give A a discount A에게 할인을 해주다

10

Do you use a special kind of wrapping paper for this pottery? 이 도자기에 특별한 포장지를 사용하시나요?
(a) I use packing foam and extra strong tape. 공기 충전 비닐과 강력 테이프를 사용해요.
(b) Please write "Fragile" on it. 이 포장지에 '깨지기 쉬움'이라고 써주세요.

해법 깨지기 쉬운 도자기에 대한 포장 방법과 연관된 특별 포장법을 설명하고 있는 (a)가 자연스럽다. (b)의 Fragile은 포장물을 주의 깊게 다룰 수 있도록 해달라는 문구로, 포장 방법과는 관련이 없다.
wrapping paper 포장지 **packing foam** 공기 충전 구멍이 있는 비닐 포장재 **fragile** 부서지기 쉬운, 취약한

11 전체 내용 파악

유형 리뷰 | Part 3과 Part 4에서 전체 내용 파악 문제는 무엇에 관한 내용인지 대략적으로 파악한 후, 질문을 듣고 해당하는 중심 내용을 확인하여 선택지를 골라야 한다. 대부분은 대화나 담화문의 시작 부분에 집중하여 답을 찾아낼 수 있지만 중간에 내용이 바뀌는 경우도 있으므로 끝까지 흐름을 놓치지 말아야 한다. 구텝스의 Part 3은 대화와 질문을 두 번 들려주고 선택지를 한 번 들려 주었다. 반면 뉴텝스에서는 대화, 질문, 선택지 모두 한번만 들려주는 대신 대화 전에 간략한 상황 설명이 주어진다.

🎧 Part III

Point Part 3에서 전체 내용 파악 문제는 주로 21~23번 3문제에 해당된다. 대화의 주제나 중심 소재 및 화자들의 행동에 관한 문제 유형으로 구성된다. 특히 남자와 여자의 행동에 대한 문제에서는 남녀 역할을 정확히 구분해서 듣는 연습 을 충분히 하도록 한다.

Listen to a conversation between two friends.

M: The drilling noise is really getting on my nerves.

W: Why don't you use these earplugs like me?

M: I won't use them. They hurt me a lot.

W: Then go for a walk and listen to some music.

M: I hate walking in the sun.

W: OK, let's go out for some shopping.

Q. What are the speakers talking about?

(a) The man's favorite music

(b) Ways to deal with a problem

(c) Different hobbies of two people

(d) Complaints about an annoying matter

대표 질문(Questions)

☐ What is the main topic of the conversation? 대화의 중심 소재는?

☐ What are the speakers talking about? 화자들의 대화 내용은?

☐ What is the conversation mainly about? 대화의 주된 내용은?

☐ What is taking place in the conversation? 대화에서 일어나고 있는 일은?

☐ What is the man[woman] mainly doing in the conversation? 대화에서 남자[여자]가 주로 하고 있는 것은?

문제 풀이
❶ 대화의 전체 내용을 묻고 있으므로 세부적인 내용보다는 전반적인 상황에 대한 이해가 필요하다.

❷ 소음이라는 문제에 대해 여자와 남자가 여러 가지 대안을 나누고 있으므로 대화의 주된 내용은 문제를 해결하는 방법이라고 볼 수 있다. 따라서 (b)가 가장 적절한 답이다.

❸ 남자의 불평에 여자도 이에 대해 불평하는 반응을 보였다면 (d)가 답이 될 수 있지만 여자는 다양한 제안을 했고 마지막에는 쇼핑을 가기로 결정했으므로 불평이 대화의 주된 내용이 될 수 없다.

어휘
get on one's nerves ~의 신경을 건드리다 **earplug** 귀마개 **complaint** 불평, 불만 **annoying** 성가신

번역
두 친구의 대화를 들으시오.
M: 드릴 소리 때문에 신경이 거슬려.
W: 그럼 나처럼 귀마개를 해보지 그래?
M: 나는 쓰지 않을 거야. 많이 아프거든.
W: 그럼 산책을 하면서 음악을 들어봐.
M: 햇볕에서 걷는 것은 질색이야.
W: 알았어. 쇼핑하러 가자.

Q. 화자들의 대화 내용은?
(a) 남자가 좋아하는 음악
★(b) 문제를 해결하기 위한 방법
(c) 두 사람의 다른 취미
(d) 골칫거리에 관한 불평

오답 탈출

전체 내용 파악을 위해 세세한 내용에 마음 빼앗기지 말자.

전체 내용 파악 문제는 전체적인 그림을 이해하는 것이 관건이다. 대화문에 나온 getting on my nerves나 listen to some music 등 세부 내용에만 집중해서 (a)의 favorite music이나 (d)의 Complaints를 활용한 선택지를 답으로 고르지 않도록 유의한다. 특정 표현에 집중하기 보다는 전체적인 대화의 흐름을 이해하는 것이 내용 파악 문제를 해결하는 관건이다.

Point Part 4에서 전체 내용 파악 문제는 주로 31~32번 2문항에 해당된다. 광고문, 안내 방송, 강의 등 다양한 토픽의 담화문이 출제되는데, 담화의 주제, 목적, 화자의 요지, 무엇을 광고하는지 유의해서 들어야 한다. 지엽적인 정보를 전체 내용으로 확대하지 않도록 주의한다.

Ladies and gentleman, may I have your attention, please? I'd like to inform you that the World Series playoff game between the New York Yankees and the Chicago White Sox will be resuming shortly. The rain has stopped and you may return to your seats at any time. However, due to the heavy rainfall that initially delayed the game, it will take the staff approximately thirty minutes to get the field ready. Thank you for your patience in waiting for this exciting game to resume.

Q. What is the announcement about?
(a) Notice of the restart of a game
(b) The reason why the game was delayed
(c) Information about the White Sox team
(d) Problems caused by unpredictable weather

문제 풀이 ❶ 비로 인해(due to the heavy rainfall) 취소된 야구 경기가 다시 시작됨(resume)을 알리는 안내 방송이다.

❷ 경기장을 정비하는 데 30분이 걸린다고 하며 경기가 재시작될 때까지 기다려 주셔서 감사하다는 말로 안내 방송을 마무리하고 있으므로 (a)가 정답이다.

❸ Chicago White Sox, rain, delayed 등을 듣고 (b), (c), (d)를 답으로 고르지 않도록 한다. 안내 방송의 주된 내용은 경기가 다시 시작한다는 것이므로 이어지는 내용은 단지 지엽적인 정보임을 알아야 한다.

어휘 **playoff** 결승전, 결승 진출 결정전 **resume** 재개하다 **initially** 처음에 **unpredictable** 예측할 수 없는

번역 신사 숙녀 여러분, 주목해 주시겠습니까? 뉴욕 양키즈와 시카고 화이트 삭스와의 월드시리즈 결승전 경기가 곧 다시 시작됩니다. 비가 그쳤으니 이제 다시 착석하셔도 되겠습니다. 하지만 폭우로 경기가 중단된 관계로 경기장을 정비하는 데 약 30분이 소요될 것입니다. 이 흥미진진한 경기가 다시 시작될 때까지 끈기 있게 기다려 주셔서 감사드립니다.

대표 질문(Questions)

☐ **What is the announcement mainly about?** 공지 사항의 주요 내용은?

☐ **What is the main topic of the talk?** 담화문의 중심 소재는?

☐ **What is the main idea of the lecture?** 강의의 요지는?

☐ **What is the main purpose of the announcement?** 공지 사항의 주된 목적은?

☐ **What is mainly discussed about A?** A에 대해 주로 논의되고 있는 것은?

☐ **What is the best title of this talk?** 담화문의 제목으로 가장 적절한 것은?

☐ **What is the speaker's main point?** 화자의 논점은?

Q. 안내 방송의 내용은?
★(a) 경기 재시작에 대한 안내
　(b) 경기가 지연된 이유
　(c) 화이트 삭스팀에 관한 정보
　(d) 변덕이 심한 날씨로 인한 문제점

 청해 기본 훈련　　　　　　　　　　　　　　　　　　　　　본책 P94

A　Listen and choose the correct answer.

1　(a)　　(b)
2　(a)　　(b)

B　Listen and fill in the blanks.

Ancient Egyptians believed that life continued _____.
Before a person died, they would buy a *Book of the Dead*. They used the
book to help them reach the underworld safely. The Egyptians believed
that _____ would read the book during their journey to
the underworld, and that it would guide them safely. Inside the book were
_____ to help the deceased solve
problems and find _____.

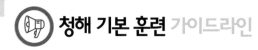
청해 기본 훈련 가이드라인

A

Listen to a conversation between two friends. 두 친구의 대화를 들으시오.

M: Do you want to catch up this week? 이번 주에 한번 볼까요?

W: Monday night and Thursday night are good for me. 월요일 밤하고 목요일 밤이 좋아요.

M: I'm out of town on Monday, but Thursday is fine. 월요일에는 시내에 없지만 목요일은 괜찮아요.

W: Great. How's 7 o'clock for you? 좋아요. 7시 어떠세요?

M: Perfect. Where should we go? 좋아요. 어디로 갈까요?

W: Let's try the new Indian restaurant. 새로 연 인도 식당에 가봐요.

1

Q: What are the speakers mainly doing? 화자들이 주로 하고 있는 일은 무엇인가?
(a) Deciding on a restaurant 식당 결정
(b) Making plans to meet for dinner 저녁 식사 계획 세우기

해법   서로 만나기로 하고 시간과 장소 등을 논의하고 있다. 따라서 대화의 전반적인 내용이 포함된 (b)가 정답이다.

2

Q: Which is correct according to the conversation? 대화 내용과 일치하는 것은?
(a) The man is not available on Monday. 남자는 월요일에 시간이 안 된다.
(b) Indian food is the woman's favorite. 인도 음식은 여자가 가장 좋아하는 것이다.

해법   남자는 월요일에 시내에 없지만, 목요일에는 시간이 난다고 했으므로 정답은 (a)이다.

B

번역   고대 이집트인들은 죽음 후에도 삶이 계속된다고 믿었다. 어떤 사람이 죽기 전에, 그들은 〈사자의 서〉라는 책을 구입했다. 그들은 저승에 안전하게 도달하는 데 도움을 받기 위해 그 책을 사용했다. 이집트인들은 망자들이 저승에 가는 동안 그 책을 읽을 것이고, 그것이 안전하게 길을 안내할 것이라 믿었다. 책 안에는 망자들이 문제를 풀어서 저승에 가는 길을 찾는 데 도움을 주는 암호와 단서가 있었다.

어휘   **underworld** 지하 세계, 저승   **the deceased** 고인, 죽은 사람   **password** 암호   **clue** 단서

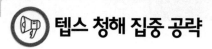 텝스 청해 집중 공략

Part III Choose the option that best answers the question.

1 (a)   (b)   (c)   (d)

2 (a)   (b)   (c)   (d)

3 (a)   (b)   (c)   (d)

4 (a)   (b)   (c)   (d)

Part IV Choose the option that best answers the question.

5 (a)   (b)   (c)   (d)

6 (a)   (b)   (c)   (d)

7 (a)   (b)   (c)   (d)

8 (a)   (b)   (c)   (d)

12 세부 사실 확인

유형 리뷰 | 세부 사실 확인 문제는 진술 사항이 대화나 지문 내용과 일치하는지를 물으므로 꼼꼼히 따져가면서 들어야 한다. 전체 내용 파악 유형과 마찬가지로, 선택지에 같은 어휘가 나왔다고 해서 답으로 단정하지 않도록 주의한다.

🎧 Part III

Point Part 3 질문 유형 중 Which is correct...?로 세부 내용들을 묻는 문제이며, 24~28번 사이에 최대 3~4문항 출제된다. 남녀의 역할을 구분해서 기억해야 오답 함정에 빠지지 않는다.

Listen to a conversation between a police officer and a driver.

M: Excuse me. I'm giving you a parking ticket.

W: What have I done wrong?

M: This spot is only for the disabled.

W: Sorry. Can you overlook my mistake?

M: But we have a strict policy about illegal parking.

W: I only stopped for a moment to pick up my jacket from the drycleaner.

M: OK, I'll overlook it this time.

W: Thanks, officer.

Q. Which is correct according to the conversation?

(a) The woman is asking for some advice.

(b) The man is not going to enforce a rule.

(c) The man thought the woman was a disabled person.

(d) The woman is unhappy about not getting a ticket.

대표 질문(Questions)

☐ Which (of the following) is correct according to the conversation? 대화에 따르면 옳은 것은?

☐ What is correct about A according to the conversation? A에 대해 대화 내용과 일치하는 것은?

☐ Which is true according to the conversation? 대화에 따르면 맞는 것은?

❶ 두 사람의 대화 내용과 일치하는 진술을 묻고 있으므로 세부 상황에 대한 정확한 이해가 필요하다.

❷ 주차 법규를 위반한 여자에게 남자가 이번에는 눈감아 주겠다고 말하고 있으므로 법대로 집행하지 않을 것이라는 (b)가 글의 내용과 일치한다.

❸ disabled나 ticket만 듣고 (c)나 (d)를 답으로 고르지 않도록 한다.

어휘 **the disabled** 장애인 **overlook** 못 본 체하다, 눈 감아 주다 **illegal** 불법의 **enforce** (법을) 집행하다

번역 경찰관과 운전자의 대화를 들으시오.
M: 실례합니다. 주차 위반 딱지를 발급하겠습니다.
W: 제가 무슨 잘못이라도 했나요?
M: 이곳은 장애인 전용 주차 구역입니다.
W: 죄송합니다. 이번만 봐주세요.
M: 하지만 주차 위반에 대해 엄격하게 다룹니다.
W: 세탁소에서 재킷을 찾아오느라 잠깐 주차했을 뿐이에요.
M: 좋습니다. 이번엔 봐드리죠.
W: 감사합니다. 경관님.

Q. 대화 내용과 일치하는 것은?
(a) 여자는 조언을 구하고 있다.
★(b) 남자는 법대로 집행하지 않을 것이다.
(c) 남자는 여자가 장애인이라고 생각했다.
(d) 여자는 티켓을 구하지 못해 기분이 언짢다.

오답 탈출

parking permit(주차권) **vs parking ticket**(주차 위반 딱지)

ticket은 일반적으로 '입장권, 승차권, 표' 등의 의미로 쓰여 긍정적인 이미지를 나타내지만, 그렇지 않을 때도 있다. '주차권'을 나타낼 때는 parking permit이라고 하지만 '주차 위반 딱지'는 parking ticket이라고 한다.
I'm giving you a parking ticket. 주차 위반 딱지 드립니다.
I'm giving you a parking permit. 주차권 드립니다.

Point Part 4의 33∼35번 사이에 최대 1∼2문항이 출제된다. Which is correct...?로 묻는 질문 유형이 여기에 해당하는데 담화문의 처음부터 끝까지 키워드 중심으로 세부 정보를 기억해야 선택지를 들으면서 오답을 피해갈 수 있다.

A 13-year-old girl in Arizona, USA, was strip-searched by school staff. They made her remove her clothes so they could search her underwear for a prescription drug called ibuprofen. School staff did not find any drugs. The girl's mother was so angry that she took the case to court and won. The family's lawyer argued that it was OK to search the girl's backpack and clothing pockets, but a strip-search was a violation of her rights.

Q. Which is correct according to the news report?
(a) The court took the girl's side.
(b) The girl was caught misusing drugs.
(c) The girl was expelled from school for stealing.
(d) The school was sued for searching the girl's backpack.

문제 풀이 ❶ 뉴스 보도와 관련된 세부 사실의 진위 여부를 판단하는 문제이므로 세부 정보를 정확하게 파악할 수 있어야 한다.

❷ 학교의 처분이 지나친 것에 관해 고소하게 되었고 학생측이 승소하게 되었으므로 (a)가 정답이다.

❸ 약물 남용이나 학교에서 퇴학 처분을 받았다는 내용은 언급되지 않았으므로 (b)와 (c)는 적절하지 않다. 학교가 고소당한 이유는 가방을 조사했기 때문이 아니라 알몸 수색 때문이었으므로 (d)도 오답이다.

어휘 **strip-search** 옷을 벗기고 조사하다 **prescription** 처방전 **ibuprofen** 소염 진통제 **violation** 위반 **take one's side** ∼쪽을 편들다 **misuse** 남용하다 **be expelled from school** 퇴학당하다 **sue** 고소하다

번역 미국 애리조나에 사는 13세 여자아이가 학교 교직원에 의해 알몸 수색을 당했습니다. 그들은 의사의 처방전이 필요한 이부프로펜이라는 약을 찾기 위해 속옷을 조사하려고 그 여자아이에게 옷을 벗도록 했습니다. 교직원은 아무 약도 찾지 못했습니다. 그 여자아이의 엄마는 너무 화가 나서 법원에 고소했고 승소했습니다. 가족의 변호사는 소녀의 가방이나 옷 주머니를 조사하는 것은 괜찮을지라도 알몸 수색은 인권 침해라고 주장했습니다.

Q. 뉴스 보도에 따르면 옳은 것은?
★(a) 법원은 여자아이의 편을 들어 주었다.
(b) 여자아이는 약물을 남용하다가 걸렸다.
(c) 여자아이는 절도 때문에 학교에서 퇴학을 당했다.
(d) 학교는 여자아이의 가방을 뒤졌기 때문에 고소당했다.

대표 질문(Questions)

☐ Which is correct according to the announcement? 공지 사항에 따르면 옳은 것은?

☐ Which is correct according to the lecture? 강의에 따르면 옳은 것은?

☐ What is correct about A according to the news report? A에 대해 뉴스 보도 내용과 일치하는 것은?

담화문에서 소개하지 않은 내용이 포함돼 있는지 가려낸다.

담화문 세부 사실 확인 유형에서는 그럴듯해 보이는 오답 선택지에 특히 유의해야 한다. 담화 내용을 담고 있는 듯하나 엉뚱한 사실을 포함한 오답 선택지를 피해 옥석을 가려낼 수 있어야 한다.
담화문 내용과 다음 선택지가 서로 일치하는지 살펴보자.

- School staff did not find any drugs.
  → (b) The girl was caught misusing drugs. (일치 안 함)

- It was OK to search the girl's backpack.
  → (d) The school was sued for searching the girl's backpack. (일치 안 함)

 청해 기본 훈련

본책 P100

A   Listen and choose the correct answer.

1   (a)   (b)
2   (a)   (b)

B   Listen and fill in the blanks.

Most people know Leonardo da Vinci from his famous _____,
but did you know he was also an inventor? His works in science and invention
are just as impressive as _____ of art. During his
lifetime he studied science enthusiastically and created many inventions. We
can _____ of his inventions in over 13,000 pages of
notes. In 1499, he found work as an engineer in Venice and created a system
of moveable barricades. These were used to _____
from outside attack.

A

Listen to a conversation about an audition. 오디션에 관한 대화를 들으시오.

M: Did Meg get the result about her audition for *Chicago*? 멕의 〈시카고〉 오디션 결과가 발표되었니?

W: Yeah, but she's not happy about it. 응, 하지만 그녀는 만족하지는 않아.

M: What's the problem? Was she rejected? 뭐가 문제야? 떨어졌니?

W: Actually she got the role of Velma. 사실 그녀는 벨마 역을 맡게 됐어.

M: Her preference was the role of Roxie, right? 그녀는 록시 역을 더 좋아하는 거지?

W: Exactly. She wants to show off her dance skills. 맞아. 춤 실력을 보여주고 싶어 하거든.

M: Well, I can't wait to see Meg on stage. 그래. 멕이 무대에 서는 모습을 빨리 보고 싶다.

1

> Q. What is correct about the conversation? 대화 내용과 일치하는 것은?
> (a) Meg likes her role. 멕은 자신의 역할을 좋아한다.
> (b) Meg is proud of her dance skills. 멕은 자신의 춤 실력에 자부심이 있다.

해법 멕이 자신의 춤 실력을 보여 주고 싶어서 록시 역할을 더 맡고 싶어 했다고 했으므로 (b)가 올바른 내용이다.

2

> Q. Which role is Meg going to play? 멕은 어떤 역할을 할 것인가?
> (a) Velma 벨마
> (b) Roxie 록시

해법 멕은 록시 역을 더 선호하지만 벨마 역을 맡았다고 했으므로 (a)가 정답이다.

B

번역 대부분의 사람들은 그의 유명한 <u>예술 작품</u>을 통해서 레오나르도 다빈치를 알고 있지만, 여러분은 그가 발명가이기도 했다는 사실을 알고 있었나요? 그의 과학 분야 업적이나 발명품은 <u>유명한 예술 작품</u>만큼 인상적입니다. 일생 동안 그는 열정적으로 과학을 연구했고 많은 발명품을 만들었습니다. 우리는 13,000페이지가 넘는 노트에서 그의 발명에 관한 <u>기록을 살펴볼 수</u> 있습니다. 1499년에 그는 베니스에서 엔지니어로 일했고, 이동 가능한 방어벽 체계를 만들었습니다. 이것은 외부의 공격으로부터 <u>도시를 보호하기</u> 위해서 쓰였습니다.

어휘 **inventor** 발명가 **impressive** 인상적인 **renowned** 유명한 **enthusiastically** 열정적으로 **track the records** 기록을 추적하다 **moveable** 이동 가능한 **barricade** 방어벽 **protect** 보호하다 **attack** 공격

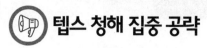 텝스 청해 집중 공략

Part III Choose the option that best answers the question.

1 (a) (b) (c) (d)

2 (a) (b) (c) (d)

3 (a) (b) (c) (d)

4 (a) (b) (c) (d)

Part IV Choose the option that best answers the question.

5 (a) (b) (c) (d)

6 (a) (b) (c) (d)

7 (a) (b) (c) (d)

8 (a) (b) (c) (d)

13 특정 정보 파악

유형 리뷰 | 특정 정보 파악에 관한 문제는 세부 사실 확인 문제 유형(Which is correct~?)과 더불어 구체적인 정보 파악을 요구하는 유형이다. 다른 유형보다도 질문을 정확하게 이해하는 것이 문제 풀이의 핵심이다. 따라서 의문사 부분에 주의해서 듣는 연습이 필요하다. 많은 정보를 다 기억하는 것보다 질문에서 요구하는 해당 정보를 찾아 정답 여부를 가려내는 것이 핵심 스킬이다.

Part III

Point Part 3의 24~28번 문제 중 Which is correct 유형을 제외한 나머지 구체적인 내용 파악 문항들로 1~2문제 출제된다. 이유, 대상, 방법, 시간, 장소 등의 특정 정보를 묻는데, 대화 중 화자의 질문에 대한 대답 속에 정답이 있는 경우가 많다.

Listen to a conversation between two colleagues.

W: How can I create a financial statement?

M: I'll help you use this spreadsheet program.

W: Thanks. I've never used it before.

M: First, create your headings on the top row.

W: That's not hard. What's next?

M: Type your numbers into the columns, then click "Add."

W: Oh, it's easy! Thanks for that.

Q. What does the woman mainly want to do?

(a) Have the man revise her report

(b) Learn how to use a program

(c) Get financial data from the man

(d) Upgrade her software program

대표 질문(Questions)

☐ Who is the woman? 여자는 누구인가?

☐ What does the woman advise the man to do? 여자가 남자에게 충고하는 것은 무엇인가?

☐ Why does the woman recommend A to the man? 여자는 왜 남자에게 A를 추천하는가?

☐ What time is the woman going to meet the man? 여자는 몇 시에 남자를 만날 것인가?

❶ 남자가 아니라 여자가 무엇을 하고 싶어 하는지를 묻는 질문이다.

❷ 여자가 도움을 얻고자 하는 것은 스프레드시트 프로그램 사용법이므로 정답은 (b)이다.

❸ financial statement를 들었다고 해서 대화 내용과 무관한 (c)를 답으로 고르지 않도록 한다.

어휘 **financial statement** 재무제표 **heading** 제목, 표제 **row** 줄, 행 **column** 세로(칸) **revise** 수정하다

번역 두 동료의 대화를 들으시오.
W: 재무제표를 어떻게 만들지?
M: 스프레드시트 프로그램 사용하는 것을 도와줄게.
W: 고마워. 한 번도 써 본 적이 없거든.
M: 우선, 맨 위에 있는 줄에 목록을 만들어.
W: 어렵지 않네. 다음은?
M: 숫자를 세로에 쳐서 넣어. 그리고 '더하기'를 클릭해.
W: 아, 쉽네. 고마워.

Q. 여자는 무엇을 하고 싶어 하는가?
(a) 그녀의 리포트를 남자가 고치게 하는 것
★(b) 프로그램 사용법을 배우는 것
(c) 남자에게서 재무 자료를 얻는 것
(d) 그녀의 소프트웨어 프로그램을 업그레이드 시키는 것

오답 탈출 전체 대화를 이해하더라도 질문(Questions)을 놓치면 오답을 고를 수 있다.

특정한 정보를 요구하는 유형은 질문 내용을 정확히 파악하는 것이 관건이다. What does the woman mainly want to do?라는 질문을 통해 여자가 하고 싶어 하는 것을 묻는 질문임을 파악한다. 재무제표를 만들기 위해 남자가 스프레드시트 프로그램 사용법을 알려 주겠다고 했으므로 여자가 원하는 것은 프로그램 사용법을 배우는 것이라고 할 수 있다. 남자의 세부 행동에 대한 질문인지, 여자의 요구 사항인지 등에 따라 정답이 달라질 수 있는 것이다.

Point Part 4의 33~35번 문제 중 Which is correct 유형을 제외한 문항에 해당된다. 담화문에서 많은 정보를 들려 주기 때문에 하나하나 기억하는 것은 상급자라도 거의 불가능하다. 질문을 정확하게 파악한 후, 두 번째 듣기에서 해당 부분이 나올 때 더욱 집중하도록 하자.

Due to regular water pipe maintenance, compulsory water restrictions will take place from next Monday, 17th October. Residents may only water their gardens after 7 p.m. when the sun has set. People living outside the central business district can't use water between 2 p.m. and 4 p.m. People within the central business district can't use water between 4 p.m. and 6 p.m. We apologize for the inconvenience and ask for your cooperation while these restrictions are in place.

Q. What will take place during the restriction period?
(a) Road maintenance
(b) Suspension of traffic
(c) No watering gardens
(d) Routine check on water pipes

문제 풀이 ❶ 질문에서 요구하는 것은 급수 제한 기간 동안 시행될 사항이다.

❷ 담화문 도입부에 정기적인 수도관 정비를 위해 급수가 제한된다고 말하고 있으므로 답은 (d)이다.

❸ 정원에 물 주기는 오후 7시 이후 가능하며, 차량 제한이나 도로 보수에 관한 내용은 언급되어 있지 않다.

어휘 maintenance 보수 관리, 정비 compulsory 강제적인 restriction 제한, 규제 take place 시행하다 apologize for ~에 대해 사과하다 cooperation 협조 in place 시행 중인 suspension 보류, 정지

번역 정기적인 수도관 보수에 따른 강제 급수 제한이 10월 17일 다음 주 월요일부터 시행될 것입니다. 주민들은 해가 지고 난 오후 7시 이후에 정원에 물을 줄 수 있습니다. 비즈니스 중심 지구 외곽 지역에 거주하는 사람들은 오후 2시에서 4시 사이에는 물을 사용할 수 없습니다. 비즈니스 중심 지구에 거주하는 사람들은 오후 4시에서 6시 사이에 물을 사용할 수 없습니다. 불편을 끼쳐드린 점 사과드리며 급수 제한이 시행되는 동안 협조 부탁드립니다.

대표 질문(Questions)

☐ What weather conditions can southern areas expect? 남부 지방의 날씨가 어떠할 것으로 예상하는가?

☐ When do most people visit Thailand? 사람들이 언제 태국을 방문하는가?

☐ Why did A stop the experiment? A는 왜 실험을 중단하였는가?

☐ Who may board right after the announcement? 안내 방송 후에 누가 탑승할 것인가?

Q. 급수 제한 기간 동안 시행되는 것은?
(a) 도로 보수
(b) 차량 운행 금지
(c) 정원에 물 주기 금지
★(d) 수도관 정기 점검

오답 탈출

특정 정보 확인 유형이지만 전체 맥락도 이해하자.

담화문을 듣고 특정 정보에 해당하는 정답을 선택하기 위해서는 세세한 부분까지 집중하는 것이 필요하다. 하지만 특정 정보를 묻는 질문이라도 전체 흐름을 파악하지 못하면 답을 찾기 어려운 경우가 발생할 수 있다. 담화문의 초반부에서 급수 제한이 시작되는 이유는 정기적인 수도관의 보수라고 언급했다. 하지만 시행 안내와 함께 여러 개의 구체적인 방침이 열거되기 때문에 핵심을 놓칠 수 있다. 전체 흐름을 파악한 상태에서 질문 내용을 이해했다면 (d)의 '수도관 정기 점검'을 쉽게 고를 수 있을 것이다.

청해 기본 훈련

본책 P106

A **Listen and choose the correct answer.**

1   (a)   (b)
2   (a)   (b)

B **Listen and fill in the blanks.**

Hello, parents and students. We've organized this meeting to _____
_____ we plan to make to Westbury High School.
We wanted to inform everyone about the _____.
In an effort to accommodate all students, we plan to build wheel chair ramps
and elevators to make the school _____ to
students with disabilities. We hope you will all be supportive of our effort to
help accommodate students from _____.

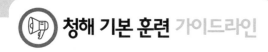

청해 기본 훈련 가이드라인

A

Listen to a conversation between two friends. 두 친구의 대화를 들으시오.

M: Hey, Carly, how's your sore knee? 이봐, 칼리, 시린 무릎은 어때?

W: It's getting worse. I have a doctor's appointment tomorrow. 더 나빠지고 있어. 내일 진료 예약이 있어.

M: That's probably the best thing to do. 그게 아마도 최선인 것 같다.

W: Yes, but I'm worried my medical insurance won't cover this type of injury.
그래, 하지만 내 의료 보험이 이런 종류의 부상을 보상하지 않을까 걱정이야.

M: What will you do if it doesn't? 보상하지 않는다면 어떻게 할 거야?

W: I guess I'll have to take out a loan to pay the bills. 병원비를 내려면 대출을 받아야 할 것 같아.

1

Q. What is the woman going to do tomorrow? 여자가 내일 할 일은?
(a) See a doctor 병원 가기
(b) Take out a loan 대출 받기

해법 여자는 시린 무릎이 악화되어 내일 진료가 예약되어있다고 했으므로 내일 병원에 갈 것임을 알 수 있다. 따라서 정답은 (a)이다.

2

Q. Why is the woman worried? 여자가 걱정하는 이유는?
(a) She may not be able to pay off her debt. 빚을 갚을 수 없을지도 모른다.
(b) Her medical bill may not be covered by her insurance. 진료비를 보험이 충당할 수 없을 지도 모른다.

해법 여자는 무릎을 다쳐서 진료를 받으려 하고 있는데 의료 보험 적용이 안 되는 부상일까 봐 걱정을 하고 있다. 보험 적용이 되지 않으면 대출을 받을 것을 생각하고 있으므로 진료 예약을 했다는 (b)만 옳다.

B

번역 안녕하세요, 학부모님과 학생 여러분. 웨스트베리 고등학교의 개선 계획에 대해 말씀드리려고 이번 모임을 주선하게 되었습니다. 저희는 모든 분들께 학교 시설 보수 계획에 관하여 알려드리고자 합니다. 모든 학생들을 수용하기 위한 노력의 일환으로, 장애우들의 접근성이 용이한 학교를 만들고자 휠체어가 다닐 수 있도록 경사로와 엘리베이터를 설치할 계획입니다. 모든 계층의 학생들이 학교를 다닐 수 있도록 여러분의 협조 바랍니다.

어휘 **organize** 준비하다, 조직하다 **improvement** 개선 **renovation** 혁신 **effort** 노력 **accommodate** 공간을 제공하다. 수용하다 **ramp** 경사로 **accessible** 접근이 용이한 **disability** 장애 **supportive** 지원하는 **all walks of life** (사회의) 모든 분야

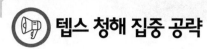

텝스 청해 집중 공략

Part III **Choose the option that best answers the question.**

1 (a) (b) (c) (d)

2 (a) (b) (c) (d)

3 (a) (b) (c) (d)

4 (a) (b) (c) (d)

Part IV **Choose the option that best answers the question.**

5 (a) (b) (c) (d)

6 (a) (b) (c) (d)

7 (a) (b) (c) (d)

8 (a) (b) (c) (d)

14 추론 파악

유형 리뷰 | 추론 파악 문제는 TEPS 청해를 처음 준비하는 수험생에게는 가장 어려운 유형일 것이다. 단순히 사실만 진술하거나, 상식에 근거한 함정, 지나치게 비약한 오답 함정들에 빠지지 않도록 한다.

🎧 **Part III**

Point Part 3의 추론 문제는 주로 29~30번에 출제된다. 대화를 통해 두 사람이 어떤 관계이고 어떤 문제로 이야기하는 것인지 파악하는 것이 중요하다. 추론의 힌트는 대개 대화의 마지막 부분에 있으므로 끝까지 집중해야 하고, 이미 언급된 단어나 표현으로 만든 오답 선택지가 제시되므로 대화 내용을 바탕으로 근거가 확실한 진술문을 추론할 수 있어야 한다.

Listen to two friends discuss what to eat for lunch.

W: Let's go to a pizza place for lunch.

M: Actually, I avoid flour and meat these days.

W: Do you have an upset stomach?

M: No, it's just that flour is bad for losing weight.

W: I know a place that makes veggie pizza with rice flour.

M: OK, we can have lunch there.

Q. What can be inferred from the conversation?

(a) The man has a digestion problem.

(b) The woman also likes to avoid meat.

(c) The man is trying to keep on a diet.

(d) The woman's favorite food is pizza.

대표 질문(Questions)

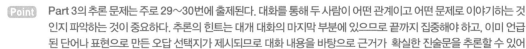

☐ **What can be inferred from the conversation?** 대화로부터 추론할 수 있는 것은?

☐ **What can be inferred about the speakers?** 화자에 대해서 추론할 수 있는 것은?

☐ **What can be inferred about the man[woman] from the conversation?**
대화에서 남자[여자]에 관해 추론할 수 있는 것은?

☐ **What can be inferred about A?** A에 대해 추론할 수 있는 것은?

☐ **Which statement would the man[woman] most likely agree with?**
남자[여자]가 동의할 가능성이 가장 높은 진술은?

문제 풀이 ❶ 두 사람은 점심 메뉴에 관해서 이야기하고 있다.

❷ 남자는 다이어트 중이라 밀가루와 고기가 들어간 음식을 피하고 있다고 말하고 있으므로 정답은 (c)이다.

❸ 여자가 점심으로 피자를 먹자고 해서 가장 좋아하는 음식이 피자라고 할 수는 없다. 지나친 추론으로 (d)를 고르지 않도록 한다.

어휘 **avoid** 피하다 **flour** 밀가루 **have an upset stomach** 배탈나다 **lose weight** 체중을 줄이다 **veggie** 채식의 **digestion** 소화 **keep on a diet** 다이어트하다

번역 두 친구가 점심에 뭘 먹을지 의논하는 것을 들으시오.
W: 점심 먹으러 피자집에 가자.
M: 사실 요즘 밀가루와 고기를 피하고 있어.
W: 배탈났니?
M: 아니, 체중을 줄이는 데 밀가루는 안 좋거든.
W: 쌀가루와 야채로만 만든 피자를 파는 곳을 알고 있어.
M: 좋아, 거기에서 먹으면 되겠다.

Q. 대화에서 추론할 수 있는 것은?
(a) 남자는 소화에 문제가 있다.
(b) 여자 또한 고기를 피하고 싶어 한다.
★ (c) 남자는 다이어트를 하기 위해 노력하고 있다.
(d) 여자가 가장 좋아하는 음식은 피자이다.

오답 탈출

추론 근거가 타당한지 확인한다.

추론 문제는 반드시 대화 중에 나오는 내용을 근거로 답을 골라야 한다. 상식을 동원하거나 엉뚱한 상상을 해서 정답을 골라서는 안 된다. 대화에서 언급된 사실과 다르거나 언급되지 않은 내용은 오답이다.

• Let's go to a pizza place for lunch.
  → (d) The woman's favorite food is pizza. (언급되지 않음)

• W: Do you have an upset stomach?
  M: No, it's just that flour is bad for losing weight.
  → (a) The man has a digestion problem. (사실과 다름)

• No, it's just that flour is bad for losing weight.
  → (c) The man is trying to keep on a diet. (내용과 일치)

Part 4의 추론 문제는 주로 36번에 출제된다. Part 3과 마찬가지로 추론할 때 반드시 담화문의 내용을 근거로 답을 골라야 한다. 수험자의 상식으로 판단할 수 있는 내용이라도 담화에 나오지 않은 내용은 답으로 고르지 않아야 한다.

Have you ever heard of Stinky Tofu? If you've ever visited China or Taiwan, chances are you've smelled it. Stinky Tofu is a fermented tofu dish that looks similar to soft tofu. Despite its distinct and sometimes offensive odor, many people can't get enough of it. Stinky Tofu or Chou Tofu is cooked in many ways, grilled, steamed, or fried. In many Asian countries, it is frequently sold on the street by vendors. It is usually served fried, topped with a hot sauce and fermented vegetables.

Q. What can be inferred from the talk?
(a) Stinky Tofu is so called because of its bad smell.
(b) Special restaurants for Stinky Tofu are sprouting up.
(c) Special recipes are used to lessen the smell of the dish.
(d) Because of its awful smell, Stinky Tofu is restricted in some places.

문제 풀이   ❶ 냄새는 고약하지만 아시아에서 보편적으로 즐기는 발효시킨 두부 요리 '취두부(Stinky Tofu)'에 관한 설명이다.

❷ Despite its distinct and sometimes offensive odor로부터 악취 때문에 Stinky Tofu라고 명명된 것임을 알 수 있으므로 (a)라고 추론할 수 있다.

❸ 냄새에 관한 언급은 있으나 반입이 금지된 장소가 있다거나 냄새를 없애기 위한 요리법이 연구 중이라는 내용은 언급되지 않았으므로 (c), (d)를 답으로 고르지 않도록 한다.

어휘   stinky 고약한 냄새가 나는   chances are 아마 ~일 것이다   fermented 발효된   distinct 특유의   offensive 불쾌한   odor 냄새   vendor 행상인   sprout up (많은 수로) 생기다   lessen 줄이다   awful 끔찍한

번역   고약한 냄새가 나는 취두부에 대해 들어 본 적이 있는가? 중국이나 대만에 가 본 적이 있다면 아마 그 냄새를 맡아 보았을 것이다. 취두부는 부드러운 두부와 비슷해 보이는 발효된 두부 요리다. 독특하고 때로는 불쾌한 냄새에도 불구하고 많은 사람들은 일단 맛보면 그 맛에 중독된다. 악취 나는 두부, 즉 취두부는 굽거나 찌거나 튀기는 등 여러 가지 방식으로 요리된다. 아시아의 많은 나라에서 그것은 대개 거리 노점상에서 팔린다. 그것은 보통 튀긴 두부 위에 매운 소스를 끼얹어서 발효시킨 채소와 함께 제공된다.

대표 질문(Questions)

☐ What can be inferred from the talk? 담화로부터 추론할 수 있는 것은?

☐ What can be inferred about the speaker from the speech? 연설에서 화자에 대해 추론할 수 있는 것은?

☐ What can be inferred about A in the report? 보고서에서 A에 대해 추론할 수 있는 것은?

Q. 담화를 통해 추론할 수 있는 것은?

★(a) 취두부는 그 심한 악취 때문에 취두부라고 불린다.

(b) 취두부를 파는 전문 식당이 늘어나고 있다.

(c) 음식의 냄새를 줄이기 위해 특별한 요리법이 사용된다.

(d) 고약한 냄새 때문에 취두부는 어떤 곳에서는 금지되어 있다.

오답 탈출

추론 근거가 담화문에 기반해야 한다.

Part 4 추론 문제는 반드시 근거가 되는 부분이 담화문 중에 나와야 한다. 선택지 내용이 상식에 근거하거나 심하게 과장되어 있을 경우 역시 오답이다.

- Despite its distinct and sometimes offensive odor,
  → (a) Stinky Tofu is so called because of its bad smell. (내용과 일치함)

- it is frequently sold on the street by vendors
  → (b) Special restaurants for Stinky Tofu are sprouting up. (과장됨)

- Despite its distinct and sometimes offensive odor,
  → (d) Because of its awful smell, Stinky Tofu is restricted in some places. (과장됨)

청해 기본 훈련

본책 P112

A **Listen and choose the correct answer.**

1   (a)   (b)

2   (a)   (b)

B **Listen and fill in the blanks.**

Today we're going to be talking about _____. The first thing we're going to cover is people who are allergic to peanuts. Approximately 0.4%-0.6% of people are allergic to peanuts. They may display _____ if they consume any peanut product. Some symptoms include vomiting, swelling, asthma, and in the most severe cases, anaphylactic shock. People who have the most _____ may even die from it if they are not treated at a hospital.

청해 기본 훈련 가이드라인

Answers A 1 (a)   2 (b)
B allergies / various symptoms / severe reactions to peanuts

A

Listen to a conversation about a package. 소포에 관한 대화를 들으시오.

M: Can I see Laura Swanson? 로라 스완슨을 뵐 수 있나요?
W: She has half of the day off today. 오늘 반차 휴가를 냈어요.
M: I'm Greg Miller. I have a package for her. 저는 그렉 밀러인데, 그녀에게 전해 줄 소포가 있어요.
W: I'm Linda and I work with her. Can I sign for her? 그녀의 동료 린다예요. 제가 대신 서명할까요?
M: OK. Sign here, please. 좋습니다. 여기에 서명해 주세요.
W: She will be at work this afternoon. I'll give it to her. 그녀가 오후에 직장에 나오면 전해줄게요.
M: Thanks. 감사합니다.

1

Q. What can be inferred from the conversation? 대화를 통해서 추론할 수 있는 것은?
(a) Greg delivered the package in the morning. 그렉은 아침에 우편물을 배달했다.
(b) Greg was asked to sign for the package. 그렉은 우편물을 받고 서명하도록 부탁을 받았다.

해법 She will be at work this afternoon이라고 했으므로 그렉은 아침에 우편물을 배달했음을 알 수 있다. 따라서 (a)가 정답이다. 그렉이 린다에게 서명을 받은 것이므로 (b)는 맞지 않다.

2

Q. What is the purpose of the man's visit? 남자가 방문한 목적은?
(a) To have a meeting 미팅을 하기 위해서
(b) To make a delivery 배달하기 위해서

해법 남자는 로라에게 소포를 전달하기 위해 왔다고 했으므로 (b)가 정답이다.

B

번역 오늘은 알레르기에 관해 이야기하겠습니다. 우선 우리가 다룰 내용은 땅콩 알레르기가 있는 사람들입니다. 대략 0.4~0.6%의 사람들이 땅콩 알레르기가 있습니다. 그들은 땅콩이 들어간 제품을 먹게 되면 다양한 증상을 보이게 됩니다. 그 중에는 토하거나 부어 오르거나 천식, 심한 경우에는 과민성 쇼크 등과 같은 증상이 있습니다. 땅콩에 가장 심각한 반응을 보이는 사람들은 병원에서 치료를 받지 못할 경우 사망할 수도 있습니다.

어휘 **allergy** 알레르기 **approximately** 대략 **display** 드러내다, 전시하다 **symptom** 증상 **consume** 소비하다, 먹다 **vomit** 토하다 **swell** 붓다 **asthma** 천식 **anaphylactic shock** 과민성 쇼크 **reaction** 반응

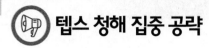

텝스 청해 집중 공략

Part III Choose the option that best answers the question.

1 (a) (b) (c) (d)

2 (a) (b) (c) (d)

3 (a) (b) (c) (d)

4 (a) (b) (c) (d)

Part IV Choose the option that best answers the question.

5 (a) (b) (c) (d)

6 (a) (b) (c) (d)

7 (a) (b) (c) (d)

8 (a) (b) (c) (d)

15 1지문 2문항

유형 리뷰 | 뉴텝스에서 새로 생긴 청해 Part 5는 37-40번에 해당한다. 총 2개의 담화가 나오며, 담화 하나 당 2문제씩 출제되는데, 실용적인 담화와 학술문으로 구성되는 경우가 많다. 지문 하나당 문제 구성은 [전반적인 내용 문제+세부 내용 문제], [전반적인 내용 문제+추론 문제], [세부 내용 문제+세부 내용 문제] 등 다양하게 구성될 수 있다.

담화와 문제를 들려주는 순서는 [① 담화 1차 듣기 → ② 2개의 질문 듣기 → ③ 담화 2차 듣기 → ④ 첫 번째 질문 듣고 선택지 듣기 → ⑤ 두 번째 질문 듣고 선택지 듣기]가 되는데, 처음 담화를 들려줄 때 전반적인 내용을 파악한 뒤 질문을 들려줄 때 집중해서 들어야 하는 내용이 무엇인지 파악해서 두 번째 지문을 들려줄 때 답에 해당하는 부분을 잘 들어서 ④번, ⑤번 단계에서 문제와 선택지를 들려줄 때 답을 잘 고를 수 있도록 해야 한다.

🎧 Part V

Point Part 5의 실용적인 담화에는 그룹 투어 안내, 공지, 기부 요청, 연사 소개, 뉴스 등 다양하게 나온다. 지문의 길이는 Part 4보다 길지만 난이도는 비슷한 편이다.

Thrift Shop 24, an on-campus store that carries second-hand goods, is proud to announce its grand opening next month, on May 1. We will accept donations of gently-used clothes, books, office supplies, and PCs to be resold in our shops. All proceeds will be used for store operations and financing future initiatives. However, please note that we will only accept donations for a limited period of time each month. If you want to find out when drop-off events are held, please check out our website (www.thriftshop24.com). During a donation period, our staff members will examine the condition of each item to decide whether to take it.

Q1. What is the main purpose of the talk?
(a) To promote a new IT product
(b) To announce an annual event
(c) To advertise the opening of a store
(d) To encourage people to donate money

Q2. What can be inferred about Thrift Shop 24?
(a) It may not accept some items.
(b) It mainly carries office supplies.
(c) It opened a month ago.
(d) Most of its profits will be used to pay its employees.

문제 풀이 Q1 ❶ 담화 전체 내용을 묻고 있으므로 세부적인 내용보다는 전반적인 상황에 대한 이해가 필요하다.

❷ 스리프트숍 24가 5월 1일에 개점한다고 말한 뒤, 가게가 어떻게 운영되는지 설명하고 있다.

❸ 이 담화는 전반적으로 가게 개장을 홍보하기 위한 것임을 알 수 있으므로 (c)가 가장 적절한 답이다.

Q2 ❶ 스리프트숍 24는 기증받은 중고제품을 되파는 가게이다.

❷ 담화 마지막에서 직원들이 기증받은 물건을 검토해서 받아들일지 말지 결정할 것이라고 했다.

❸ 따라서 기증받은 물건 중 일부는 받지 않을 수 있다는 것을 알 수 있으므로 정답은 (a)이다.

어휘 **second-hand** 중고의 **grand opening** 개장, 개점 **donation** 기부 **office supply** 사무용품 **proceeds** 수익금 **finance** 자금을 대다 **initiative** 계획 **drop-off** (물건을) 맡김, 기부 **examine** 검토하다 **annual** 매년의, 연례의

번역 중고 제품을 취급하는 캠퍼스 구내 상점인 스리프트숍 24는 다음 달 5월 1일에 개장한다는 것을 발표하게 되어 영광입니다. 저희는 깨끗하게 사용된 옷, 도서, 사무용품과 개인용 컴퓨터를 기증받아 되팝니다. 모든 수익금은 가게 운영 및 앞으로의 활동에 쓰일 것입니다. 그러나 저희는 매달 제한된 기간 동안만 기증받는다는 것을 알아두시기 바랍니다. 기증 행사가 언제 열리는지 알고 싶으면 저희 웹 사이트(www.thriftshop24.com)에 방문하세요. 기증 기간 동안, 우리 직원들은 각 물품을 점검해서 받아들일지 말지 결정할 것입니다.

Q1. 담화의 주요 목적은?
(a) 새 IT제품 홍보하기
(b) 월례 행사 발표하기
★(c) 가게 개장 광고하기
(d) 사람들에게 돈을 기부하라고 독려하기

Q2. 스리프트숍 24에 대해 추론할 수 있는 것은?
★(a) 일부 물건은 받아들이지 않을 수 있다.
(b) 주로 사무용품을 취급한다.
(c) 한 달 전에 개장했다.
(d) 수익금 대부분은 직원들의 봉급에 쓰일 것이다.

오답 탈출

Q1. 전체 내용 파악 문제를 풀 때 세부적인 내용과 헷갈리지 않도록 주의하자. 지문 중에 잠깐 언급된 "… accept donations for a limited period of time each month"와 같이 지엽적인 내용을 활용한 (b)와 같은 선택지를 고르지 않도록 주의하자.

Q2. 추론 문제 풀이의 기본은 지문의 내용에 근거하여 정답을 골라야 한다는 것이다. 지문에 제시된 사실을 확대 해석하거나, 지문에 없는 내용이나 지문 내용과 다른 선택지는 모두 오답이다. (b)의 경우 가게에서 취급하는 제품은 사무용품도 있지만 PC, 옷 등 다양한 물건을 취급하므로 오답이다.

Point Part 5에서 학술문은 2개 중 하나꼴로 자주 출제된다. 지문의 길이는 Part 4보다 길지만 난이도는 비슷한 편이다.

The jumping spider, which jumps on its prey to hunt them without using a web, has much better vision than other spiders. It has four pairs of eyes, each with different functions. It hunts with the cooperation between separate pairs of eyes. Their principal eyes, the pair located in the forehead, detect details and colors. The rear pair looks backwards. Of the middle pairs, the last one remains a mystery. The principal eyes, though very accurate, are not every effective as they only see things in front of them. It is the front middle pair that aids the principal eyes. The front middle pair tells the principal eyes where to look as it detects motion.

Q3. Which is correct about jumping spiders according to the talk?
(a) They sometimes catch their prey with their webs.
(b) Their principal eyes are used to sense colors and details.
(c) Their visual system consists of four eyes in total.
(d) The principal eyes cover a very wide range of an area.

Q4. How does the front pair of the middle eyes help the principal eyes?
(a) By seeing things right in front of the spider
(b) By sensing movements to tell the spider where to look
(c) By controlling each pair of eyes
(d) By helping the spider look backwards

문제 풀이   Q3 ❶ 선택지에서 지문의 내용과 일치하는 것을 고르는 문제이다.

❷ 주요 눈(principal eyes)은 색깔과 세부 모양을 감지한다고 했으므로 (b)가 정답이다.

❸ 지문의 detect는 선택지에서 sense로 바뀌어 제시되었다는 것을 알면 쉽게 풀 수 있다.

Q4 ❶ 지문 내용 중 특정 내용에 관해 묻는 문제이다.

❷ 주요 눈은 바로 앞에 있는 것밖에 보지 못하는데, 가운데 앞눈이 주요 눈의 단점을 보완한다.

❸ 가운데 앞눈은 주변 사물의 움직임을 감지하여, 시력이 예리한 주요 눈에게 어디를 봐야 하는지 알려준다고 했으므로 정답은 (b)이다.

어휘   prey 먹잇감 function 기능 cooperation 협력 principal 주요한 detect 감지하다 rear 뒤쪽의 backwards 뒤쪽으로
effective 효과적인 motion 움직임 consist of ~로 구성되다

번역   깡충거미는 거미줄을 사용하지 않고 먹잇감에 직접 뛰어들어서 사냥을 하는데, 다른 거미보다 훨씬 뛰어난 시력을 가지고 있다. 이 거미는 4쌍의 눈이 있는데, 각각 기능이 다르다. 각각의 쌍눈이 서로 협력하여 깡충거미는 사냥한다. 이마에 위치한 주요 눈은 세부 모양과 색을 감지한다. 뒤쪽 눈은 뒤를 본다. 가운데 눈 중 마지막 쌍은 수수께끼로 남아 있다. 주요 눈은 비록 정확하긴 하지만 효율적이지는 않은데, 그것은 바로 앞에 있는 것밖에 보지 못하기 때문이다. 가운데 앞눈이 바로 주요 눈을 도와준다. 가운데 앞눈은 움직임을 감지할 수 있어서 주요 눈에게 어디를 봐야 하는지 알려주는 것이다.

Q3. 깡충거미에 대해 담화의 내용과 일치하는 것은?
(a) 가끔씩 거미줄을 이용해서 먹이를 잡는다.
★(b) 주요 눈은 색과 세부 모양을 감지한다.
(c) 시각 체계는 총 4개의 눈으로 이루어져있다.
(d) 주요 눈은 광범위한 지역을 볼 수 있다.

Q4. 가운데 앞눈이 주요 눈을 도와주는 방식은?
(a) 거미 바로 앞에 있는 것을 봄으로써
★(b) 움직임을 감지하여 거미에게 어디를 봐야 할지 알려줌으로써
(c) 각 쌍의 눈을 제어함으로써
(d) 거미가 뒤쪽을 보도록 도와줌으로써

오답 탈출

Q3. 깡충거미는 눈이 총 4개가 아니라, 총 4쌍의 눈이 있다고 했다. 즉, 눈이 8개라는 말이므로 (c)를 답으로 고르지 않도록 주의하자.

Q4. 각각의 쌍눈이 하는 역할이 무엇인지 정확히 파악해야 정답을 고를 수 있는 문제이다. (a)는 주요 눈의 역할, (d)는 맨 뒤쪽 눈의 역할이다.

청해 기본 훈련

본책 P118

A **Listen and choose the correct answer.**

1   (a)   (b)
2   (a)   (b)

B **Listen and fill in the blanks.**

Stonehenge Travel is offering a walking tour of _____
of Cornwall Castle. The tours take place three times a day—from 9 a.m. to
11 a.m., from 3 p.m. to 5 p.m. and 7 p.m. to 9 p.m.—from Monday through
Friday. Each tour takes two hours and follows _____.
Morning, and afternoon walks are $40, and evening walks are $50. Special
group rates are available for parties of _____ if you
book a week in advance. Our guides will help you see the historic site from a
whole new perspective, so book your tour today!

Answers   A 1 (a)   2 (b)
           B the old districts / the same course / six or more people

---

A - B

스톤헨지 여행사는 콘월성의 <u>구시가지</u>에 대한 도보 관광을 제공합니다. 관광은 하루에 세 번 이루어집니다. 오전 9시부터 11시까지, 오후 3시부터 5시까지, 오후 7시부터 9시까지—월요일부터 금요일까지입니다. 각 관광은 2시간이 걸리고, <u>코스는 똑같습니다</u>. 아침, 오후 도보는 40달러, 저녁 도보는 50달러입니다. 특별 단체 할인은 <u>6인 이상</u>의 그룹이 일주일 미리 예약하는 경우 이용할 수 있습니다. 우리 가이드들은 여러분이 완전히 새로운 관점에서 역사적인 장소를 볼 수 있도록 도와줄 것입니다. 오늘 관광을 예약하세요!

1

Q. Which is correct according to the talk? 담화의 내용과 일치하는 것은?
(a) The morning tour is cheaper than the evening one. 아침 관광은 저녁 관광보다 저렴하다.
(b) The tour is offered seven days a week. 관광은 일주일에 7일 이루어진다.

해법 아침과 오후에 이루어지는 도보 관광은 40달러, 저녁에 이루어지는 관광은 50달러이므로 아침 관광이 저녁 관광보다 더 저렴함을 알 수 있으므로 정답은 (a)이다. 관광은 월요일부터 금요일까지 5일간 이루어지므로 (b)는 맞지 않다.

2

Q. How big does your group have to be to get a discount? 할인 받기 위한 단체 규모는?
(a) A group of 5 or more 5인 이상
(b) A group of 6 or more 6인 이상

해법 단체 할인은 6인 이상이 되어야 제공될 수 있다고 했으므로 정답은 (b)이다.

어휘 **district** 구역 **rate** (가격) 단가 **available** 이용 가능한 **party** 그룹 **in advance** 미리 **historic** 역사적인 **whole new** 완전히 새로운 **perspective** 관점 **book** 예약하다

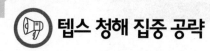 텝스 청해 집중 공략

Part V **Choose the option that best answers each question.**

1   (a)   (b)   (c)   (d)

2   (a)   (b)   (c)   (d)

3   (a)   (b)   (c)   (d)

4   (a)   (b)   (c)   (d)

5   (a)   (b)   (c)   (d)

6   (a)   (b)   (c)   (d)

7   (a)   (b)   (c)   (d)

8   (a)   (b)   (c)   (d)

교통 & 여행

유형 리뷰 | 일상생활과 밀접한 교통이나 여행 관련 토픽은 빠지지 않고 꼭 출제된다. 공항과 교통 체증, 기내 방송, 여행지 정보 등을 집중해서 학습하자.

Part III

Point Part 3 대화문 중 공항 검색대나 출입국 심사대 인터뷰 내용은 특히 자주 출제된다. 비행편, 체류 기간, 밀반입 금지 품목 등 세부 내용까지 기억해야 풀 수 있는 문제 유형이 자주 출제된다.

Listen to a conversation between a customs officer and a traveler.

M: Do you have any fruit or vegetables in your luggage?

W: I have a couple of oranges here in my backpack. Why?

M: You're not allowed to bring produce into the country.

W: Oh, I'm sorry about that. Here you go.

M: Do you have anything else to declare, ma'am?

W: No, that's everything.

Q. What can be inferred about the woman?

(a) She works as a produce importer.

(b) She was unaware of the restriction.

(c) She will be fined for carrying oranges.

(d) She has never traveled abroad before.

빈출 보카

□ **board** 탑승하다
□ **bound** ~행의
□ **commute** 출퇴근하다
□ **crash** 비행기 추락; 충돌 사고
□ **destination** 목적지

□ **detour** 우회 (도로)
□ **embark** 탑승하다
□ **fare** 교통 요금
□ **flat tire** 펑크 난 타이어
□ **overhead rack** 선반

□ **shortcut** 지름길
□ **speeding ticket** 속도 위반 딱지
□ **stall** 움직이지 못하게 하다
□ **transfer** 갈아타다
□ **vehicle** 차량

① 세관에서 이루어지는 대화이다.

② 오렌지는 국내 반입이 금지되어 있다는 세관원의 말에, 여자가 사과하며 오렌지를 내주고 있다.
이 규정에 대해서 여자가 모르고 있었음을 알 수 있다. 따라서 (b)가 정답이다.

③ 벌금에 대한 언급은 없으므로 (c)는 맞지 않고, (a)와 (d)는 대화만으로는 알 수 없다.

어휘　**luggage** 여행 가방　**produce** 농산물　**declare** (세관에) 신고하다　**importer** 수입업자　**restriction** 제한　**fine** 벌금을 부과하다
abroad 해외로

번역　세관원과 여행객의 대화를 들으시오.
M: 가방 안에 과일이나 채소가 있습니까?
W: 여기 배낭에 오렌지 두 개가 있어요. 왜 그러시죠?
M: 농산물은 국내 반입이 금지되어 있습니다.
W: 아, 죄송해요. 이거 받으세요.
M: 그밖에 신고할 물품은 없습니까, 부인?
W: 네, 그게 다예요.
Q. 여자에 대해서 추론할 수 있는 것은?
(a) 농산물 수입업자로 일한다.
★(b) 규제 사항에 대해서 몰랐다.
(c) 오렌지 소지로 벌금을 물게 될 것이다.
(d) 전에 해외 여행을 한 적이 없다.

오답 탈출

> **비행기 탑승 수속 전반을 이해하자.**
> 국제선에 탑승하려면 먼저 탑승 수속대(check-in counter)에 가서 항공권과 여권을 보여 주고 항공기 탑승권(boarding pass)을 받는다. 큰 짐은 부치고 기내 반입 수하물(carry-on luggage)을 가지고 보안 검색대(security checkpoint)를 통과하면 된다. 비행기 탑승 후 착륙하면 입국 심사대(immigration checkpoint)를 통과해야 타국 땅에 들어갈 수 있다. 이후 수하물 찾는 곳(baggage claim)에 가서 부쳤던 큰 짐을 찾고 공항을 빠져나오면 된다.

Point Part 4에서 출제되는 교통 · 여행 관련 담화문의 유형으로는 기내 방송, 공항 안내 방송, 탑승 게이트 변경, 기차 연착 안내 방송 등 공항이나 기내에서 들을 수 있는 방송이나 여행지에 관한 가이드의 설명 등이 출제된다. 세부 정보를 묻는 질문이 주로 출제되기 때문에 처음 도입부터 마무리까지 세심하고 정확하게 들을 수 있어야 한다.

Attention passengers waiting to board flight CX421 to Hong Kong. Due to some minor difficulties refueling the aircraft, boarding will be temporarily delayed. The refueling truck has been experiencing some engine difficulties. However, crew members are currently working on acquiring an alternate refueling truck. The new refueling truck is expected to be here soon and boarding should begin within the hour. Please stay close to the terminal and thank you for your patience.

Q. What can be inferred from the announcement?
(a) Boarding will begin a bit later than planned.
(b) Passengers are required to cancel their flight quickly.
(c) The aircraft for Hong Kong has serious engine problems.
(d) Alternative vehicles will carry passengers to another terminal.

문제 풀이 ❶ 연료 주입 문제로 비행기 탑승이 다소 지연될 것임을 알리고 있으므로 탑승이 예정보다 늦게 시작된다는 (a)가 정답이다.

❷ 비행기 자체에 엔진 문제가 있는 것이 아니라 연료 트럭에 문제가 있는 것이고, 심각한(serious) 문제가 아니라 경미한(minor) 문제라고 했으므로 (c)는 오답이다.

❸ alternate, terminal, The new refueling truck 등을 듣고 (d)를 답으로 고르지 않도록 한다.

어휘 refuel 연료를 재급유하다 temporarily 일시적으로 crew 승무원, 작업반 work on ~을 작업하다 acquire 획득하다, 얻다 alternate 대체의 aircraft 항공기

번역 홍콩행 CX421 항공편에 탑승 대기 중인 승객 여러분께 알려드립니다. 비행기에 연료를 주입하는 과정에 경미한 문제가 생겨 탑승이 다소 지연될 예정입니다. 연료 트럭 엔진에 문제가 발생했습니다. 하지만 작업반에서 현재 대체 연료 트럭을 확보하기 위해 작업 중입니다. 새 연료 트럭이 곧 도착할 예정이고, 탑승은 한 시간 내로 재개될 것입니다. 터미널 근처에서 대기하여 주시기 바라며 끝까지 기다려 주셔서 감사드립니다.

빈출 보카 여행 ─────────────────────────────

□ **accommodation** 숙박시설   □ **amenities** 편의시설   □ **belongings** 소지품
□ **customs** 세관   □ **expedition** 원정, 탐험   □ **itinerary** 여행 일정표
□ **jet lag** 시차로 인한 피로감   □ **landmark** 이정표가 될 만한 건축물   □ **one-way ticket** 편도 승차권
□ **round trip** 왕복 여행   □ **rustic** 목가적인   □ **seasick** 뱃멀미
□ **souvenir** 기념품   □ **stopover** 잠시 머무름, 단기 체류   □ **tourist attraction** 관광 명소

Q. 안내 방송을 통해 추론할 수 있는 것은?
★(a) 탑승은 예정보다 조금 늦게 시작될 것이다.
 (b) 승객들은 비행편을 빨리 취소해야 한다.
 (c) 홍콩행 비행기에 심각한 엔진 문제가 있다.
 (d) 대체 차량이 승객들을 다른 터미널로 이동시킬 것이다.

오답 탈출

> **사소한 형용사 때문에 오답 함정에 빠질 수 있다.**
>
> 담화문에 언급된 명사나 형용사를 선택지에서 살짝 바꾸기만 해도 전혀 다른 의미로 확대될 수 있으므로 주의가 필요하다. 담화문 중에는 비행기 연료 주입에 생긴 문제를 minor difficulties라고 표현하고 있고, 연료 주입 트럭 엔진에 문제가 생긴 것으로 비행기 엔진에 문제가 생겼다는 (c)는 옳지 않다. 오답에 특히 빠지기 쉬운 유형이므로 사소한 형용사까지도 챙겨서 듣도록 한다.

 청해 기본 훈련

본책 P124

A   **Listen and choose the correct answer.**

1 (a)   (b)
2 (a)   (b)

B   **Listen and fill in the blanks.**

> Spend a _____ weekend on Boracay Island in the Philippines! For a limited time, Travel Asia is offering an exciting _____ to one of the most beautiful islands in Asia for only $1,000 per person. The package includes _____ for two and a queen room at the Palms Hotel for two nights. We'll also give you vouchers for many exciting _____, including jet skiing, parasailing, and scuba diving. Don't wait. Book your trip today!

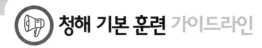

Answers A 1 (a)   2 (b)
         B fun-filled and exciting / weekend package trip / round trip airfare / island activities

A

Listen to a conversation between a car rental service representative and a customer.
자동차 임대 서비스 직원과 고객의 대화를 들으시오.
M: What model do you have in mind? 어떤 모델을 원하세요?
W: I've decided to rent this SUV. 이 SUV를 빌리기로 결정했어요.
M: Good choice. This will be better than the compact one. 잘하셨네요. 이 차가 소형차보다는 더 좋을 겁니다.
W: And here is my international driver's license. 제 국제 운전 면허증이에요.
M: OK. Do you want personal accident insurance? 좋습니다. 개인 사고 보험에 가입하시겠어요?
W: Sure. I think I need it. 물론이죠. 필요할 거예요.
M: Check these boxes and write your signature here, please. 이 박스에 체크하시고 여기에 서명도 부탁드립니다.

1
Q. What is the woman doing? 여자는 무엇을 하고 있는가?
(a) Renting a car 차 렌트하기
(b) Inquiring about car insurance 차량 보험 문의

해법 여자는 첫 번째 대화에서 차를 렌트하기로 결정했다고 말하고 있다. 따라서 답은 (a)이다.

2
Q. What will the woman do? 여자가 할 일은?
(a) Renew her driver's license 운전 면허증 갱신
(b) Buy an insurance policy 보험 가입

해법 후반부에 남자가 personal accident insurance(개인 사고 보험)에 가입할 것인지를 묻고 여자가 그러겠다고
답하고 있으므로 (b)가 적절한 답이다.

B

번역 필리핀 보라카이 섬에서 즐겁고 신나는 주말을 보내십시오! 지정된 기간 동안, 아시아 여행사는 아시아에서 가장 아름다운 섬 중
하나로 가는 신나는 주말 패키지 여행을 1인당 단돈 1,000달러에 제공해 드립니다. 여행 패키지에는 왕복 항공권 2장과 팜 호텔
퀸 룸 2일 숙박권이 포함되어 있습니다. 제트 스키와 패러세일링, 스쿠버 다이빙을 포함한 신나게 섬에서 즐길 놀이를 할 수 있
는 상품권 또한 제공합니다. 기다리지 마시고 오늘 예약하십시오.

어휘 limited 제한된 offer 제공하다 round trip 왕복 여행 airfare 항공 요금 voucher 상품권, 쿠폰 activity 활동

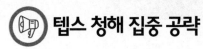 텝스 청해 집중 공략

Part III Choose the option that best answers the question.

1   (a)   (b)   (c)   (d)

2   (a)   (b)   (c)   (d)

3   (a)   (b)   (c)   (d)

4   (a)   (b)   (c)   (d)

Part IV Choose the option that best answers the question.

5   (a)   (b)   (c)   (d)

6   (a)   (b)   (c)   (d)

7   (a)   (b)   (c)   (d)

8   (a)   (b)   (c)   (d)

Part V Choose the option that best answers each question.

9   (a)   (b)   (c)   (d)

10 (a)   (b)   (c)   (d)

UNIT

17 쇼핑 & 만남

유형 리뷰 | 쇼핑이나 사람간의 만남을 토픽으로 한 문제들을 보면 두 사람의 대화간 또는 담화문 속에 많은 정보를 담고 있다. 가격, 사람 수 등 숫자는 꼭 메모하고 대화의 흐름상 변동되는 부분까지 파악할 수 있어야 최종 정답을 고를 수 있다.

 Part III

 Part 3에 빈출됐던 쇼핑 관련 세부 항목들을 보면 쇼핑몰 할인 정보 공유, 가족 기념일을 위한 쇼핑, 마트에서 특정 품목의 진열 위치, 하자가 있는 제품 반품 등과 같이 다양한 정보를 가진 대화들이다.

Listen to a conversation between a customer and a sales representative.

M: I'm looking for a birthday present for my son.

W: Legos are on sale.

M: But he already has a lot.

W: What about this wireless electric car kit?

M: Great! Is it also a sale item?

W: Sure, you can get a 15% discount.

M: OK, please gift-wrap it for me.

Q. Which is correct according to the conversation?

(a) The man was looking for some Legos.

(b) Legos are excluded from the sale items.

(c) The woman first recommended a wireless car.

(d) The car kit is being sold at a lower price than usual.

빈출 보카

- □ **aisle** (상점) 통로
- □ **complimentary** 무료의
- □ **in bulk** 대량으로
- □ **pricey** 값비싼
- □ **selection** 품목

- □ **brand-new** 신제품의
- □ **exclusive** 독점적인
- □ **malfunction** 고장
- □ **range** 가격대
- □ **vendor** 노점상

- □ **browse** (여기저기) 둘러보다
- □ **flat** 정액 요금제
- □ **plastic bag** 비닐봉지
- □ **retailer** 소매점
- □ **voucher** 상품권

문제 풀이 ❶ 남자는 아들에게 줄 선물을 고르고 있다.

❷ 여자가 자동차 조립 세트를 15% 할인된 가격에 판매하고 있다고 했으므로 (d)가 적절한 답이다.

❸ 남자가 아들 생일 선물을 찾는다는 말에 레고가 할인 중이라고 여자가 말했으므로 (a), (b) 모두 틀린 진술이다. 여자가 처음 권한 것은 무선 자동차가 아니라 레고이므로 (c) 역시 오답이다.

어휘 **on sale** 할인 중인   **wireless** 무선의   **kit** 조립용품 세트   **gift-wrap** 선물 포장하다   **exclude** 제외하다

번역 고객과 판매 직원의 대화를 들으시오.
M : 아들에게 줄 생일 선물을 찾고 있어요.
W : 레고가 할인 중이에요.
M : 하지만 이미 많이 갖고 있어요.
W : 이 무선 전기차 조립 세트는 어떤가요?
M : 좋아요! 이것도 가격 할인이 되나요?
W : 물론이죠, 15% 할인받을 수 있어요.
M : 좋아요, 그럼 선물 포장해 주세요.

Q. 대화 내용과 일치하는 것은?
(a) 남자는 레고를 찾고 있었다.
(b) 레고는 할인 품목에서 제외되었다.
(c) 여자는 처음에 무선 자동차를 권했다.
★(d) 자동차 조립 세트는 평상시보다 싼 가격에 판매 중이다.

오답 탈출

최대한 자세히 메모하면서 기억력을 총동원하자.

쇼핑 관련 대화가 주어지고 세부 내용을 묻는 문제 유형이 나오면 체감 난이도가 더 높아진다. 가격대, 품목, 제품 특징 등 어느 항목을 선택지에서 오답 함정으로 숨겨놓을지 예측하기 힘들다. 따라서 최대한 자세히 메모해 두면 오답 소거법을 통해 정답을 가려낼 수 있다. 여기서는 품목에 대해 birthday present/ Legos/ wireless electric car kit이 제시되었다. 15% discount 같은 구체적인 숫자도 선택지로 제시될 확률이 높다.

Point 쇼핑 관련 담화문으로는 사무용품, 최첨단 가전제품, 교육기관 소개, 광고 이벤트 등을 소재로 한다. 만남 관련 담화문은 이성간의 만남 광고, 학회나 직장 등에서 수상자나 강연자의 업적 등을 브리핑하고 연사를 소개하는 내용 등이 있다.

Do you want to meet the person of your dreams? MyDestiny.com will help you find your soul mate. MyDestiny.com provides a safe and friendly website for meeting people in your area and overseas. We have thousands of single people just waiting to meet you. Use our message boards to chat online, create webcasts, and upload photos to your profile. You can even talk to other members using skype. Best of all, our service is free! Join today and start meeting new people now.

Q. What is being advertised?
(a) A website that shows people how to create webcasts
(b) An online dating service with a global user base
(c) A service that finds people who lost track of each other
(d) A website that arranges international wedding services

문제 풀이　❶ 웹 사이트에 관한 광고문이다.

❷ find soul mate, meeting new people을 통해 사람을 만나게 해주는 데이트 서비스라는 것을 알 수 있으므로 답은 (b)이다.

❸ 웹캐스트를 만들거나 사진을 올리는 것은 부가적인 내용이지 서비스의 본질은 아니므로 (a)를 답으로 고르지 않도록 한다. 또한 거주 지역이나 해외 모두 해당된다고 했으므로 국제 결혼만을 주선한다고 볼 수 없기 때문에 (d)도 답이 될 수 없다.

어휘　**soul mate** 마음맞는 (이성) 친구　**message board** 게시판　**chat** 수다를 떨다　**webcast** (인터넷) 방송　**skype** 스카이프 서비스를 이용해 인터넷 상에서 대화를 나누다　**best of all** 무엇보다도　**lose track of** ~와 접촉이 끊어지다　**arrange** 마련하다, 주선하다

빈출 보카 만남 ────────────────────────────────────

- □ **amicable** 호감을 주는
- □ **outreach** 봉사 활동
- □ **reunion** 동창회
- □ **reconciliation** 화해
- □ **keynote address** 기조 연설

- □ **peer** 또래
- □ **sociable** 사교적인
- □ **blind date** 소개팅
- □ **sibling** 형제 자매
- □ **penetrating** 통찰력 있는

- □ **matchmaking** 결혼 중매
- □ **spouse** 배우자
- □ **anniversary** (결혼) 기념일
- □ **bereaved** 사별한
- □ **virtuoso** 거장

번역　당신이 꿈꾸던 사람을 만나고 싶나요? MyDestiny.com에서는 마음이 통하는 이성 친구를 만날 수 있도록 도와드립니다. MyDestiny.com은 거주 지역 및 해외에 사는 사람들을 만날 수 있도록 도움을 주는 안전하고 친절한 홈페이지입니다. 우리에게는 고객님을 만나고 싶어 하는 수천 명의 미혼 남녀들이 있습니다. 게시판에서 온라인 채팅을 하고, 온라인 방송을 만들고, 고객님의 프로필에 사진을 업로드하십시오. 스카이프를 이용해서 다른 회원들과 대화도 가능합니다. 무엇보다 저희 서비스는 무료입니다! 오늘 가입하셔서 새로운 사람들을 만나십시오.

Q. 광고되고 있는 것은?
(a) 온라인 웹캐스트를 만드는 방법을 알려주는 웹 사이트
★(b) 세계적인 사용자군을 기반으로 한 온라인 데이트 서비스
(c) 연락이 끊어진 사람들을 찾아 주는 서비스
(d) 국제 결혼을 주선하는 웹 사이트

오답 탈출

> **담화의 초반부에서 광고 대상을 이해한다.**
>
> 광고문의 경우 처음 몇 문장을 통해 광고하고자 하는 제품이나 서비스 대해 파악할 수 있어야 한다. 일반적으로 광고하고자 하는 본질은 앞부분에서 소개하고, 부가 기능에 관한 소개가 그 다음에 이어진다. 문장 처음에 meet the person of your dreams/ find your soul mate 등을 통해 dating service임을 알 수 있다. 단, 담화를 끝까지 잘 듣지 않고 성급하게 범위를 확대시켜서 (d)처럼 국제 결혼을 주선하는 서비스로 혼동하지 않도록 한다.

청해 기본 훈련

본책 P130

A　Listen and choose the correct answer.

1　(a)　(b)
2　(a)　(b)

B　Listen and fill in the blanks.

> Do you love the _____ of playing *Call of Duty: Modern Warfare* online on your PC? Are you _____ the same old maps and weapons? Then what are you waiting for? *Call of Duty: Modern Warfare 2* is available for your PC today. Join in the action with all new maps, weapons, and special perks. Buy it today for the low price of $32.99 and _____. Online play is available _____.

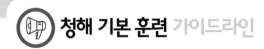

Answers　**A**　**1** (a)　　**2** (b)

　　　　　　　　B　action and excitement / getting bored of / indulge yourself / at no extra charge

---

A

Listen to a conversation between two friends. 두 친구의 대화를 들으시오.

W: You're all dressed up. Are you going out? 차려 입었구나. 외출하니?

M: I asked Helen out for dinner. 헬렌에게 저녁 식사하자고 했어.

W: You have a date with your dream girl? 꿈에 그리던 여자와의 데이트라고?

M: I'm excited, but will she like what I've planned? 기대되긴 하지만 내 계획을 그녀가 좋아할까?

W: What are you going to do? 뭘 할 건데?

M: We're going to see the Dali exhibit after dinner. 저녁 먹고 달리 전시회를 보러 가려고 해.

W: Sounds like a great plan. 좋은 계획 같아.

1

　Q. What are the speakers mainly talking about? 두 사람의 주된 대화 내용은?
　(a) What the man will do tonight 남자가 오늘 밤에 할 일
　(b) Who the man is going to date 남자가 데이트할 사람

해법　남자는 헬렌과 저녁 식사를 한 후에 미술 전시회를 갈 것이라고 오늘 밤 데이트 계획을 말하고 있으므로 답은 (a)이다.

2

　Q. What is the man going to do tonight? 남자가 오늘 밤 할 일은?
　(a) Plan his date 데이트 계획 짜기
　(b) Go see an art exhibition 미술 전시회 관람

해법　데이트 계획은 이미 세워진 상태이고 오늘 밤에는 미술 전시회를 보러 간다고 했다. 따라서 답은 (b)이다.

B

번역　여러분의 컴퓨터로 온라인 게임 〈콜 오브 듀티(근대 전쟁)〉의 액션과 흥미진진함을 즐기시나요? 예전과 같은 지도와 무기에 싫증나고 있나요? 그렇다면 무엇을 기다리나요? 이제부터 〈콜 오브 듀티(근대 전쟁 2)〉를 여러분의 컴퓨터에서 사용할 수 있습니다. 새로운 지도와 무기, 그리고 특별한 보너스가 주어지는 액션 게임을 해보세요. 오늘 32달러 99센트라는 저렴한 가격에 구입해서 마음껏 빠져보세요. 온라인 게임은 별도의 추가 요금 없이 이용이 가능합니다.

어휘　**excitement** 흥분, 신남　**call of duty** 임무를 명함　**modern** 현대의　**warfare** 전투전　**weapon** 무기　**perk** (급료 이외의) 특전
　　　indulge 마음껏 하다　**extra charge** 추가 요금

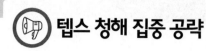

텝스 청해 집중 공략

Part III Choose the option that best answers the question.

1 (a) (b) (c) (d)

2 (a) (b) (c) (d)

3 (a) (b) (c) (d)

4 (a) (b) (c) (d)

Part IV Choose the option that best answers the question.

5 (a) (b) (c) (d)

6 (a) (b) (c) (d)

7 (a) (b) (c) (d)

8 (a) (b) (c) (d)

Part V Choose the option that best answers each question.

9 (a) (b) (c) (d)

10 (a) (b) (c) (d)

18 비즈니스 & 건강

유형 리뷰 | 근무 현장이나 병원, 헬스클럽에서 일어날 만한 대화나 담화문이 이 유형에 속한다. 뉴스에서 이슈화되고 있는 비즈니스나 건강 관련 지식을 알고 있어야 쉽게 대화나 담화문을 따라갈 수 있다.

 Part III

Point 비즈니스 관련 담화문은 직장에서 일어나는 인사 이동 및 승진, 퇴임식 등의 상황을 알리는 공지 사항이 자주 출제된다. 출퇴근 교통편, 해외 인사 발령, 보고서 제출일, 퇴사하는 동료, 취업 면접 등이 비즈니스 관련 주요 소재로 출제된 적 있다.

Listen to a conversation between two colleagues.

W: Is there anybody in the conference room?
M: Jason is in there interviewing an applicant.
W: We have a staff meeting scheduled there.
M: Let me ask him to move upstairs.
W: Can you do that? That'll be a big help.
M: Sure, no problem.
W: I'd prefer to use the third floor room.

Q. What can be inferred from the conversation?
(a) There is a conference room on the third floor.
(b) The staff meeting will finish in a minute.
(c) Jason will move to another room to have an interview.
(d) The man will ask Jason to use the conference room.

문제 풀이 ❶ 대화를 통해 추론할 수 있는 내용을 묻고 있다.

❷ 여자가 직원 회의가 회의실에 예정되어 있다고 말한 후 마지막 문장에서 3층을 선호한다고 했으므로 회의실이 3층에 있음을 알 수 있다. 따라서 정답은 (a)이다.

❸ 직원 회의가 곧 시작될 것이며, 남자가 제이슨에게 요청할 내용은 장소를 이동해 달라는 것이므로 (b), (d) 모두 오답이다.

어휘 **conference room** 회의실 **applicant** 지원자 **in a minute** 즉각, 당장

두 동료의 대화를 들으시오.

W: 회의실에 누가 있나요?

M: 제이슨이 지원자를 면접 중이에요.

W: 그곳에서 예정했던 직원 회의가 있을 건데요.

M: 위층으로 옮겨 달라고 하죠.

W: 그래 줄 수 있어요? 그러면 도움이 되겠네요.

M: 그럼요. 어려운 일 아닌데요.

W: 저는 3층 방이 더 좋아서요.

Q. 대화를 통해 추론할 수 있는 것은?

★(a) 3층에 회의실이 있다.

(b) 직원 회의는 곧 끝날 것이다.

(c) 제이슨은 면접을 하러 다른 방으로 갈 것이다.

(d) 남자는 제이슨에게 회의실을 사용할 것을 요청할 것이다.

오답 탈출

Have an interview ⓥⓢ Give an interview

동사에 따라 화자들의 입장과 상황이 달라질 수 있으므로 유의해야 한다. have an interview는 '면접을 받다.' give an interview는 '다른 사람을 면접하다'라는 말이다. 선택지 (c)에서 Jason will move to another room to have an interview(제이슨은 면접을 보러 방을 옮길 것이다)를 Jason will move to another room to give an interview(제이슨은 다른 사람 면접을 하러 방을 옮길 것이다)라고 고쳐야 맞다.

빈출 보카 비즈니스

□ **asset** 자산

□ **bankruptcy** 파산

□ **cutback** 삭감

□ **overdue** 지불 기한이 지난

□ **premium** 보험료

□ **auction** 경매

□ **bill** 청구서

□ **entrepreneur** 기업가

□ **patent** 특허

□ **tariff** 관세

□ **balance** 잔고

□ **currency** 통화, 화폐

□ **installment** 할부

□ **pension** 연금

□ **transaction** 거래

Point 건강 관련 토픽으로는 특정 질병에 관한 의학 보고서, 식품이나 영양소에 관한 의학계 뉴스 등이 등장한다. 전문적인 지식이 없더라도 관련 주제와 어휘를 알고 있으면 담화문을 쉽게 따라갈 수 있다. 의사와 환자간의 대화, 건강 검진 결과, 처방전 복용법, 진료 시간 예약, 건강 식품 등이 건강 관련 유형으로 주로 나온다.

If you want to stay looking young and healthy, cabbage is one of the best vegetables you can eat. Experts say that both red and green cabbages contain large amounts of vitamin C and beta-carotene. These anti-oxidant vitamins fight free radicals that cause us to look older. Additionally, cabbage is full of fiber, so it can help you maintain your weight by making you feel full. Eating cabbage even reduces depression, and chlorophyll in cabbage will help blood building.

Q. What makes cabbage particularly good for people with anemia?
(a) It has superior chlorophyll.
(b) It contains a lot of fiber.
(c) It provides anti-oxidant vitamins.
(d) Its free radicals fight cancer.

문제 풀이 ❶ 양배추가 빈혈에 좋은 이유를 묻고 있으므로 빈혈(anemia)과 관련된 정보를 찾아야 한다.

❷ 마지막에 양배추의 엽록소가 피를 만드는 데 도움을 준다고 했으므로 정답은 (a)이다.

❸ 양배추가 활성산소를 줄여 주거나 섬유소를 공급하는 것은 맞으나 빈혈과 직접적인 관련은 없으므로 나머지 선택지들은 답이 될 수 없다.

어휘 **beta-carotene** 베타 카로틴 **anti-oxidant** 산화 방지 물질 **free radical** 활성 산소 **fiber** 섬유질 **depression** 우울증 **chlorophyll** 엽록소 **anemia** 빈혈 **superior** 우세한

번역 젊고 건강해 보이고 싶다면 양배추가 우리가 먹는 채소 중에 최고이다. 전문가들은 적색과 녹색 양배추 모두에 다량의 비타민 C와 베타 카로틴이 들어 있다고 말한다. 이 항산화 비타민은 나이 들어 보이게 하는 활성산소를 없애 준다. 또한 양배추에는 섬유소가 풍부해서 포만감을 느끼게 해주기 때문에 체중을 유지하도록 도와준다. 양배추를 섭취하면 심지어 우울증도 감소시키고, 양배추에 들어 있는 엽록소는 피를 생성하는 데 도움이 된다.

빈출 보카 건강

□ **abortion** 낙태
□ **checkup** 건강 진단
□ **fever** 열
□ **obesity** 비만
□ **physician** (내과) 의사

□ **symptom** 증상
□ **anesthetic** 마취제
□ **contagious** 전염병의
□ **heredity** 유전
□ **prescription** 처방전

□ **therapy** 치료 요법
□ **apply** (피부에) 바르다
□ **diagnose** 진단하다
□ **injection** 주사
□ **supplement** 보조제

Q. 양배추가 빈혈이 있는 사람에게 좋은 이유는?

★(a) 우수한 엽록소가 들어 있다.
 (b) 섬유소가 많이 들어 있다.
 (c) 항산화 작용을 하는 비타민을 공급한다.
 (d) 활성산소가 항암 작용을 한다.

오답 탈출

> **두 번 듣기의 장점을 최대한 활용하자.**
>
> 질문을 들은 후 두 번째로 담화문을 들을 때 해당 부분은 꼭 다시 점검하도록 하자. 위 담화문 내용 중 양배추의 건강상의 장점만을 기억하면 선택지에 나온 정보가 다 맞는 것처럼 착각할 수 있다. 하지만 문제에서는 양배추가 특히 빈혈에 좋은 이유를 묻고 있다. 많은 정보를 들려 주고 특정 정보를 요구하는 유형은 질문을 듣고 담화문이 두 번째 반복될 때 질문과 관련된 해당 부분은 특히 집중해야 헷갈리지 않는다.

청해 기본 훈련

본책 P136

A **Listen and choose the correct answer.**

1 (a) (b)
2 (a) (b)

B **Listen and fill in the blanks.**

> Attention all staff. We need 12 people to test a new treatment for a fungal infection called _____. You'll need to _____ twice a day for one month. As a reward we will give you two free tickets to see the musical *Legally Blonde*. You'll also receive a _____ for two people to enjoy a fabulous buffet at Jessica's Kitchen. If you wish to take part please contact Joe Hawking _____.

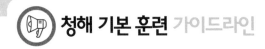
청해 기본 훈련 가이드라인

A

Listen to a conversation between two friends. 두 친구의 대화를 들으시오.

M: So what happened to Maria? 그래서 마리아에게 무슨 일이 생긴 거야?

W: She decided to take early retirement. 조기 퇴직을 결정했어.

M: Maybe her company offers incentives for that. 아마 직장에서 그렇게 하면 보상금을 주나 보지.

W: I don't think so. 그런 것 같지 않아.

M: Is she looking for another job? 다른 일을 찾고 있어?

W: She wants to start up her own business. 사실 자기 사업을 하고 싶어 해.

M: Well, she studied fashion design in college. 음, 그녀는 대학에서 패션 디자인을 공부했어.

1

Q. What is the conversation mainly about? 대화의 주된 내용은?

(a) Their friend's future plan 그들 친구의 장래 계획

(b) The company's benefits 회사의 복지 정책

해법 두 사람은 친구 마리아가 퇴직 후 계획에 관해서 대화를 나누고 있으므로 정답은 (a)이다.

2

Q. What is Maria going to do? 마리아는 무엇을 할 예정인가?

(a) Start studying 학업 시작

(b) Quit her current job 현재의 직장 사직

해법 She decided to take early retirement에서 마리아가 직장을 곧 그만둔다는 것을 알 수 있으므로 정답은 (b)이다.

B

번역 모든 직원 여러분들께 알립니다. 무좀이라고 불리는 곰팡이 균 감염에 대한 새로운 치료법을 실험하기 위해 12명이 필요합니다. 한 달 동안 하루에 두 번 연고를 바르게 될 것입니다. 답례로 〈금발이 너무해〉 뮤지컬 티켓 2장이 무료 제공됩니다. 또한 제시카 키친에서 멋진 뷔페를 즐길 수 있도록 2인 저녁 식사권을 받게 될 것입니다. 참여하고 싶다면 연구 개발 부서의 조 호킹에게 연락바랍니다.

어휘 **treatment** 치료법 **fungal** 곰팡이에 의한 **infection** 감염 **athlete's foot** 무좀 **apply** (연고 · 크림을) 바르다 **ointment** 연고 **reward** 보상 **fabulous** 엄청난, 멋진 **take part** 참여하다

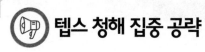

텝스 청해 집중 공략

Part III **Choose the option that best answers the question.**

1 (a) (b) (c) (d)

2 (a) (b) (c) (d)

3 (a) (b) (c) (d)

4 (a) (b) (c) (d)

Part IV **Choose the option that best answers the question.**

5 (a) (b) (c) (d)

6 (a) (b) (c) (d)

7 (a) (b) (c) (d)

8 (a) (b) (c) (d)

Part V **Choose the option that best answers each question.**

9 (a) (b) (c) (d)

10 (a) (b) (c) (d)

UNIT

19 학교 & 강의

유형 리뷰 | 학교 생활과 관련된 대화문이나 담화문이 나오면 비교적 쉽게 문제를 해결할 수 있지만 담화문 속에 등장하는 강의는 특히 많은 훈련이 필요하다. 인문과학, 자연과학, 사회과학 전반에 대한 폭넓은 이해부터 출발해야 문제에서 요구하는 부분까지 논리적으로 해결할 수 있을 것이다.

 Part III

Point Part 3에서 출제되는 학교 관련 대화문으로는 시험, 과제 및 전공, 학점, 졸업, 졸업 후 진로 등이 있다. 강의 관련 대화문은 수강 신청 및 정정, 특정 주제에 대한 강의, 강의에 대한 의견 공유 등이 출제된 적 있다.

Listen to a conversation between two classmates.

W: How was the chemistry exam?

M: I screwed up on it.

W: Me too. I'm afraid to see my test score.

M: Unlike my expectations, there were essay questions.

W: You took the words right out of my mouth.

M: We'd better focus on the history test at 4 p.m.

W: Right. Let's let bygones be bygones.

Q. What can be inferred from the conversation?

(a) They had tests on two subjects.

(b) The man predicted the essay questions.

(c) They were disappointed to get the test scores.

(d) The woman is taking another test this afternoon.

빈출 보카

- □ **auditorium** 강당
- □ **credit** 학점
- □ **dormitory** 기숙사
- □ **faculty** 교수진
- □ **mentor** 스승
- □ **bully** 못살게 굴다
- □ **diploma** 졸업장
- □ **drop out** 중퇴하다
- □ **graduate school** 대학원
- □ **session** 강좌
- □ **cheating** (시험) 부정 행위
- □ **discipline** 훈련
- □ **enrollment** 등록
- □ **gymnasium** 체육관
- □ **tenure** 종신 재직권

138

❶ How was the chemistry exam?에서 오늘 시험에 관해 대화를 나눌 것을 예측하며 듣는다.

❷ 화학 시험을 잘 보지 못했으니 4시에 보는 역사 시험에 집중하자고 이야기하고 있으므로 두 사람은 오후에 다른 시험을 볼 것임을 알 수 있다. 따라서 정답은 (d)이다.

❸ 시험은 아직 한 과목만 보았고, 시험 결과가 나오지 않은 상황이며, 에세이 문제를 예상하지 못했으므로 나머지 선택지들은 오답이다.

어휘　**screw up** 망치다　**take the words right out of one's mouth** 남이 말하려는 것을 먼저 말하다　**focus on** 집중하다
let bygones be bygones 지난 일은 잊어버리기로 하다　**predict** 예측하다　**disappointed** 실망한

번역　두 학급 친구의 대화를 들으시오.
W: 화학 시험은 어땠니?
M: 망쳤어.
W: 나도. 시험 점수 받기가 겁나.
M: 예상과는 달리 에세이 문제가 나왔어.
W: 바로 내가 하려던 말이야.
M: 차라리 4시에 보는 역사 시험에 집중하는 게 낫겠어.
W: 그래. 지나간 일은 잊어버리자.

Q. 대화를 통해서 추론할 수 있는 것은?
(a) 그들은 두 과목 시험을 보았다.
(b) 남자는 에세이 질문을 예상했다.
(c) 두 사람은 시험 점수를 받고 실망했다.
★(d) 여자는 오늘 오후에 다른 시험을 볼 것이다.

오답 탈출

일부 내용만 일치하는 선택지가 더 헷갈린다.

대화를 듣고 선택지를 고를 때 가장 까다로운 것 중 하나는 선택지에 나온 진술이 대화 중 등장한 내용을 조금씩 수정해서 틀린 오답으로 제시되는 것이다. 다시 말해 1~2개 단어만 바꾸어도 완전히 잘못된 정보가 될 수 있으므로 작은 세부 내용까지도 주의해서 정답을 선택해야 한다.

(a) They had tests on two subjects. (X) → 아직 한 과목은 끝나지 않은 상황임
(b) The man predicted the essay questions. (X) → 예상을 벗어났음
(c) They were disappointed to get the test scores. (X) → 테스트 결과는 아직 확인하지 않았음

Today's lecture focuses on the person pictured on the $100 bill. Have you ever wondered about him? That person is Benjamin Franklin. While most people know him from his role as one of the Founding Fathers of the United States of America, he was also a renowned scientist and performed many experiments with electricity. He made one of his most famous discoveries by attaching a metal key to a kite, which was in turn struck by lightning, leading to the invention of the lightning rod.

Q. What is the lecture mainly about?
(a) Great figures on American bills
(b) The Founding Fathers of America
(c) Benjamin Franklin's role as a political leader
(d) Benjamin Franklin's scientific accomplishments

문제 풀이 ❶ 강의의 중심 내용을 묻는 질문이므로 전체 그림을 그릴 수 있어야 한다.

❷ 벤저민 프랭클린은 미국을 건국한 사람으로 유명하지만 지문에서는 과학자로서의 업적을 주로 다루고 있
으므로 정답은 (d)이다.

❸ 정치가로서 미국을 건국했다는 사실은 세부 사실에 불과하므로 (b)는 답이 될 수 없고, 본문에는 과학적인
면이 주로 언급되어 있으므로 (c)도 오답이다.

어휘 **Founding Father** 창시자, 미국 헌법 제정자 **renowned** 유명한 **discovery** 발견 **in turn** 결과적으로 **lightning rod** 피뢰침
figure 인물 **accomplishment** 업적

번역 오늘의 강의는 100달러 지폐에 그려진 인물을 다루겠습니다. 여러분들은 그 사람에 관해 궁금한 적이 있나요? 그는
바로 벤저민 프랭클린입니다. 대부분의 사람들이 그를 미국 건국의 아버지 중 한 명으로 알고 있지만, 그는 또한 유명
한 과학자였고 전기로 많은 실험을 했습니다. 그는 금속으로 된 열쇠를 연에 매달아 유명한 발견을 했는데, 그 연이 번
개를 맞은 것이 계기가 되어 피뢰침을 발명하게 된 것입니다.

빈출 보카 강의 ──

☐ **amphibian** 양서류
☐ **empiricism** 경험주의
☐ **impeach** 탄핵하다
☐ **oppose** 반대하다
☐ **prehistoric** 선사시대의

☐ **assert** 주장하다
☐ **endorse** 승인하다
☐ **mammal** 포유류
☐ **parasite** 기생생물
☐ **relocate** 이전하다

☐ **concede** 동의하다
☐ **Enlightenment** 계몽주의
☐ **medieval** 중세의
☐ **pragmatism** 실용주의
☐ **tissue** 조직

Q. 강의의 중심 내용은?
(a) 미국 지폐에 나타난 위대한 인물들
(b) 미국 건국의 아버지
(c) 정치 지도자로서의 벤저민 프랭클린의 역할
★(d) 벤저민 프랭클린의 과학 분야에서의 업적

오답 탈출

담화문 중간에 반전이 있을 수도 있다.

강의 중심 내용 파악을 위해서는 첫 문장이 가장 중요한 것이 사실이지만 후반부에 반전이 있을 수 있다는 점에 주의하자. 강의 도입부에 벤저민 프랭클린을 주로 정치가, 미국 건국의 아버지로 소개하고 있다. 하지만 중반부 he was also a renowned scientist 이하에서 그가 저명한 과학자임을 언급하고 있다. 인물 관련 강의의 경우 잘 알려지지 않은 사실을 언급하는 경우가 대부분이므로 끝까지 듣고 어떤 사실에 주목해야 하는지 집중해야 한다. 앞부분만 듣고 (b)의 Founding Fathers나 (c)의 political leader를 답으로 고르지 않도록 한다.

 청해 기본 훈련

본책 P112

A **Listen and choose the correct answer.**

1　(a)　(b)
2　(a)　(b)

B **Listen and fill in the blanks.**

There are ＿＿＿＿＿＿＿＿＿＿＿＿＿ butterfly fish in the world's oceans, and each one is a ＿＿＿＿＿＿＿＿＿＿＿＿. Some have dark stripes, like a zebra, that help them blend into the coral reefs where they live. Other varieties have a ＿＿＿＿＿＿＿＿＿＿＿＿ on their tail that looks like an eye. The spot makes the fish's tail look like an extra head. The butterfly fish uses this to ＿＿＿＿＿＿＿＿＿＿＿＿ that would eat it.

A

Listen to a conversation between two classmates. 두 학급 친구의 대화를 들으시오.

W: I might take this semester off. 이번 학기를 휴학할 수도 있어.

M: Why don't you give it some thought? 왜 좀 더 생각해 보지 그래?

W: You know I flunked ancient history. 고대사 과목에서 낙제점을 받았잖아.

M: You'd better see an academic advisor first. 먼저 지도 교수님을 만나보는 게 좋을 거야.

W: Do you think it will help? 도움이 될까?

M: Just give it a try. It can't hurt, can it? 한번 해봐. 나쁠 건 없잖아.

1

Q. What is the main topic of the conversation? 대화의 중심 소재는?

(a) How to register this semester 이번 학기 수강 신청하는 법

(b) The woman's academic problems 여자의 학업에 관한 문제

해법 여자는 성적 때문에 휴학을 생각하고 있으므로 답은 (b)이다.

2

Q. What does the man suggest that the woman do? 남자가 여자에게 제안하는 것은?

(a) Consult a school advisor 지도 교사와 상담할 것

(b) Retake the course 과목 재수강

해법 남자는 여자에게 지도 교수를 만나볼 것을 제안하고 있으므로 답은 (a)이다.

B

번역 세계의 해양에는 <u>다양한</u> 나비물고기가 있고, 모두 <u>변장의 대가</u>이다. 어떤 것은 얼룩말처럼 어두운 색의 줄이 있어 그들이 사는 산호초와 잘 섞이도록 한다. 다른 종류는 꼬리에 눈처럼 보이는 <u>어두운 색의 큰 점</u>이 있다. 그 점은 물고기의 꼬리를 또 다른 머리가 있는 것처럼 보이게 한다. 나비물고기는 그들을 잡아먹으려는 <u>포식자들을 속일 수</u> 있도록 이것을 사용한다.

어휘 **butterfly fish** 나비물고기 **camouflage** 위장, 변장 **stripe** 줄무늬 **blend** 섞이다 **coral reef** 산호초 **trick** 속이다 **predator** 포식자

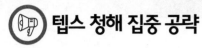 텝스 청해 집중 공략

Part III Choose the option that best answers the question.

1 (a) (b) (c) (d)

2 (a) (b) (c) (d)

3 (a) (b) (c) (d)

4 (a) (b) (c) (d)

Part IV Choose the option that best answers the question.

5 (a) (b) (c) (d)

6 (a) (b) (c) (d)

7 (a) (b) (c) (d)

8 (a) (b) (c) (d)

Part V Choose the option that best answers each question.

9 (a) (b) (c) (d)

10 (a) (b) (c) (d)

20 전화 & 날씨

유형 리뷰 | 전화와 날씨에 대한 주제는 거의 한두 문항 이상 출제된다. 전화 안내문이나 날씨 예보의 경우 반복적으로 출제되는 어휘들이 있기 때문에 기본 패턴을 익혀두는 것이 도움이 된다. 전화 대화에서는 전화를 거는 사람과 받는 사람 간에 오고가는 세부 정보를 파악해야 한다. 날씨 관련 내용은 어떤 지역에서 날씨 형태가 어떤지에 관한 정보를 숙지할 필요가 있다.

🎧 **Part III**

Point 일상에서 전화 사용을 매일 하듯이 전화 대화문은 Part 3에서 꼭 출제되는 유형이다. 서로 잘 아는 사람들과 약속을 잡거나 변경하기 위한 전화 통화를 비롯해서 병원, 식당, 호텔 등 서비스 기관 예약 문의 전화 대화가 소재로 등장한다. 전화 메시지에 관한 담화문은 병원의 예약 확인이나 영업 시간 안내 등의 내용이 주로 출제된다. 전화 메시지에 나타난 세부적인 내용이 선택지로 출제되는 경우가 많기 때문에 꼼꼼하고 정확한 정보 확인이 필요하다. 중요한 표현이나 정보는 반드시 메모를 하여 선택지를 고르도록 한다.

Listen to a conversation between a hotel representative and a customer.

W: Do you have a room for today under Melisa Brown?
M: We don't have any rooms reserved under that name.
W: Sorry, it must've been reserved under my husband's name.
M: May I have your husband's name, please?
W: It's Tim Brown.
M: Yes. I have a room under Tim Brown.

Q. What is the purpose of the woman's call?
(a) To reschedule her stay at a hotel
(b) To confirm who the reservation is for
(c) To make sure her reservation exists
(d) To reserve the hotel room for two nights

빈출 보카 전화

- ☐ **area code** 지역 번호
- ☐ **connection** (전화의) 연결
- ☐ **hang up** 전화를 끊다
- ☐ **leave a message** 메시지를 남기다
- ☐ **receiver** 수화기
- ☐ **audible** 잘 들리는
- ☐ **extension** 내선 번호
- ☐ **hotline** 직통 전화
- ☐ **operator** 전화 교환원
- ☐ **reach** ~에게 연락하다
- ☐ **busy** 통화 중인
- ☐ **external** 외부의
- ☐ **hold on** 전화를 끊지 않고 기다리다
- ☐ **put through** ~로 연결하다
- ☐ **wireless** 무선의

문제풀이 ❶ 전화를 건 목적을 묻는 문제이다.

❷ 여자는 자기 이름으로 예약을 확인하다가 남편 이름으로 다시 예약이 제대로 됐는지 확인하는 상황이다. 따라서 답은 (c)이다.

❸ 날짜를 변경하거나 예약하는 상황이 아니므로 (a), (d)를 답으로 고르지 않도록 주의한다.

어휘 **under the name** ~의 이름으로 **reschedule** 일정을 조절하다 **confirm** 확인하다 **make sure** 확실하게 하다 **exist** 존재하다

번역 호텔 직원과 손님의 대화를 들으시오.

W: 멜리사 브라운 이름으로 예약된 방이 있나요?

M: 그런 이름으로 예약된 방은 없습니다.

W: 죄송합니다. 저희 남편 이름으로 예약됐나 봐요.

M: 남편분 성함이 어떻게 되나요?

W: 팀 브라운입니다.

M: 네. 팀 브라운으로 예약된 방이 있습니다.

Q. 여자가 전화를 건 목적은?

(a) 호텔 투숙 날짜 변경

(b) 예약한 사람 확인

★(c) 예약이 되어 있는지 확인

(d) 이틀 밤 동안 묵을 호텔방 예약

오답 탈출

전화 대화 전체 흐름을 파악한 후 정답을 골라야 하는 유형도 있다.

전화를 건 목적을 대화 도입부에서 밝히고 들어가는 경우가 대부분이지만 첫 문장에서 특별한 언급이 없을 경우에는 흐름을 따라가야 한다. 앞의 대화에서 여자는 자기의 이름으로 예약이 되지 않았음을 확인하고 남편 이름을 언급하고 있다. 따라서 예약 상황을 확인하고 있다는 것을 알 수 있다. 전체 흐름을 파악하지 못하면 투숙 날짜나 예약자의 이름을 확인하려는 것으로 오답을 고를 수 있다.

Point 일기 예보에 관한 담화문은 향후 이삼일 간의 날씨에 관한 내용이 주로 출제된다. 또한 내일 중요한 일정이 있는데 날씨가 어떨지, 산책을 나가자고 제안했을 때 일기 예보 내용을 언급하는 대화 등이 출제된다.

Well folks, it looks like the cold spell we've been having for the past two weeks is going to continue through the weekend. Expect to see temperatures well below freezing all the way through Sunday. The good news is it doesn't look like we'll be having any snow storms over the weekend. However, that's all going to change Monday when we expect temperatures to rise as a warm front moves into the area, bringing heavy snow along with it.

Q. Which is correct according to the weather forecast?
(a) It will snow during the weekend.
(b) The temperature will drop next Monday.
(c) Due to a warm front, the snow will stop temporarily.
(d) Freezing temperatures will continue for a few more days.

문제 풀이 ❶ 처음 문장을 들으면서 일기 예보임을 파악한다.

❷ 영하의 날씨가 며칠 더 계속되어 주말까지 춥다고 했으므로 옳은 진술은 (d)이다.

❸ 주말에는 눈이 그치지만 월요일에 기온이 올라가 다시 눈이 온다고 말하고 있다. 따라서 (a), (b), (c) 모두 오답이다.

어휘 **folks** 여러분, 사람들 **cold spell** 한동안의 추위 **well below** ~의 훨씬 아래로 **warm front** 온난 전선

번역 여러분 안녕하세요. 지난 2주간의 추운 날씨가 주말까지 계속될 것입니다. 일요일까지 날씨는 영하권에 머물 것으로 예상됩니다. 반가운 소식은 주말에는 눈보라가 없을 것이라는 점입니다. 하지만 월요일에는 온난 전선이 이 지역까지 올라오면서 기온이 올라가고 폭설이 내릴 것입니다.

빈출 보카 날씨 ───────────────────────────────

☐ **blizzard** 심한 눈보라	☐ **breeze** 미풍	☐ **chilly** 쌀쌀한
☐ **downpour** 호우	☐ **drizzle** 이슬비	☐ **Fahrenheit** 화씨의
☐ **flood** 홍수	☐ **frost** 서리	☐ **fluctuate** 오르내리다
☐ **humidity** 습기	☐ **misty** 안개로 덮인	☐ **overcast** 흐린
☐ **shower** 소나기	☐ **slippery** 미끄러운	☐ **sleet** 진눈깨비

Q. 일기 예보에 따르면 옳은 것은?

(a) 주말 동안 눈이 올 것이다.

(b) 다음 주 월요일에 기온이 떨어질 것이다.

(c) 온난 전선의 영향으로 눈은 당분간 오지 않을 것이다.

★(d) 영하의 날씨가 며칠 더 계속될 것이다.

오답 탈출

일기 예보 빈출 표현은 정해져 있다.

일기 예보와 같이 특별한 정보를 전달하는 내용을 이해하기 위해서는 관련 표현에 익숙해져야 한다. 가령 기온 변화를 나타내는 drop(떨어지다), rise(오르다), reach(기온이 ~에 이르다), range from A to B(온도 등이 A에서 B 사이에 이르다), warm front(온난 전선), cold front(한랭 전선) 등을 알아두면 내용을 빠르게 이해하는 데 도움이 된다. 또한 요일, 날짜, 하루 중 시간대, 지역 등에 관한 세부 정보도 주의 깊게 들어야 오답을 피할 수 있다.

청해 기본 훈련

본책 P148

A **Listen and choose the correct answer.**

1 (a) (b)

2 (a) (b)

B **Listen and fill in the blanks.**

Hello Mr. Woods, this is Casey from Dr. Roth's dental office. I'm just calling to let you know that we have to _____ for tomorrow afternoon. Dr. Roth's been called away on a _____ and won't be back until next week. Please give us a call when you get this message so we can _____ your appointment for sometime next week. We're really sorry about the inconvenience. Goodbye.

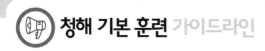

A

Listen to a conversation between a telecommunication service representative and a customer.
통신 서비스 직원과 고객의 대화를 들으시오.

W: Can I have my phone installed on Monday? 월요일에 전화 설치가 가능한가요?

M: Sure. Is it OK between two and two thirty? 네, 2시에서 2시 30분 사이에 괜찮으세요?

W: Can it be earlier? I'll be busy Monday afternoon. 좀 더 일찍 할 수 있을까요? 월요일 오후에 바빠서요.

M: Sorry, that'll be the earliest. 죄송합니다만 그 시간이 가장 이른 시간입니다.

W: Then what about around 5? 그러면 5시쯤은요?

M: It's already booked up. What about on Tuesday? 이미 예약이 다 찼습니다. 화요일은 어떠세요?

W: Put me down for 10:30 a.m. on Tuesday. 화요일 오전 10시 30분으로 해주세요.

1

Q. What is the purpose of the woman's call? 여자가 전화한 목적은?
(a) To reschedule her appointment 약속 변경
(b) To make an appointment 약속 시간 잡기

해법 여자는 전화 설치를 위한 약속 시간을 정하려고 전화를 했으므로 정답은 (b)이다.

2

Q. When is the man going to visit her? 남자는 언제 여자를 방문할 것인가?
(a) Monday afternoon 월요일 오후
(b) Tuesday morning 화요일 오전

해법 약속 시간을 서로 조율하다가 마지막 말에서 가능한 시간을 화요일 오전 10시 30분이라고 했으므로 (b)가 답이다.

B

번역 안녕하세요. 우즈 씨. 로스 치과의 케이시입니다. 내일 오후로 예약한 진료가 취소되어 전화드립니다. 로스 선생님의 가족에게 갑자기 일이 생겨 자리를 비우게 됐는데, 다음 주까지 돌아오지 않을 것입니다. 이 메시지를 받으시는 대로 전화주시면 다음 예약을 잡아드리겠습니다. 불편을 끼쳐 드려 대단히 죄송합니다. 안녕히 계십시오.

어휘 **cancel** 취소하다 **appointment** 약속 **call away** (다른 일로) 불러내다 **emergency** 비상, 긴급한 일 **inconvenience** 불편

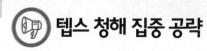

텝스 청해 집중 공략

Part III Choose the option that best answers the question.

1 (a)   (b)   (c)   (d)

2 (a)   (b)   (c)   (d)

3 (a)   (b)   (c)   (d)

4 (a)   (b)   (c)   (d)

Part IV Choose the option that best answers the question.

5 (a)   (b)   (c)   (d)

6 (a)   (b)   (c)   (d)

7 (a)   (b)   (c)   (d)

8 (a)   (b)   (c)   (d)

Part V Choose the option that best answers each question.

9 (a)   (b)   (c)   (d)

10 (a)   (b)   (c)   (d)

21 의견 & 뉴스

유형 리뷰 | 의견과 뉴스 유형은 특정한 이슈에 대한 다양한 주제가 출제되므로 평소 배경 지식을 풍부하게 알아 두어야 한다. 정치나 경제에 대한 전문 지식을 물어보는 문제는 잘 나오지 않지만 신문이나 TV 같은 매체를 통해 다양한 국내외 이슈를 익히며 대비해야 한다. 체감 난이도가 높은 만큼 우선적으로 대의 파악을 한 뒤, 세부 사항을 주의깊게 듣는 치밀한 청취 전략이 필요하다.

 Part III

Point Part 1 & 2와 달리 상대방과 의견을 주고받을 수 있는 Part 3에서는 다양한 견해 표현이 가능하다. 직설적인 어휘로 의견을 개진하면 쉽게 답을 고를 수 있지만 모호한 입장을 나타내거나 남녀의 의견에 대해 추론하는 질문이 주어지면 상당히 난이도가 높아지기도 한다. 이슈가 되는 뉴스를 언급하면서 서로 의견을 주고 받는 유형도 여기에 속한다.

Listen to two friends discuss a new album.

M: Have you heard Nickelback's new album?
W: Nope, I was never really a fan of theirs.
M: Well, I was, but this new album is terrible.
W: You must be really disappointed.
M: Yeah, it sounds like they didn't even try.
W: If you think it's bad, don't buy it.
M: Yeah, I'm not going to support them.

Q. What can be inferred from the conversation?
(a) The woman is disappointed by the new album.
(b) The man thinks the new album is as bad as usual.
(c) The new album falls short of the man's expectation.
(d) The man was asked to make improvements to the album.

빈출 보카 의견

- □ **aesthetic** 심미적인
- □ **cozy** 아늑한
- □ **dedicate** 헌신하다
- □ **reflect** 반영하다
- □ **viable** 실행 가능한

- □ **applaud** 박수 갈채를 보내다
- □ **confidential** 기밀의
- □ **profound** 심오한
- □ **standing ovation** 기립 박수
- □ **vivid** 생생한

- □ **apathetic** 냉담한
- □ **crucial** 결정적인
- □ **pros and cons** 찬반양론
- □ **versatile** 다재다능한
- □ **vulnerable** 취약한, 상처받기 쉬운

문제 풀이 ❶ 한 이슈에 대한 두 사람의 의견을 듣고 추론할 수 있는 것을 고르는 문제이다.

❷ 남자는 밴드의 팬으로서 기대하고 새 앨범을 들어보았으나 매우 실망했으므로 답은 (c)이다.

❸ 새 앨범에 실망한 것은 여자가 아닌 남자이고, 남자는 이전 앨범들은 좋아했다. 여자가 남자에게 새 앨범을 개선시키라는 말은 언급되지 않았으므로 (a), (b), (d)는 오답이다.

어휘 terrible 형편없는 fall short of ~에 미치지 못하다

번역 두 친구가 새 앨범에 대해 의논하는 것을 들으시오.
M: 니컬백 새 앨범 들어봤니?
W: 아니, 난 그들의 팬인 적이 없어.
M: 글쎄, 나는 좋아했었는데, 이번 새 앨범은 엉망이야.
W: 많이 실망했겠구나.
M: 응. 그들은 노력조차 안 한 것 같아.
W: 안 좋은 것 같으면 사지 마.
M: 맞아, 그 밴드를 지지하지 않을 거야.

Q. 대화를 통해 추론할 수 있는 것은?
(a) 여자는 새 앨범에 실망했다.
(b) 남자는 새 앨범이 예전처럼 형편없다고 생각한다.
★(c) 밴드의 새 앨범은 남자의 기대 수준에 못 미친다.
(d) 남자는 앨범을 개선시키라는 권유를 받았다.

오답 탈출

> **남녀의 의견을 구분해서 기억한다.**
>
> 의견 관련 유형에서는 남녀의 역할이 뒤바뀌어 제시되는 선택지가 자주 등장한다. 메모를 할 때 남자와 여자 칸을 만들어서 남자가 한 말, 또는 여자의 의견 등을 나눠서 정리하면 선택지를 고를 때 혼란스럽지 않다. 선택지 (a) The woman is disappointed by the new album은 새 앨범에 실망한 것은 여자가 아니라 남자이므로 The woman 을 The man으로 바꿔야 한다. 두 사람의 의견이 번갈아 나오므로 누가 어떤 의견을 가지고 있는지 구별하여 들을 필요가 있다.

이슈가 되는 뉴스거리에 대한 화자의 의견을 진술하거나 강연 등 사람들 앞에서 의견을 열거하는 유형이 대표적이다. 뉴스 보도나 사건, 재해 등의 기사도 자주 출제되는데, 사건 사고의 세부 정보를 정확하게 기억해야 하는 경우 특히 난이도가 높아진다.

The new city plan to increase development on the east side of town sounds good. But I'm worried about how it will affect the poor families that live in the area. If we look at similar cases from places like China, when poor areas are developed, real estate prices increase, and nearly 90% of the residents are forced to move out. Right now, about 70% of families in that area are lower middle class. We'll be abandoning them if we do this.

Q. Which is correct about development in China?
(a) It directly affects land prices.
(b) It is slowing down.
(c) It expels 70% of residents.
(d) It's used successfully in the east.

문제 풀이 ❶ 중국의 신도시 개발의 문제점에 대해 이야기하고 있다.

❷ 부동산 가격이 오른다(real estate prices increase)고 했으므로 정답은 (a)이다.

❸ 쫓겨날 가구수는 70%가 아니라 90%이며, 동부쪽 개발은 중국에 해당하는 것이 아니므로 (c)와 (d)는 맞지 않다.

어휘 development 개발 real estate 부동산 be forced to ~하지 않을 수 없다 move out 이사 나가다 lower middle class 하위 중산층 abandon 버리다, 유기하다 expel 쫓아내다

번역 동부 지역의 개발을 증가시키는 신도시 계획은 그럴듯하게 들린다. 하지만 나는 이것이 그 지역에 사는 빈곤 가구에 어떤 영향을 줄지 걱정스럽다. 중국의 유사한 예를 살펴보자. 빈곤 지역이 개발되었을 때 부동산 가격이 올랐고, 거의 90%에 해당하는 주민들은 쫓겨날 처지에 놓였다. 현재 그 지역 가구의 70%가 중하위층이다. 우리가 개발을 한다면 그들을 버리는 것이 될 것이다.

빈출 보카 뉴스 ────────────────────────

□ **breach** 위반
□ **cover** 다루다
□ **fatal** 치명적인
□ **plague** 전염병
□ **state-of-the-art** 최신식의

□ **casualty** 사상자
□ **contagious** 전염성의
□ **inauguration** 취임
□ **salvage** 구조; 인양하다
□ **trespass** 침해하다

□ **cutting-edge** 최첨단의
□ **evacuate** 대피시키다
□ **launch** (신제품을) 출시하다
□ **smuggle** 밀수하다
□ **victim** 희생자

Q. 중국에서의 개발에 관해 옳은 것은?

★(a) 직접적으로 땅값에 영향을 준다.

(b) 지체되고 있다.

(c) 거주민의 70%가 쫓겨날 것이다.

(d) 동부 지역에서 성공적으로 개발되어 왔다.

오답 탈출

> **담화에서 언급된 수치들은 꼭 선택지에 등장한다.**
>
> 뉴스 보도에 통계치, 결과치, 비교 수치 등 다양한 숫자가 언급된 경우, 세부 정보 질문 유형으로 수치에 대해 묻는 비교적 난이도 높은 문제가 자주 출제된다. 숫자가 무엇을 나타내고 질문에서 요구하는 수치가 어디에 해당하는지 주의깊게 들을 필요가 있다. 담화문에서 거주민의 90%가 지역에서 쫓겨날 것이고, 70%가 중하위층이라고 했는데 선택지 (c)에서는 거주민의 70%가 쫓겨난다고 언급하고 있으므로 (c)는 틀린 내용이다.

 청해 기본 훈련

본책 P154

A Listen and choose the correct answer.

1   (a)   (b)

2   (a)   (b)

B Listen and fill in the blanks.

> Thirty-three miners in Chile _____ underground after the mine they were working in collapsed. After surviving underground for a record 69 days, they have all finally reached the surface. _____ was carried out using a special drill to create a 700-meter tunnel to the bunker in which they were staying. They were pulled up one by one in a special capsule and _____ their friends and families.

청해 기본 훈련 **가이드라인**

A

Listen to a conversation about investment. 투자에 대한 대화를 들으시오.

W: Jerry, did you sell all your oil stocks? 제리, 석유 주식을 다 팔았니?

M: Not yet. It might not be good timing. 아직. 시기가 좋은 것 같지 않아.

W: Why not sell them and buy some property? 주식을 팔고 부동산을 사지 그래?

M: You mean invest money in real estate? 부동산에 돈을 투자하라고?

W: Correct. It will be a good move. 맞아. 잘될 거야.

M: Well, the housing market isn't going to improve for a while. 글쎄. 주택 시장은 당분간 오르지 않을 거야.

W: It will recover soon. It's already hit rock bottom. 곧 회복될 거야. 이미 바닥을 쳤어.

1

> Q. What are the speakers mainly talking about? 두 사람의 주된 대화 내용은?
> (a) Picking a good investment option 유망한 투자 종목 고르기
> (b) Ideas about the housing market 주택 시장에 관한 견해

해법 주식으로 화제를 꺼냈지만 주로 주택 시장의 전망에 관해 의견을 나누고 있으므로 정답은 (b)이다.

2

> Q. What is the woman's opinion about the housing market? 주택 시장에 관한 여자의 의견은?
> (a) It is a good time to sell real estate. 부동산을 팔기에 좋은 때이다.
> (b) The prices of real estate will rise. 부동산 가격은 오를 것이다.

해법 여자는 It will recover soon이라며 주택 가격이 곧 오를 것이라 전망하고 있으므로 정답은 (b)이다.

B

번역 칠레의 33인의 광부들은 그들이 작업하던 광산이 붕괴된 후 지하에 갇혀 있었다. 지하에서의 기록적인 69일간의 생존 후, 그들은 마침내 모두 지상으로 올라왔다. 그들을 구조하려는 계획은 광부들이 머물던 벙커로 700미터 터널을 뚫기 위한 특별한 드릴이 사용되며 시행되었다. 그들은 하나씩 캡슐을 타고 올려졌으며 가족과 친구들을 다시 만나게 되었다.

어휘 **miner** 광부 **trap** 가두다, 함정에 빠뜨리다 **underground** 지하에 **collapse** 붕괴되다 **surface** 표면 **rescue** 구조 **carry out** 실행하다 **bunker** (석탄) 저장고 **reunite** 재회하다

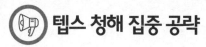 텝스 청해 집중 공략

Part III Choose the option that best answers the question.

1 (a)   (b)   (c)   (d)

2 (a)   (b)   (c)   (d)

3 (a)   (b)   (c)   (d)

4 (a)   (b)   (c)   (d)

Part IV Choose the option that best answers the question.

5 (a)   (b)   (c)   (d)

6 (a)   (b)   (c)   (d)

7 (a)   (b)   (c)   (d)

8 (a)   (b)   (c)   (d)

Part V Choose the option that best answers each question.

9 (a)   (b)   (c)   (d)

10 (a)   (b)   (c)   (d)

II

NEW TEPS
실전 모의고사

ACTUAL TEST

1

Listening
Comprehension

DIRECTIONS

1. In the Listening Comprehension section, all content will be presented orally rather than in written form.

2. This section contains five parts. For each part, you will receive separate instructions. Listen to the instructions carefully, and choose the best answer from the options for each item.

MP3 바로 듣기
받아쓰기 테스트
모바일 단어장

Part I Questions 1—10

You will now hear ten individual spoken questions or statements, each followed by four spoken responses. Choose the most appropriate response for each item.

Part II Questions 11—20

You will now hear ten short conversation fragments, each followed by four spoken responses. Choose the most appropriate response to complete each conversation.

Part III **Questions 21—30**

You will now hear ten complete conversations. For each conversation, you will be asked to answer a question. Before each conversation, you will hear a short description of the situation. After listening to the description and conversation once, you will hear a question and four options. Based on the given information, choose the option that best answers the question.

Part IV **Questions 31—36**

You will now hear six short talks. After each talk, you will be asked to answer a question. Each talk and its corresponding question will be read twice. Then you will hear four options which will be read only once. Based on the given information, choose the option that best answers the question.

Part V **Questions 37—40** 뉴텝스신유형

You will now hear two longer talks. After each talk, you will be asked to answer two questions. Each talk and its corresponding questions will be read twice. However, the four options for each question will be read only once. Based on the given information, choose the option that best answers each question.

ACTUAL TEST

2

Listening
Comprehension

L

Part I Questions 1—10

You will now hear ten individual spoken questions or statements, each followed by four spoken responses. Choose the most appropriate response for each item.

Part II Questions 11—20

You will now hear ten short conversation fragments, each followed by four spoken responses. Choose the most appropriate response to complete each conversation.

Part III Questions 21—30

You will now hear ten complete conversations. For each conversation, you will be asked to answer a question. Before each conversation, you will hear a short description of the situation. After listening to the description and conversation once, you will hear a question and four options. Based on the given information, choose the option that best answers the question.

You will now hear six short talks. After each talk, you will be asked to answer a question. Each talk and its corresponding question will be read twice. Then you will hear four options which will be read only once. Based on the given information, choose the option that best answers the question.

You will now hear two longer talks. After each talk, you will be asked to answer two questions. Each talk and its corresponding questions will be read twice. However, the four options for each question will be read only once. Based on the given information, choose the option that best answers each question.

ACTUAL TEST

3

Listening
Comprehension

DIRECTIONS

1. In the Listening Comprehension section, all content will be presented orally rather than in written form.

2. This section contains five parts. For each part, you will receive separate instructions. Listen to the instructions carefully, and choose the best answer from the options for each item.

MP3 바로 듣기
받아쓰기 테스트
모바일 단어장

L

Part I Questions 1—10

You will now hear ten individual spoken questions or statements, each followed by four spoken responses. Choose the most appropriate response for each item.

Part II Questions 11—20

You will now hear ten short conversation fragments, each followed by four spoken responses. Choose the most appropriate response to complete each conversation.

Part III **Questions 21—30**

You will now hear ten complete conversations. For each conversation, you will be asked to answer a question. Before each conversation, you will hear a short description of the situation. After listening to the description and conversation once, you will hear a question and four options. Based on the given information, choose the option that best answers the question.

Part IV Questions 31—36

You will now hear six short talks. After each talk, you will be asked to answer a question. Each talk and its corresponding question will be read twice. Then you will hear four options which will be read only once. Based on the given information, choose the option that best answers the question.

You will now hear two longer talks. After each talk, you will be asked to answer two questions. Each talk and its corresponding questions will be read twice. However, the four options for each question will be read only once. Based on the given information, choose the option that best answers each question.

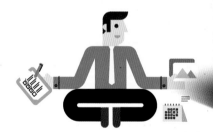

출발부터 다른, 실력 향상 프로젝트 뉴텝스 청해

NEW TEPS

입문편
실전 250+

청해

넥서스TEPS연구소 지음

Listening

부가 제공 자료 www.nexusbook.com

MP3·단어장
VOCA TEST
정답 자동 채점

MP3

모바일 단어장
& VOCA TEST

온라인
받아쓰기

+

어휘 리스트
& 테스트

ACTUAL TEST
3회분 수록

정답 및 해설

NEXUS Edu

NEW TEPS

입문편
실전 250+ 청해

Listening

정답 및 해설

NEXUS Edu

1.

W It's great to see you again.
M _____

(a) You too, Janice.
(b) What a fun idea.
(c) Thanks, I'd love to.
(d) Yes, it probably will.

W 다시 만나게 돼서 반가워요.
M _____

(a) 저도 반가워요, 제니스.
(b) 정말 재미있는 생각이네요.
(c) 고마워요, 그러고 싶어요.
(d) 네, 아마 그럴 거예요.

가이드라인 만나서 반갑다는 인사말을 하고 있으므로, '나도 그렇다'라고 답하는 (a)가 적절한 응답이다. 대개 '나도 그렇다'는 의미로 Me too를 많이 쓰는데, 여기서는 It's great to see you, too의 줄임말이므로 You too라고 해야 한다.

fun 재미있는

2

M Where have I seen you before?
W _____

(a) I moved to a new place.
(b) The office is downtown.
(c) He's a close friend of mine.
(d) We went to the same school.

M 전에 우리 어디서 봤죠?
W _____

(a) 새로운 곳으로 이사 갔어요.
(b) 사무실은 시내에 있어요.
(c) 그는 제 친한 친구예요.
(d) 우리는 같은 학교에 다녔어요.

가이드라인 남자는 여자를 전에 봤던 것은 기억하는데 어디에서 봤는지를 몰라 묻고 있는 상황이므로, 같은 학교를 다녔다고 말하는 (d)가 적절한 응답이다.

downtown 시내에 **close** 친밀한

3

M How have you been doing lately, Katrina?
W _____

(a) I've had a bad cold.
(b) It's not too surprising.
(c) You're right about that.
(d) I'll tell her you said hello.

M 요즘 어떻게 지냈어요, 카트리나?
W _____

(a) 심한 감기에 걸렸어요.
(b) 그렇게까지 놀라운 일은 아니에요.
(c) 그 점은 당신이 맞아요.
(d) 당신이 안부 전하더라고 그녀에게 말할게요.

가이드라인 How have you been doing?은 '그동안 어떻게 지냈냐?'는 뜻으로, 오랜만에 만나서 안부를 묻는 인사말이다. 따라서 감기에 걸렸다고 자신의 안부를 전하는 (a)가 적절한 응답이다.

lately 최근에 **say hello** 안부 인사를 하다

4

W Sam, have you met my uncle?
M _____

(a) I'm glad I met you, too.
(b) Yes, you've met him.
(c) He has a large family.
(d) No, but I know about him.

W 샘, 우리 삼촌 만나봤어요?
M _____

(a) 저도 만나서 반가웠습니다.
(b) 네, 당신은 그를 만난 적이 있어요.
(c) 그는 대가족이에요.
(d) 아뇨, 하지만 그분에 대해서는 알고 있어요.

가이드라인 여자가 자신의 삼촌을 만난 적이 있냐고 묻고 있으므로 Yes나 No로 여부를 나타내는 (b)나 (d)가 답이 될 수 있다. (b)는 남자에게 물었는데 you라고 했으므로 알맞지 않고, 만나지 못했지만 알고는 있다는 (d)가 적절하게 이어진다.

large family 대가족

5

M Hi Patricia, I'm Matt.
W Nice to meet you, Matt.
M You have a really lovely apartment.
W _____

(a) About $800 a month.
(b) The pleasure's all mine.
(c) That's nice of you to say.
(d) Let's go to yours instead.

M 안녕하세요, 패트리샤, 전 매트라고 해요.
W 만나서 반가워요, 매트.
M 당신 아파트는 정말 멋지네요.
W _____

(a) 한 달에 약 800달러예요.
(b) 오히려 제가 더 기뻐요.
(c) 그렇게 말해 주니 고마워요.
(d) 대신 당신 집에 가요.

가이드라인 남자가 여자의 집이 멋지다고 했으므로, 칭찬의 말에 대해 감사하는 답변이 이어져야 알맞다. 따라서 (c)가 정답이다. (b)의 The pleasure's all mine은 감사의 말에 대해 오히려 자기가 감사하다는 뜻이다.

lovely 멋진

6

M Where are you from, Karen?
W I grew up in St. Louis.
M And how long have you lived in Boston?
W _____

(a) I'm moving there.
(b) It's not a long flight.
(c) That's where I'm from.
(d) I've been here six years.

M 어디 출신이에요, 캐런?
W 세인트루이스에서 자랐어요.
M 그럼 보스턴에 산 지는 얼마나 됐어요?
W _____

(a) 그곳으로 이사 갈 거예요.
(b) 비행기로 오래 걸리지 않아요.
(c) 제가 바로 그곳 출신이에요.
(d) 여기 산 지 6년 됐어요.

가이드라인 How long으로 시작하며 보스턴에 얼마나 살았는지 물어보고 있으므로 six years라는 구체적인 기간을 언급한 (d)가 알맞은 응답이다.

grow up 성장하다 **flight** 비행

7

W We met last year, didn't we?
M Yes, at Sara's wedding.
W Ah, how could I forget?
M _____

(a) It should be a fun event.
(b) I can't remember, either.
(c) It feels like a long time ago.
(d) Give her my congratulations.

W 우리 작년에 만나지 않았나요?
M 네, 사라의 결혼식에서요.
W 아, 내가 어떻게 그걸 잊어버릴 수 있죠?
M _____

(a) 틀림없이 재미있는 행사가 될 거예요.
(b) 저도 기억이 안 나요.
(c) 아주 오래 전처럼 느껴져요.
(d) 그녀에게 축하한다고 전해줘요.

가이드라인 How could I forget에서 여자는 남자를 만났던 행사를 기억하지 못했다는 사실에 스스로 놀라고 있음을 알 수 있다. 그럴 수도 있다는 뜻으로 아주 오래 전 일인 것 같다고 말하는 (c)가 가장 알맞은 응답이다.

wedding 결혼식 **congratulations** 축하(말)

8

W This is Kim Whitley from TGI Sales.
M Hello, Ms. Whitley, how can I help you?
W I'm calling for Mr. Simpson.
M _____

(a) He works for TGI.
(b) OK, I'll transfer your call.
(c) Yes, we'd like one of those.
(d) I don't know either of them.

W 저는 TGI 영업부의 킴 휘틀리입니다.
M 안녕하세요, 휘틀리 씨, 뭘 도와드릴까요?
W 심슨 씨와 통화하고 싶습니다.
M _____

(a) 그는 TGI에서 근무합니다.
(b) 알겠습니다, 전화를 연결해 드리죠.
(c) 네, 우리는 그 중 하나가 좋겠네요.
(d) 저는 그들 둘 다 모릅니다.

가이드라인 여자는 Simpson 씨와 통화하고 싶다는 용건을 밝히고 있으므로, 여자가 원하는 상대에게 전화를 연결해 주겠다는 (b)가 정답이다.

transfer 건네다

Unit ⃝2 텝스 청해 집중 공략

1

M　That's a really nice shirt, Lisa.
W　_____

(a) Thanks, it's new.
(b) Here, I'll show you.
(c) I'm glad you have it.
(d) It's too cold for T-shirts.

M　그 셔츠 정말 멋있다, 리사.
W　_____

(a) 고마워, 새 옷이야.
(b) 여기, 내가 보여줄게.
(c) 네가 그걸 가지고 있어서 다행이야.
(d) 티셔츠 입기에는 너무 춥다.

가이드라인　옷이 멋있다고 칭찬해 주고 있으므로, 고맙다고 응답하는 (a)가 적절한 응답이다. (c)는 I'm glad you like it이라고 하면, '네가 마음에 든다고 하니 기뻐'라는 뜻으로 알맞은 응답이 될 수 있다.

show 보여주다

2

W　Congratulations on your recent promotion!
M　_____

(a) I think it ends soon.
(b) I wouldn't count on it.
(c) I'm sure you'll do fine.
(d) I'm so excited about it.

W　최근에 승진한 거 축하해요!
M　_____

(a) 그건 곧 끝날 것 같아요.
(b) 나라면 그건 기대하지 않을 거예요.
(c) 당신은 틀림없이 잘해 낼 거예요.
(d) 그것 때문에 정말 기분이 좋아요.

가이드라인　승진을 축하한다는 말에 대해 일반적으로 고맙다는 응답을 예상할 수 있지만, (d)처럼 그에 대한 자신의 감정을 나타내는 응답도 가능하다.

recent 최근의　**promotion** 승진　**count on** ~을 기대하다

3

M　You did a great job on this report.
W　_____

(a) Sure, I can help out.
(b) No, the report isn't due.
(c) I'm pleased you think so.
(d) It's the first I've heard of it.

M　이 보고서 작업을 정말 잘했군요.
W　_____

(a) 물론, 도와드릴 수 있습니다.
(b) 아뇨, 보고서는 아직 기한이 되지 않았습니다.
(c) 그렇게 생각해 주시니 기쁜데요.
(d) 그것에 대해서는 처음 듣는데요.

가이드라인　보고서를 잘 썼다는 칭찬에 대해 감사의 말이 응답으로 나올 것을 예상할 수 있다. (c)가 감사의 뜻을 간접적으로 나타내고 있으므로 적절한 응답이다.

do a great job 잘하다　**due** 기한이 된　**hear of** ~에 대한 소식을 듣다

4

W　Are you having a birthday party, Jackson?
M　_____

(a) OK, I appreciate that.
(b) Sounds like fun, thanks!
(c) I'm afraid I couldn't make it.
(d) Yes, and everyone's invited.

W　생일 파티를 할 거니, 잭슨?
M　_____

(a) 알았어, 그 점에 대해 감사하고 있어.
(b) 재미있을 것 같다, 고마워!
(c) 난 갈 수 없을 것 같아.
(d) 응, 사람들을 다 초대했어.

가이드라인　생일 파티를 할 거냐는 물음에 Yes로 답하면서 사람들을 모두 초대했다는 말을 덧붙이고 있는 (d)가 적절한 응답이다. (b)는 여자가 생일 파티를 하자는 아이디어를 제안했을 때 가능한 응답이다.

appreciate 고맙게 여기다　**make it** 시간에 맞춰 도착하다

5

M Did you paint this picture?
W Yes, in my college art class.
M It's really very good!
W _____

(a) Yes, nice work.
(b) Oh, thanks a lot.
(c) I'm not familiar with it.
(d) You should take the class.

M 네가 이 그림을 그렸니?
W 응, 대학 미술 수업에서.
M 정말 훌륭한데!
W _____

(a) 응, 잘했어.
(b) 아, 정말 고마워.
(c) 난 그것에 익숙하지 않아.
(d) 넌 그 수업을 들어야 해.

가이드라인 남자는 여자가 그린 그림이 훌륭하다고 칭찬했으므로, 고맙다는 응답이 가장 적절하다. 따라서 (b)가 정답이다. (a)의 nice work는 '멋진 작품'이 아니라 '일을 잘했다'의 의미이므로 상대방을 칭찬할 때의 표현으로 알맞다.

nice work 잘했어 **be familiar with** ~에 익숙하다

7

W I enjoy your writing so much.
M You've got some real talent, too.
W Oh, but nothing like yours.
M _____

(a) It's not a problem.
(b) Please lend me the book.
(c) I think I'm better than that.
(d) You're just as good as me.

W 당신 글을 정말 즐겁게 보고 있어요.
M 당신도 정말 재능이 있어요.
W 아, 하지만 당신만큼은 아니에요.
M _____

(a) 그건 문제가 아니에요.
(b) 그 책을 좀 빌려주세요.
(c) 그보다는 더 나을 것 같아요.
(d) 당신도 저만큼 잘해요.

가이드라인 여자는 남자의 글을 칭찬하며 자신은 남자만큼 재능이 없다고 겸손하게 말하고 있다. 앞에서 남자가 여자에게 재능이 있다고 한 말과 자연스럽게 이어지는 것은 (d)이다.

talent 재능 **lend** 빌려주다

6

M I heard you decided to retire.
W I'm leaving next month.
M You've done a tremendous job here.
W _____

(a) Not until next month.
(b) Well, I could use some help.
(c) I've enjoyed every minute of it.
(d) Yes, I'm looking forward to that.

M 나는 당신이 은퇴하기로 결정했다고 들었어요.
W 다음 달에 떠날 거예요.
M 이곳에서 정말 많은 일들을 하셨어요.
W _____

(a) 다음 달이나 되어야 해요.
(b) 저기, 도움이 좀 필요해요.
(c) 매 순간 즐거웠어요.
(d) 네, 그걸 기대하고 있어요.

가이드라인 다음 달에 은퇴할 예정인 여자에게 남자가 감사를 표현하고 있다. 그동안 즐겁게 일했다고 말하는 (c)가 가장 자연스럽다.

retire 은퇴하다 **tremendous** 광장한 **look forward to** ~을 기대하다

8

W Are you nervous about your wedding?
M A little bit, since it's so close now.
W Is there anything I can do?
M _____

(a) Let me introduce you two.
(b) Please wait here until then.
(c) It's the happiest day of my life.
(d) Just come and have a good time.

W 결혼식 때문에 긴장되나요?
M 약간요, 이제 정말 코앞에 다가왔잖아요.
W 내가 해줄 수 있는 일이 뭐 없을까요?
M _____

(a) 당신 두 사람을 소개해 줄게요.
(b) 그때까지 여기에서 기다려 주세요.
(c) 내 인생에서 가장 행복한 날이에요.
(d) 그냥 와서 즐거운 시간 보내시면 돼요.

가이드라인 여자는 결혼식을 앞두고 긴장한 남자에게 도와줄 일이 없는지 묻고 있다. 결혼식에 와서 즐거운 시간을 보내면 된다는 (d)가 정답이다.

nervous 긴장한

Unit **O3** 텝스 청해 집중 공략

↻ 본책 P45

1

W Sorry for running into you.

M _____

(a) OK, I'll be right here.
(b) Oh, don't worry about it.
(c) I'll look into the problem.
(d) It was great to see you, too.

W 부딪쳐서 미안해요.

M _____

(a) 알겠어요, 바로 여기 있을게요.
(b) 아, 괜찮아요.
(c) 문제점을 조사해 볼게요.
(d) 저도 만나서 반가웠어요.

가이드라인 여자가 사과하고 있으므로, 괜찮다는 응답을 예상할 수 있다. 따라서 (b)가 정답이다. run into가 '우연히 만나다'라는 뜻일 때는 (d)를 Great running into you(뜻밖에 만나게 돼서 반가웠어요)라고 하면 응답으로 가능하다.

run into ~와 부딪치다; 우연히 만나다 **look into** ~을 조사하다

2

W This clock is broken already.

M _____

(a) Then, see what time it is.
(b) It was pretty poorly made.
(c) Be sure to be there on time.
(d) Whenever you have a minute.

W 이 시계는 이미 망가졌어요.

M _____

(a) 그럼, 몇 시인지 봐요.
(b) 그건 정말 조잡하게 만들어졌어요.
(c) 반드시 제시간에 그곳에 도착하도록 해요.
(d) 당신이 시간 있을 때면 언제든지요.

가이드라인 여자가 고장 난 시계에 대해서 말하고 있으므로, 시계 자체에 대한 의견을 말하는 (b)가 적절한 응답이다. 시계에서 time(시간)을 연상해 (a)나 (c)를 고르지 않도록 주의한다.

broken 망가진 **poorly made** 조잡하게 만들어진 **on time** 제시간에

3

M Oops, were you sitting here?

W _____

(a) It's been a tiring day.
(b) Let me clean that up.
(c) OK, I need to sit down.
(d) Yes, but I'm leaving now.

M 이런, 여기에 앉아 있었어요?

W _____

(a) 피곤한 하루였어요.
(b) 제가 치울게요.
(c) 알겠어요, 전 좀 앉아야겠어요.
(d) 네, 하지만 이제 갈 거예요.

가이드라인 남자는 여자에게 여기에 앉아 있었느냐고 묻고 있다. 이에 대해 이제 갈 거라고 답하는 (d)가 적절한 응답이다.

tiring 피곤한 **clean up** 치우다

4

M That music is way too loud.

W _____

(a) I like this song, too.
(b) I can't hear it, either.
(c) Sorry, I'll turn it down.
(d) You play the violin well.

M 그 음악 소리가 너무 크네요.

W _____

(a) 나도 이 노래가 좋아요.
(b) 나도 그게 들리지 않아요.
(c) 미안해요, 소리를 줄일게요.
(d) 바이올린 연주를 잘하시네요.

가이드라인 남자가 음악 소리가 너무 크다고 불평하고 있으므로, 사과하며 소리를 줄이겠다고 하는 (c)가 적절한 응답이다.

way too 너무 **loud** 소리가 큰 **turn down** (소리를) 줄이다

5

W Oh no, I spilled my soda.
M It looks like you got it on the carpet.
W I'm so sorry about that.
M _____

(a) I hope you can forgive me.
(b) It shouldn't leave a stain.
(c) Let me get you a bottle.
(d) I prefer having carpet.

W 아 이런, 음료를 흘렸어요.
M 카펫에 묻은 것 같은데요.
W 정말 미안해요.
M _____

(a) 저를 용서해 주시기를 바래요.
(b) 얼룩은 남지 않을 거예요.
(c) 한 병 갖다 드릴게요.
(d) 카펫을 갖는 쪽을 택하겠어요.

가이드라인 여자가 카펫에 음료를 흘려 사과하고 있다. 사과의 말에 대해 일반적으로 괜찮다는 응답을 예상할 수 있는데, 얼룩은 남지 않을 거라는 말로 대신하는 (b)가 정답이다.

spill 흘리다 **soda** 탄산음료 **stain** 얼룩

7

M Have you found the files?
W I have no idea where I put them.
M But we need them right away.
W _____

(a) That would be best.
(b) Right, so give them to me.
(c) But I'll carry them for you.
(d) Unfortunately, they're not here.

M 파일들을 찾았어요?
W 내가 어디다 뒀는지 도통 모르겠어요.
M 하지만 우리는 당장 그것들이 필요해요.
W _____

(a) 그게 최선일 거예요.
(b) 맞아요, 그러니 나에게 그것들을 줘요.
(c) 하지만 내가 그것들을 들어줄게요.
(d) 유감스럽게도, 그것들은 여기 없어요.

가이드라인 필요한 파일을 찾지 못하고 있는 상황으로, 앞에서 여자가 어디다 뒀는지 모르겠다고 한 말과 맥락이 통하는 것은 (d)이다.

have no idea 전혀 모르다 **right away** 당장 **unfortunately** 불행히도

6

M Excuse me, are you the hotel manager?
W Yes, how may I help you?
M The air conditioner in my room doesn't work.
W _____

(a) It'll warm up soon.
(b) It's hard to stay cool.
(c) I'll send up a repairman.
(d) I don't have your reservation.

M 실례합니다, 당신이 호텔 매니저인가요?
W 네, 뭘 도와드릴까요?
M 제 방 에어컨이 작동하지 않아요.
W _____

(a) 곧 따뜻해질 겁니다.
(b) 시원하게 유지하기가 어렵습니다.
(c) 수리공을 올려 보내겠습니다.
(d) 손님의 예약이 되어 있지 않습니다.

가이드라인 호텔 투숙객이 매니저에게 에어컨이 작동하지 않는다고 말하고 있으므로, 수리공을 보내겠다는 (c)가 적절한 응답이다.

work 작동하다 **warm up** 더워지다 **repairman** 수리공 **reservation** 예약

8

W What's the matter, sir?
M This isn't the dish I ordered.
W You didn't want the salmon?
M _____

(a) Well, it isn't very good.
(b) That will be great, thanks.
(c) No, I asked for the chicken.
(d) I'm not quite ready to order.

W 무슨 일이십니까, 손님?
M 이건 내가 주문한 음식이 아니에요.
W 연어를 주문하지 않으셨나요?
M _____

(a) 글쎄요, 맛이 그다지 좋진 않군요.
(b) 그게 좋겠군요, 고마워요.
(c) 네, 저는 치킨을 주문했어요.
(d) 주문할 준비가 안 됐어요.

가이드라인 식당 손님인 남자가 주문한 음식이 잘못 나왔다고 불만을 제기하고 있다. 여자가 연어(salmon)를 주문하지 않았냐고 확인하는 데 이에 대해 아니라고 답하며 자신이 주문한 음식을 말하는 (c)가 적절한 응답이다.

dish 요리 **order** 주문하다 **salmon** 연어 **ask for** ~을 요청하다

Unit

O4 텝스 청해 집중 공략

● 본책 P51

1

W　How about taking a walk later?

M　_____

(a) I really enjoyed it.
(b) I also walked over.
(c) That sounds wonderful.
(d) Biking would be faster.

W　이따가 산책하는 게 어때요?

M　_____

(a) 그건 정말 즐거웠어요.
(b) 저도 걸었어요.
(c) 그거 좋겠군요.
(d) 자전거 타는 게 더 빠를 거예요.

가이드라인　How about -ing?는 '~하는 게 어때?'라는 뜻으로 제안이나 권유를 할 때 쓰는 표현이다. 따라서 산책하자는 여자의 제안을 흔쾌히 수락하는 (c)가 적절한 응답이다.

take a walk 산책하다　**later** 나중에　**bike** 자전거를 타다

2

M　Mind if I borrow the car?

W　_____

(a) I'll be right there.
(b) It's not far to drive.
(c) I've never owned one.
(d) Don't be gone too long.

M　자동차를 좀 빌려도 될까요?

W　_____

(a) 거기로 바로 갈게요.
(b) 운전해서 가기에 멀지 않아요.
(c) 자동차를 가져본 적이 한 번도 없어요.
(d) 너무 오래 있지는 말아요.

가이드라인　Mind if...?는 '~해도 될까요?'라는 뜻으로, 상대방의 허락을 구할 때 쓰는 표현이다. 이에 대한 응답으로 허락할 때는 No를, 안 된다고 할 때는 Yes를 쓴다는 점에 주의한다. 승낙이나 거절 대신 빨리 돌아오라고 하는 (d)가 적절한 응답이다.

mind 꺼리다

3

W　We should cook spaghetti tonight.

M　_____

(a) I'd prefer something lighter.
(b) They don't sell that here.
(c) I'll call over the waiter.
(d) The pot is very hot.

W　오늘 저녁에 스파게티 요리하자.

M　_____

(a) 난 좀 더 가벼운 게 좋을 것 같아.
(b) 여기서는 그걸 팔지 않아.
(c) 내가 종업원을 부를게.
(d) 그릇이 매우 뜨거워.

가이드라인　저녁에 스파게티를 먹자는 여자의 제안에 대해 찬성이나 반대의 말이 나와야 알맞다. 좀 더 가벼운 걸 먹고 싶다는 말로 반대 의사를 나타내는 (a)가 적절한 응답이다.

call over (오라고) 부르다　**pot** 그릇

4

M　I'd like to take tomorrow off.

W　_____

(a) That's fine with me.
(b) Sorry, I can't make it.
(c) I'll be there this afternoon.
(d) OK, I'm glad you feel better.

M　내일 휴가를 내고 싶습니다.

W　_____

(a) 전 괜찮으니 그렇게 해요.
(b) 미안하지만, 전 갈 수 없겠어요.
(c) 오늘 오후에 거기로 갈게요.
(d) 알겠어요, 나아졌다니 다행이네요.

가이드라인　남자가 휴가를 내고 싶다며 여자의 허락을 구하고 있는 상황으로, 괜찮다며 허락하는 (a)가 정답이다. (b)는 Sorry까지만 들으면 휴가를 허락할 수 없다는 의미로 이해할 수 있지만, I can't make it(약속 시간에 갈 수 없다)라는 말이 내용과 어울리지 않는다.

take off 휴가 내다, (일을) 쉬다　**make it** (시간에) 맞춰 가다, 참석하다

5

M I can't work out this software.
W Did you ask Lauren for help?
M She's home sick.
W _____

(a) That program is useful.
(b) I'll give her your regards.
(c) Lauren wasn't feeling well.
(d) Just read the instructions, then.

M 이 소프트웨어를 실행하지 못하겠어요.
W 로렌에게 도와 달라고 해봤어요?
M 그녀는 아파서 집에 있어요.
W _____

(a) 그 프로그램은 유용해요.
(b) 그녀에게 당신 안부를 전해 줄게요.
(c) 로렌은 몸이 좋지 않았어요.
(d) 그럼 그냥 사용 설명서를 읽어 봐요.

가이드라인 소프트웨어 사용법을 모르겠다는 남자에게 여자가 조언을 하는 상황이다. 로렌에게 도움을 요청하라고 했지만 그녀가 병가 중이라고 답했으므로, 또 다른 조언을 제시하는 (d)가 적절한 응답이다.

work out 실행하다 **useful** 유용한 **give A one's regards**
A에게 ~의 안부를 전하다 **instructions** 사용 설명서

6

W I'm thinking of buying a rain jacket.
M From the store at the mall?
W Yes, is that OK with you?
M _____

(a) I'd love a new jacket.
(b) It looks a little big on you.
(c) It might be cheaper online.
(d) I'm glad you like the design.

W 비옷을 살까 생각 중이야.
M 쇼핑몰에 있는 그 가게에서?
W 응, 그게 괜찮을 것 같아?
M _____

(a) 난 새로운 재킷이라면 마음에 들 거야.
(b) 그건 너에게 좀 커 보여.
(c) 인터넷이 더 쌀 수도 있어.
(d) 네가 디자인이 마음에 든다니 다행이다.

가이드라인 여자가 쇼핑몰에서 비옷을 사는 것에 대해 괜찮겠냐고 남자의 의견을 묻고 있다. 따라서 쇼핑몰 대신 인터넷으로 살 것을 제안하는 (c)가 적절한 응답이다. (b)는 여자가 이미 옷을 고른 상태에서 옷에 대한 남자의 의견을 물어볼 때 가능한 대답이다.

rain jacket (비·바람막이) 재킷, 비옷

7

M You need some time to relax.
W That's true. I've been stressed lately.
M Why don't we take a vacation?
W _____

(a) Just try to relax a bit.
(b) I'd like that very much.
(c) Sure, see you in a week.
(d) No, I need a good holiday.

M 당신은 휴식을 취할 시간이 필요해요.
W 맞아요. 요즘 스트레스가 심했어요.
M 우리 휴가를 내지 않을래요?
W _____

(a) 좀 쉬도록 애써 봐요.
(b) 그거 정말 좋을 거 같아요.
(c) 물론이죠, 일주일 후에 봐요.
(d) 아뇨, 나에겐 멋진 휴가가 필요해요.

가이드라인 Why don't we...?는 '~하는 게 어때요?'라는 뜻으로 제안을 나타내는 표현이다. 따라서 남자의 제안이 마음에 든다며 동의하는 (b)가 적절한 응답이다. (d)는 No 대신 Yes라고 하면 알맞은 응답이 된다.

relax 쉬다 **stressed** 스트레스 받는 **a bit** 약간

8

W Should I wear this shirt tonight?
M But it belongs to Kathy.
W Oh, I'm sure she won't mind.
M _____

(a) It was her great idea.
(b) You should ask her first.
(c) I can't wait for the party.
(d) It goes with her hair color.

W 오늘 저녁에 이 셔츠를 입을까요?
M 하지만 그건 캐시 거잖아요.
W 아, 틀림없이 그녀도 괜찮다고 할 거예요.
M _____

(a) 그건 그녀의 멋진 제안이었어요.
(b) 먼저 그녀에게 물어보도록 해요.
(c) 어서 빨리 파티에 가고 싶어요.
(d) 그건 그녀의 머리 색깔과 잘 어울려요.

가이드라인 여자가 캐시의 셔츠를 입겠다는 말에, 남자가 그 점을 지적했으므로, 입기 전에 먼저 주인에게 물어보라는 (b)가 자연스러운 응답이다.

belong to ~의 소유이다 **go with** ~와 잘 어울리다

1

W　Basketball is the most entertaining sport.

M　_____

(a) No, I think soccer is.
(b) OK, I'd love to play.
(c) The game isn't on now.
(d) Please pass me the ball.

W　농구가 가장 재미있는 스포츠야.

M　_____

(a) 아니, 난 축구가 그렇다고 생각해.
(b) 좋아, 난 정말 농구를 하고 싶어.
(c) 지금은 경기가 방송되지 않아.
(d) 나에게 공을 건네줘.

가이드라인　농구가 가장 재미있는 스포츠라는 여자의 말에 No라고 하며 동의하지 않고, 대신 축구가 가장 재미있다고 말하는 (a)가 가장 어울리는 응답이다.

entertaining 재미있는　**on** 방송 중인

2

M　Didn't you think the movie was funny?

W　_____

(a) I can't go see it tonight.
(b) Yeah, it was really comical.
(c) Well, dramas are more popular.
(d) Let's see what's on TV instead.

M　그 영화가 재미있었다고 생각하지 않니?

W　_____

(a) 오늘 저녁에는 그걸 보러 갈 수가 없어.
(b) 응, 정말 웃겼어.
(c) 글쎄, 드라마가 더 인기가 있지.
(d) 그 대신 TV에서 뭘 하는지 보자.

가이드라인　남자는 영화가 재미있었다면서 여자도 그렇게 생각하는지 의견을 묻고 있다. 따라서 남자의 말에 동의하며 정말 웃겼다고 말하는 (b)가 적절한 응답이다. (a)는 영화를 보러 가자는 제안을 거절할 때 할 수 있는 말이다.

comical 우스운

3

M　Do you prefer milk or juice in the mornings?

W　_____

(a) Sure, I can get you some.
(b) Right, with my breakfast.
(c) Yes, it's my favorite drink.
(d) Actually, I just drink coffee.

M　너는 아침에 우유가 좋아, 아니면 주스가 좋아?

W　_____

(a) 물론, 너에게 좀 갖다줄 수 있어.
(b) 맞아, 내 아침식사로 말이야.
(c) 응, 그게 내가 가장 좋아하는 음료야.
(d) 실은 난 그냥 커피를 마셔.

가이드라인　남자는 아침식사로 우유와 주스 중 어느 것을 더 선호하는지 묻고 있다. 둘 중 하나를 고르지 않고 커피라는 또 다른 선택을 말하는 (d)가 자연스럽게 어울린다.

actually 사실은

4

W　There are a lot of errors in this report.

M　_____

(a) I'll go look for it.
(b) So many are done.
(c) That's what it said.
(d) I think you're right.

W　이 보고서에는 실수가 많군요.

M　_____

(a) 제가 가서 찾아보겠습니다.
(b) 아주 많은 걸 끝냈습니다.
(c) 보고서에 그렇게 쓰여 있어요.
(d) 그 말씀이 맞는 것 같네요.

가이드라인　여자가 보고서에 실수가 많다고 지적했으므로, 이에 대해 동의하는 의견을 나타내는 (d)가 가장 자연스럽게 이어진다.

error 실수

5

W What are you doing for the long weekend?
M I don't have any plans.
W You should come up to my cottage.
M ＿＿＿＿＿＿＿＿＿＿

(a) I'm on my way to your place.
(b) Oh, I'm going away, then.
(c) That sounds like fun.
(d) I have to go now.

W 긴 주말 동안 뭐 할 거예요?
M 아무 계획 없어요.
W 우리 별장으로 오세요.
M ＿＿＿＿＿＿＿＿＿＿

(a) 당신 집에 가는 길이에요.
(b) 오, 그때 전 여행 가요.
(c) 재미있을 것 같아요.
(d) 이제 가야 해요.

가이드라인 여자가 남자의 주말 계획을 물으면서 초대하고 있다. 따라서 기쁘게 초대를 수락하는 (c)가 정답이다. (a)는 지금 가고 있는 중이라는 뜻이 되므로 어색하고, (d)는 자리를 뜰 때 하는 인사말이다.

weekend 주말 **plan** 계획 **come up to** ~에 오다 **cottage** 오두막, 작은 별장 **on one's way to** ~로 가는 길에 **place** 집

7

W Did you read the novel for class?
M I just finished it. Did you like it?
W I found it pretty boring, actually.
M ＿＿＿＿＿＿＿＿＿＿

(a) Some novels were OK.
(b) I thought it was exciting.
(c) Don't tell me how it ends.
(d) I thought class was boring.

W 수업에 대비해서 소설 읽었어?
M 막 끝냈어. 넌 그게 마음에 들었니?
W 실은 정말 지루했어.
M ＿＿＿＿＿＿＿＿＿＿

(a) 몇몇 소설은 괜찮았어.
(b) 난 흥미롭다고 생각했는데.
(c) 그게 어떻게 끝나는지 말하지 마.
(d) 수업이 지루하다고 생각했어.

가이드라인 남자가 소설에 대한 여자의 의견을 물었고, 여자는 지루했다고 대답했다. 이에 대해 남자도 자신의 의견을 말한 (b)가 응답으로 알맞다. 소설이 아니라 수업에 대해 말한 (d)는 알맞지 않다.

boring 지루한

6

M Let's host a dinner party.
W How many people should we invite?
M How about eight guests?
W ＿＿＿＿＿＿＿＿＿＿

(a) I can bring a salad.
(b) It's an honor to be invited.
(c) There were more than that.
(d) That sounds reasonable to me.

M 우리 디너 파티를 열어요.
W 사람들을 몇 명이나 초대해야 하죠?
M 8명이 어때요?
W ＿＿＿＿＿＿＿＿＿＿

(a) 내가 샐러드를 가져올 수 있어요.
(b) 초대를 받는다면 영광이죠.
(c) 그보다는 더 많았어요.
(d) 저도 그게 적당할 것 같네요.

가이드라인 How about…?은 '~이 어때?'라는 뜻의 제안을 나타내므로, 동의나 반대의 말이 이어질 것임을 예상할 수 있다. 따라서 남자의 말에 동의하는 (d)가 응답으로 적절하다.

honor 영광 **reasonable** 적당한

8

W I need to get out of the house.
M OK, where would you like to go?
W I think we should visit the zoo.
M ＿＿＿＿＿＿＿＿＿＿

(a) The bus is cheaper.
(b) Let me grab my hat.
(c) I live by the zoo as well.
(d) There aren't any of those.

W 난 집 밖으로 나가야겠어.
M 알았어, 어디에 가고 싶어?
W 동물원에 가면 될 것 같아.
M ＿＿＿＿＿＿＿＿＿＿

(a) 버스가 더 저렴해.
(b) 모자를 가져올게.
(c) 나도 동물원 옆에 살아.
(d) 그런 건 전혀 없어.

가이드라인 여자가 동물원에 가자고 제안하는 상황에서 동의하는 의미로 모자를 가져오겠다고 답하는 (b)가 적절한 응답이다.

grab 붙잡다 **as well** ~도 역시

1

M Are you going to the graduation ceremony?
W _____

(a) I wouldn't miss it.
(b) We'll both graduate.
(c) I was at the ceremony.
(d) You must be so excited.

M 졸업식에 갈 거니?
W _____
(a) 반드시 갈 거야.
(b) 우리 둘 다 졸업할 거야.
(c) 난 그 축하 의식에 있었어.
(d) 정말 신나겠구나.

가이드라인 (a) I wouldn't miss it은 '그것을 놓치지 않을 것이다', 즉 '반드시 갈 것이다'라는 뜻으로, 졸업식에 갈 거냐는 남자의 질문에 대한 적절한 답이 된다. 강조의 표현으로 I wouldn't miss it for the world(무슨 일이 있어도 그것을 놓치지 않을 것이다)도 많이 쓰인다.

graduation ceremony 졸업식

2

W Did anyone call for me?
M _____

(a) I can do it.
(b) That's all right.
(c) Only a Mr. Landon.
(d) Not unless they did.

W 나한테 전화 온 것 있어요?
M _____
(a) 제가 그걸 할 수 있어요.
(b) 괜찮아요.
(c) 랜든 씨라는 사람한테서만 왔어요.
(d) 그들이 하지 않았다면 안 됐을 거예요.

가이드라인 전화 온 사람이 있었냐는 말에 사람 이름을 언급한 (c)가 적절한 응답이 된다. Mr. Landon 앞에 a를 쓰면 '랜든 씨라는 사람'이라는 뜻이다.

3

W Has the meeting been postponed again?
M _____

(a) I see, thank you.
(b) It wasn't held yet.
(c) OK, just a second.
(d) Yes, until next Tuesday.

W 회의가 또 연기되었나요?
M _____
(a) 알겠어요, 고마워요.
(b) 아직 개최되지 않았어요.
(c) 알았어요, 잠깐만요.
(d) 네, 다음 주 화요일로 연기됐어요.

가이드라인 회의가 또 연기되었냐는 질문에 다음 주 화요일로 연기되었다는 (d)가 응답으로 적절하다. 동사 부분을 놓치면 (b)를 답으로 착각할 수 있으므로 유의한다.

postpone 연기하다

4

M Was the museum any good?
W _____

(a) There was an exhibit.
(b) I found it fascinating.
(c) Just a little bit longer.
(d) Don't worry about me.

M 박물관이 좀 괜찮던가요?
W _____
(a) 전시회가 있었어요.
(b) 아주 멋지던데요.
(c) 조금만 더 길게요.
(d) 나에 대해선 걱정하지 마세요.

가이드라인 박물관이 괜찮았느냐는 질문에 대한 답으로 아주 멋졌다는 (b)가 적절한 응답이다. 대화의 museum에서 exhibit를 연상하여 (a)를 정답으로 고르지 않도록 유의한다.

exhibit 전시(회) **fascinating** 매력적인

5

W You're in room 308, sir.
M Thank you very much.
W Will you need a wakeup call in the morning?
M _____

(a) It's convenient enough.
(b) Yes, I need to get up at 6:30.
(c) No, just checking out, please.
(d) I'll arrive sometime early.

W 손님방은 308호실입니다.
M 대단히 감사합니다.
W 아침에 모닝콜해 드릴까요?
M _____

(a) 아주 편안한데요.
(b) 네, 6시 30분에 일어나야 해요.
(c) 아뇨, 체크 아웃해 주세요.
(d) 좀 일찍 도착할 거예요.

가이드라인 wakeup call(모닝콜)이 필요하냐는 물음에 아침 6시 30분에 일어나야 한다는 (b)가 응답으로 적절하다. 직원이 손님에게 방을 내줄 때 You're in room 308, sir처럼 반드시 전치사 in을 쓴다는 것에 유의한다.

wakeup call (호텔) 모닝콜 **check out** (호텔에서 비용을 지불하고) 나가다

6

M Kathryn, you don't look so good.
W I'm just overwhelmed with work.
M Is there anything I can do?
W _____

(a) That's what they tell me.
(b) Yes, I'm working late.
(c) Something like that.
(d) No, I'll be OK.

M 캐스린, 안색이 별로 좋아 보이지 않은데요.
W 일이 너무 많아요.
M 제가 할 수 있는 일이 있을까요?
W _____

(a) 그게 바로 그들이 말한 거예요.
(b) 네, 늦게까지 일할 거예요.
(c) 그와 같은 거요.
(d) 아뇨, 괜찮아질 거예요.

가이드라인 안색이 안 좋은 이유가 일이 많아서 그렇다는 여자의 말에 남자가 도울 수 있는 일이 없냐고 묻고 있다. 이에 대해 괜찮아질 것이라며 거절하는 (d)가 응답으로 적절하다.

overwhelmed with work 일에 압도된, 일이 너무 많은

7

W What are you reading?
M An article about the big forest fire.
W Does it say what started it?
M _____

(a) It's out of control.
(b) I can see all the smoke.
(c) Somewhere in the forest.
(d) They're still investigating.

W 뭘 읽고 있나요?
M 대형 산불에 관한 기사요.
W 원인이 뭔지 나와 있나요?
M _____

(a) 걷잡을 수 없어요.
(b) 그 모든 연기를 다 볼 수 있어요.
(c) 숲속 어딘가에서요.
(d) 아직도 조사 중이에요.

가이드라인 what started it으로 보아 산불의 원인을 묻고 있다. 여전히 조사 중이라는 (d)가 가장 적절하다. (a)는 산불의 현재 상태, (c)는 산불이 난 장소를 묻는 말에 어울리는 대답들이다.

article 기사 **investigate** 조사하다

8

M Where do you work out, Susan?
W At the Alliance Gym downtown.
M Can non-members use the facilities?
W _____

(a) But I'm a member.
(b) It costs $10 a visit.
(c) It's a great workout.
(d) I'll show you around.

M 수잔, 어디서 운동하세요?
W 시내에 있는 얼라이언스 체육관에서요.
M 비회원도 그곳 시설을 이용할 수 있나요?
W _____

(a) 하지만 전 회원이에요.
(b) 갈 때마다 10달러를 내야 해요.
(c) 훌륭한 운동이에요.
(d) 제가 구경시켜 드릴게요.

가이드라인 여자가 다니는 체육관에서 비회원도 시설을 이용할 수 있는지 물었으므로 비회원은 1회에 10달러를 내야 한다는 (b)가 응답으로 적절하다. 대화에 언급된 어휘를 활용한 member, workout이 (a)와 (c)에 각각 반복되어 혼란을 주고 있다.

work out 운동하다 **facility** 시설 **show around** 둘러보도록 안내하다

1

W Who is the new company intern?

M _____

(a) She'll be helping me.
(b) I'll advertise the position.
(c) A local university student.
(d) The one who retired recently.

W 회사의 새로운 인턴사원이 누구예요?

M _____

(a) 그녀는 나를 돕게 될 거예요.
(b) 그 직책에 대한 구인 광고를 낼게요.
(c) 이 지역 대학생이요.
(d) 최근에 퇴직한 사람이요.

가이드라인 Who로 묻는 질문에 사람으로 대답하는 (c)나 (d) 중에 답이 있는데, 인턴으로 적합한 사람은 (c)이다. (a)는 일단 인턴이 누구인지를 밝힌 후 추가 답변으로 올 수 있다.

retire 퇴직하다

2

M When is the train due to arrive?

W _____

(a) Just after noon.
(b) I'll get a ticket.
(c) As soon as we can.
(d) I think I'd rather drive.

M 기차가 언제 도착할 예정인가요?

W _____

(a) 정오 직후예요.
(b) 제가 표를 살게요.
(c) 최대한 빨리요.
(d) 차라리 운전하는 게 나을 것 같아요.

가이드라인 When으로 물었으므로 시간 어구가 들어간 (a)나 (c)가 답이 될 수 있다. (c)는 우리(we)가 서두른다고 기차가 일찍 도착하는 게 아니므로 어색한 답이다. 문맥상 구체적인 시간을 말한 (a)가 응답으로 적절하다. (b)는 누가 기차표를 살지 물을 때 가능한 응답이다.

due to ~하기로 예정된

3

M How long will the train ride be?

W _____

(a) The service is pretty good on the train.
(b) It's about three hours one way.
(c) It's a smooth ride all the way.
(d) I'll be away for two weeks.

M 기차를 얼마나 오래 타야 할까요?

W _____

(a) 기차의 서비스는 꽤 좋습니다.
(b) 편도 3시간 정도입니다.
(c) 계속 편안한 여정입니다.
(d) 2주 정도 떠나 있을 겁니다.

가이드라인 How long으로 시작하는 의문문이므로 얼마나 오래 걸릴지 시간을 제시하는 대답이 나와야 한다. 기차를 타고 가는 시간이 얼마나 될 것인지 묻고 있으므로 (b)가 어울린다. one way는 편도, 왕복은 round trip으로 표현한다. (d)도 기간을 말하고 있지만 train ride에 대한 답이 아니다.

smooth (급출발 · 급정지 등 없이) 편안한, (일의 진행이) 순조로운

4

W How long does the flight to Queensland take?

M _____

(a) More than eight hours.
(b) I'll see you at the airport.
(c) Just a weeklong vacation.
(d) The average ticket is $500.

W 퀸즐랜드까지 비행기로 가는 데 얼마나 걸리나요?

M _____

(a) 8시간 이상 걸려요.
(b) 공항에서 봅시다.
(c) 딱 일주일 휴가예요.
(d) 일반 티켓은 500달러예요.

가이드라인 How long으로 시작하여 시간의 경과를 묻고 있으므로 비행시간을 말하는 (a)가 적절한 응답이다. (b)는 Where로 물었을 때, (d)는 티켓 값을 묻는 질문에 대한 응답으로 적절하다.

weeklong 일주일간의

5

M I requested a refund from you last month.
W It takes up to two months to process.
M Why does it take so long?
W _____

(a) Come back tomorrow, please.
(b) There's a lot of paperwork.
(c) I have your refund here.
(d) That's exactly right.

M 지난달에 당신에게 환불을 요청했어요.
W 처리하는 데 최대 2개월이 걸립니다.
M 왜 그렇게 오래 걸리나요?
W _____

(a) 내일 다시 오세요.
(b) 서류 작업이 많거든요.
(c) 여기 환불금 있습니다.
(d) 정확히 맞습니다.

가이드라인 환불 처리가 오래 걸리는 이유를 묻고 있으므로 그에 대해 설명을 하는 (b)가 응답으로 적절하다. 대화에서 언급된 refund 가 (c)에서 반복되어 혼동을 주고 있으므로 이에 유의해야 한다.

refund 환불(금) **paperwork** 서류 작업

6

M What are you looking for?
W I seem to have misplaced my reading glasses.
M Where did you have them last?
W _____

(a) They aren't in here.
(b) I could use the help.
(c) On the couch last night.
(d) I can't see without them.

M 뭘 찾고 있나요?
W 돋보기를 어디에 두었는지 모르겠어요.
M 마지막으로 쓴 곳이 어디였나요?
W _____

(a) 여기에는 없어요.
(b) 도움이 필요해요.
(c) 어젯밤 소파에서요.
(d) 그것 없이는 볼 수가 없어요.

가이드라인 의문사 Where로 묻고 있으므로 장소 어구가 들어간 (c)가 정답이다. 남자의 첫 번째 말 looking for를 듣고 여기 없다는 (a)를 정답으로 고르지 않도록 유의한다.

misplace 둔 곳을 잊다 **reading glasses** 돋보기, 노안경 **could use** ~이 있었으면 좋겠다 **couch** 긴 의자

7

W That was an excellent meal.
M Shall we ask the waiter for the check?
W Sure. Whose turn is it to pay?
M _____

(a) Thanks, that's very kind.
(b) Let's take it to the cashier.
(c) I'll take care of it this time.
(d) I wouldn't mind some dessert.

W 정말 훌륭한 음식이었어요.
M 웨이터에게 계산서 달라고 할까요?
W 그래요. 누가 낼 차례죠?
M _____

(a) 고마워요, 정말 친절하시군요.
(b) 계산원에게 가져갑시다.
(c) 이번에는 내가 낼게요.
(d) 디저트를 좀 먹고 싶은데요.

가이드라인 turn은 '~할 차례, 순번'이라는 뜻으로, Whose turn 에서 누가 낼 차례냐고 묻고 있으므로 이번에는 내가 돈을 내겠다는 (c)가 응답으로 적절하다. take care of는 '돌보다'라는 뜻 외에 '내다, 처리하다'라는 뜻으로 쓸 수 있다.

cashier 계산원

8

W Where do you want to go on vacation?
M How about Glendale?
W What will we do there?
M _____

(a) I'm happy to come.
(b) We'll spend time at the beach.
(c) I'll request some time off.
(d) We can be there in an hour.

W 어디로 휴가 가고 싶어요?
M 글렌데일은 어때요?
W 그곳에서 뭘 할 건데요?
M _____

(a) 오게 돼서 기뻐요.
(b) 해변에서 시간을 보낼 거예요.
(c) 얼마간 휴가를 요청할 거예요.
(d) 한 시간 내로 그곳에 도착할 수 있어요.

가이드라인 휴가지에서 할 일을 묻고 있으므로 해변에서 시간을 보낼 거라는 (b)가 응답으로 적절하다. 대화의 vacation에서 some time off를 연상하여 (c)를 정답으로 고르지 않도록 유의한다.

request 요청하다 **time off** 일시적 휴식

Unit

O8　텝스 청해 집중 공략

Answers

1 (b)　2 (d)　3 (a)　4 (d)

5 (c)　6 (c)　7 (b)　8 (c)

○ 본책 P75

1

M　The conference hasn't started, has it?

W　_____

(a) Everyone had to attend.

(b) Not for five more minutes.

(c) I'll see you there tomorrow.

(d) Thanks for letting me know.

M　학회가 시작하지 않았죠?

W　_____

(a) 모든 사람이 참석해야 했어요.

(b) 5분 후에 시작해요.

(c) 내일 거기서 봐요.

(d) 알려 줘서 고마워요.

가이드라인　　(b)는 The conference will not start for five more minutes를 줄인 말로, 학회가 시작했느냐는 남자의 물음에 적절한 대답이 된다.

conference 회의, 학회

3

M　Aren't you tired of eating sushi?

W　_____

(a) No, it's my favorite.

(b) It's not lunchtime yet.

(c) You can have another.

(d) No, I got enough sleep.

M　초밥이 질리지 않아요?

W　_____

(a) 아뇨, 제가 가장 좋아하는 음식이에요.

(b) 아직 점심시간이 아니에요.

(c) 한 접시 더 드셔도 돼요.

(d) 아뇨, 충분히 잤어요.

가이드라인　　초밥이 질리지 않냐는 질문에, 가장 좋아하는 음식이라서 질리지 않는다는 (a)가 응답으로 적절하다. tired(피곤한)와 be tired of(~가 지겹다)를 혼동하여 (d)를 고르지 않도록 유의한다.

2

W　Would you like a window or an aisle seat?

M　_____

(a) At the boarding gate.

(b) On the airplane.

(c) It's by the window.

(d) Whatever's available.

W　창가와 통로 중에서 어느 자리를 원하세요?

M　_____

(a) 탑승구에서요.

(b) 비행기에서요.

(c) 창문 옆에 있어요.

(d) 빈자리 아무거나 주세요.

가이드라인　　선택의문문 Would you like A or B?에서는 A나 B 또는 A, B 둘 다로 응답하는 것이 일반적인데, (d)와 같이 둘 중 아무거나 괜찮다고 대답할 수 있다. (c)는 I prefer a window seat이라고 하면 정답으로 가능하다.

aisle seat 통로쪽 좌석　**available** 이용할 수 있는

4

W　You aren't dropping out of college, are you?

M　_____

(a) It should be interesting.

(b) I got into that college.

(c) I finally got accepted.

(d) Just for a semester.

W　너는 대학을 중퇴하지 않을 거야, 그렇지?

M　_____

(a) 재미있겠는데.

(b) 그 대학에 입학했어.

(c) 드디어 입학 허가가 났어.

(d) 한 학기 동안만 쉴 거야.

가이드라인　　drop out은 '학교를 중퇴하다, 도중 하차하다'라는 뜻으로, 대학을 중퇴할 거냐는 물음에 한 학기 동안만 쉴 거라는 (d)가 응답으로 적절하다.

drop out of (학교를) 중퇴하다　**semester** 학기

5

W Would you like to order a side dish?

M Sure, that sounds good.

W Do you want soup or salad?

M _____

(a) I can certainly eat that.

(b) Those are on the menu.

(c) I'll take the latter, please.

(d) I'm not hungry right now.

W (주요리와 함께 먹는) 곁들임 요리도 주문하시겠습니까?

M 네, 좋아요.

W 수프로 드릴까요, 샐러드로 드릴까요?

M _____

(a) 분명히 그것을 먹을 수 있어요.

(b) 그것들은 메뉴에 있어요.

(c) 후자로 주세요.

(d) 지금은 배고프지 않아요.

가이드라인 Do you want A or B?라고 A나 B 중에서 선택하라는 말에 '나중에 말한 것(the latter)', 즉 샐러드라고 이야기한 (c)가 응답으로 적절하다. 식당에서 주문하는 상황에서 배고프지 않다고 말하는 (d)는 맞지 않다.

side dish (주요리와 함께 먹는) 곁들임 요리 **the latter** 뒤에 말한

7

M I can't believe how cool it is today.

W This is very unusual for summer.

M It feels great, though.

W _____

(a) It's too tight for me.

(b) Enjoy it while it lasts.

(c) It's been a long summer.

(d) I'll turn on the air conditioner.

M 오늘 날씨가 정말로 선선하구나.

W 여름 치고 매우 이상한 날씨야.

M 하지만 기분은 좋아.

W _____

(a) 내게 너무 꽉 끼어.

(b) 이럴 때 맘껏 즐겨.

(c) 기나긴 여름이었어.

(d) 에어컨을 틀게.

가이드라인 날씨가 선선하다는 말에 이럴 때 맘껏 즐겨 두라는 (b)가 응답으로 적절하다. 여름이 아직 끝나지 않았으므로 (c)는 어색하며, 날씨가 선선한데 에어컨을 켜는 것은 어울리지 않으므로 (d)도 오답이다.

last 지속되다 **turn on** ~을 켜다

6

W Did you talk to Mr. Higgins?

M Yes, he called earlier this morning.

W He's not upset, is he?

M _____

(a) I'm fine, really.

(b) No, I didn't see him.

(c) Well, he's not happy.

(d) He's on the line now.

W 히긴스 씨와 이야기하셨나요?

M 네, 오늘 아침 일찍 그에게서 전화가 왔어요.

W 화가 나 있지는 않죠?

M _____

(a) 전 잘 지내고 있어요.

(b) 아뇨, 그를 만나지 않았어요.

(c) 글쎄요, 기분이 좋지는 않던데요.

(d) 그는 지금 통화 중이에요.

가이드라인 히긴스 씨의 기분을 묻고 있으므로 기분이 좋아 보이지는 않더라는 (c)가 응답으로 적절하다. 전화와 관련된 대화라고 해서 on the line(통화 중인)이 나오는 (d)를 정답으로 고르지 않도록 유의한다.

upset 화가 난 **on the line** 통화 중인

8

M I have to work overtime all week.

W We really need some more help.

M Haven't they hired anyone yet?

W _____

(a) Let's give her a hand.

(b) I'll put in a good word.

(c) They're still interviewing.

(d) Help me with it tomorrow.

M 이번 주 내내 야근을 해야 해요.

W 우린 정말 일손이 더 필요해요.

M 아직 아무도 채용하지 않았나요?

W _____

(a) 그녀를 도와 줍시다.

(b) 제가 말을 잘해 놓을게요.

(c) 여전히 면접을 보는 중이에요.

(d) 내일 그 일 좀 도와 주세요.

가이드라인 일손이 모자라는 상황에서 아직 사람을 채용하지 않았냐고 묻고 있으므로 여전히 면접을 하고 있다는 (c)가 응답으로 적절하다. 대화에서 some more help를 듣고 (a)나 (d)를 고르지 않도록 유의한다.

give a hand 도와주다 **put in a good word** ~에 대해 좋게 이야기하다

1

M How did you break your arm?
W _____

(a) In a rugby game.
(b) It's my right arm.
(c) That's right, it did.
(d) I feel much better.

M 어쩌다가 팔이 부러졌어요?
W _____

(a) 럭비하다가 그랬어.
(b) 오른팔이야.
(c) 맞아, 그랬어.
(d) 기분이 한결 좋아졌어.

가이드라인 팔이 부러진 이유에 대해 럭비 경기에서 그랬다고 설명하는 (a)가 응답으로 적절하다. (b)는 Which arm did you break? 에 어울리는 대답이다.

3

W We need to get downtown quickly.
M _____

(a) Let's call a cab.
(b) I'll walk to the mall.
(c) The new subway line.
(d) Just around the corner.

W 시내에 빨리 도착해야 해요.
M _____

(a) 택시를 부릅시다.
(b) 쇼핑몰까지 걸어갈 거예요.
(c) 새로운 지하철 노선이에요.
(d) 모퉁이를 돌면 바로 있어요.

가이드라인 시내에 빨리 가야 한다는 말에 택시를 부르자는 (a)가 자연스럽다. 참고로, call a cab은 전화로 택시를 부르는 것이고, hail a cab은 지나가는 택시를 큰소리로 부르는 것을 뜻한다.

cab 택시

2

W Are you working late again tonight?
M _____

(a) This is my office.
(b) Yes, I'm afraid so.
(c) But I just got home.
(d) Sure, I'll see you later.

W 오늘 밤도 늦게까지 일할 거예요?
M _____

(a) 여기가 제 사무실이에요.
(b) 네, 유감스럽지만 그럴 것 같아요.
(c) 하지만 집에 막 도착했는걸요.
(d) 물론이죠, 나중에 뵐게요.

가이드라인 늦게까지 일할 거냐는 물음에 유감스럽지만 그래야 한다는 (b)가 가장 적절한 응답이다. I'm afraid는 '유감이지만 ~하다'라는 뜻이다.

4

M You're looking very fit, Leah.
W _____

(a) I'm sure you'll do well.
(b) I worked a little harder.
(c) I'm on my way to the gym.
(d) I started a workout program.

M 아주 건강해 보여, 레아.
W _____

(a) 잘할 거라 확신해.
(b) 좀 더 열심히 일했지.
(c) 헬스 클럽에 가는 길이야.
(d) 운동 프로그램을 시작했거든.

가이드라인 아주 건강해 보인다는 말에 운동 프로그램을 시작했기 때문이라는 (d)가 가장 자연스러운 응답이다. workout program은 '기업 회생 프로그램'이라는 뜻도 있으므로 질문을 정확히 파악하여 정답을 찾아야 한다.

fit (규칙적인 운동으로 몸이) 건강한 **gym** 헬스 클럽 **workout** 운동

5

W Are you feeling OK, James?
M Not really. I have a cold.
W Why don't you take the afternoon off?
M _____

(a) OK, get lots of rest.
(b) I'm sorry to hear that.
(c) I think I might do that.
(d) Right, I'll be better later.

W 몸은 괜찮아요, 제임스?
M 안 좋아요. 감기에 걸렸거든요.
W 그럼 오후에는 쉬지 그래요?
M _____

(a) 알았어요, 푹 쉬세요.
(b) 유감스런 소식이군요.
(c) 그래야 될 것 같아요.
(d) 맞아요, 나중에 좋아질 거예요.

가이드라인 Why don't you take the afternoon off?는 제의의 표현이므로 그렇게 해야겠다는 (c)가 응답으로 적절하다. (a)와 (b)는 감기 걸렸다는 말을 듣고 여자가 할 수 있는 말이며, (d)는 If I do that, I'll be better이라면 정답이 될 수 있다.

take the afternoon off 오후에 일을 쉬다

6

M What do you do, Carrie?
W I teach at a local elementary school.
M Do you enjoy the job?
W _____

(a) I'd be happy to.
(b) It's very rewarding.
(c) All of my students.
(d) Class is starting now.

M 무슨 일을 하세요, 캐리?
W 인근에 있는 초등학교 교사예요.
M 하는 일이 즐거우신가요?
W _____

(a) 기꺼이 그럴게요.
(b) 아주 보람 있는 일이에요.
(c) 제가 가르치는 학생들 모두요.
(d) 수업이 지금 시작해요.

가이드라인 하는 일이 즐겁냐는 물음에 매우 보람을 느낀다는 (b)가 응답으로 적절하다. (a)의 I would be는 '~라면 …일 것이다'라는 추측의 표현으로, I'm happy to do it이라면 정답으로 가능하다.

rewarding 보람 있는

7

W Do you need a ride to the airport?
M That's OK. I'll take the shuttle.
W Why don't you let me drive you?
M _____

(a) Hurry, the bus is leaving.
(b) No, I'm leaving on vacation.
(c) Well, if you really don't mind.
(d) Sure, turn left at the next light.

W 공항까지 교통편이 필요하세요?
M 괜찮아요. 셔틀 버스 탈 거예요.
W 제가 태워 드릴까요?
M _____

(a) 서둘러요, 버스가 떠나려고 해요.
(b) 아뇨, 휴가 떠날 거예요.
(c) 당신이 번거롭지 않다면요.
(d) 물론이죠, 다음 신호등에서 좌회전하세요.

가이드라인 Why don't you…?는 제안의 표현이므로 공항까지 차를 태워 주겠다는 제안에 알맞은 응답으로는 번거롭지 않다면 그렇게 해달라는 (c)가 응답으로 적절하다. mind는 '싫다, 꺼리다'라는 뜻이다.

ride 승차 **light** 신호등

8

M I'm giving a presentation today.
W During the sales meeting?
M Yes, and I'm pretty nervous about it.
W _____

(a) Let's talk about sales.
(b) The meeting starts at 3.
(c) There's no reason to worry.
(d) I'll be presenting something.

M 제가 오늘 프레젠테이션할 거예요.
W 영업 회의에서요?
M 네, 그런데 그것 때문에 너무 초조해요.
W _____

(a) 영업에 대해 이야기합시다.
(b) 회의는 3시에 시작해요.
(c) 걱정할 이유가 전혀 없어요.
(d) 뭔가를 선사하게 될 거예요.

가이드라인 회의에서의 프레젠테이션 때문에 초조해하는 동료에게 격려의 말을 전하는 (c)가 가장 적절하다. 대화에서 등장한 어휘들 sales/ presenting을 반복해서 제시한 (a)와 (d)는 오답 함정이다.

presentation 발표회 **present** 나타내다; 증정하다

1

W Are you going to the library today?
M _____

(a) I've got that book.
(b) Sure, let me go along.
(c) No, it's right over here.
(d) I will after history class.

W 오늘 도서관 갈 거니?
M _____

(a) 그 책을 갖고 있어.
(b) 물론이지, 나도 따라갈게.
(c) 아니, 바로 여기에 있어.
(d) 역사 수업 끝나고 갈 거야.

가이드라인 오늘 도서관 갈 거냐는 물음에 대해 역사 수업 끝나고 갈 거라는 (d)가 응답으로 적절하다. (d)의 will과 after 사이에는 go to the library today가 생략되어 있다. be동사의 의문문이라고 해서 무조건 Yes나 No로 대답한 것이 정답은 아님에 유의한다.

go along 같이[따라] 가다

3

M How did you do on the test?
W _____

(a) I heard it succeeded.
(b) I still need to study for it.
(c) I get nervous about exams.
(d) I haven't gotten my grade yet.

M 시험 잘 봤니?
W _____

(a) 성공했다고 들었어.
(b) 아직도 공부를 더 해야 돼.
(c) 시험 때문에 긴장돼.
(d) 아직 성적이 나오지 않았어.

가이드라인 시험 잘 봤냐는 물음에 아직 성적이 나오지 않아서 모르겠다는 (d)가 응답으로 적절하다. (c)는 시험을 보기 전에 가능한 대화의 응답이다. How did you do on the test?는 '시험 잘 봤니?'라는 뜻으로, 동사가 do임에 유의한다.

nervous 긴장한

2

W I feel like having a picnic in the park.
M _____

(a) It was really lovely.
(b) It's about time to eat.
(c) Downtown in the park.
(d) That's an excellent idea.

W 공원에 나들이 가고 싶은데.
M _____

(a) 정말 아름다웠어.
(b) 식사할 때가 됐어.
(c) 시내 공원에서야.
(d) 아주 좋은 생각이야.

가이드라인 공원에 나들이 가고 싶다는 말에 아주 좋은 생각이라는 (d)가 응답으로 적절하다. (a)는 공원을 다녀온 후에나 가능한 응답이고, 대화문의 park가 (c)에서 반복된다고 해서 정답으로 고르지 않도록 유의한다.

feel like -ing ~할 마음이 나다

4

M Is the museum always this crowded on Fridays?
W _____

(a) I agree that would be fun.
(b) Let's see the new exhibition.
(c) There's a special event today.
(d) It's the most popular one in town.

M 박물관이 금요일마다 항상 이렇게 붐비니?
W _____

(a) 재미있을 거라는 데 동의해.
(b) 새 전시회를 보자.
(c) 오늘 특별 행사가 있어서 그래.
(d) 시내에서 가장 인기 있는 박물관이야.

가이드라인 박물관이 금요일마다 항상 붐비느냐는 물음에 오늘 특별 행사가 있어서 그렇다는 (c)가 응답으로 적절하다. 대화의 museum에서 exhibition을, crowded에서 popular를 연상하여 (b)나 (d)를 정답으로 고르지 않도록 유의한다.

exhibition 전시(회)

5

W You missed physics class yesterday, Scott.
M Yeah, I wasn't feeling well.
W Would you like to see my lecture notes?
M _____

(a) It was really interesting.
(b) Let me go and get mine.
(c) Don't worry, I'll be there.
(d) That'd be great, thank you.

W 스콧, 어제 물리 수업에 안 왔던데.
M 응, 몸이 좋지 않았어.
W 내 강의 노트 보여 줄까?
M _____

(a) 정말 재미있었어.
(b) 가서 내 걸 가져올게.
(c) 걱정 마, 그곳으로 갈게.
(d) 그러면 좋지, 고마워.

가이드라인 여자가 수업을 빠진 남자에게 자기 강의 노트를 보고 싶냐고 묻고 있다. 이에 대해 그러면 좋을 거라는 (d)가 응답으로 적절하다. (c)에서 Don't worry는 가능할 것 같지만 뒷부분이 어울리지 않는다.

physics 물리학 **lecture** 강의

6

M Ready to go to the baseball game?
W I have my hat, camera, and water bottle.
M You can't take water into the stadium.
W _____

(a) I don't know where to sit.
(b) It should be a good game.
(c) I'll leave it in the car, then.
(d) They sell water over there.

M 야구 경기에 갈 준비됐니?
W 모자와 카메라, 물병 챙겼어.
M 경기장에 물은 가져갈 수 없는데.
W _____

(a) 어디에 앉을지 모르겠어.
(b) 좋은 시합이 될 거야.
(c) 그럼 차 안에 둘게.
(d) 저기서 물을 팔고 있어.

가이드라인 남자가 야구 경기장 안에 물을 가져갈 수 없다고 말하고 있으므로 빈칸에는 물에 관한 내용이 와야 자연스럽다. (c)와 (d) 중에 답이 있는데, 물을 차에 두겠다는 말이 가장 적절하므로 (c)가 정답이다.

stadium 경기장

7

M Can I borrow your textbook?
W What happened to yours?
M I can't find it anywhere.
W _____

(a) I think that one's his.
(b) Read chapter 10 tonight.
(c) Sorry, I need mine to study.
(d) Right, they're so expensive.

M 교과서 좀 빌릴 수 있니?
W 네 건 어떻게 하고?
M 어디에도 안 보여.
W _____

(a) 그건 그의 것인 것 같아.
(b) 오늘 밤 제10과를 읽어라.
(c) 미안하지만 나도 공부 때문에 필요해.
(d) 맞아, 그건 너무 비싸.

가이드라인 여자는 남자의 첫 번째 말 Can I borrow your textbook?에 대해 허락이나 거절의 답변을 해줘야 하므로 (c)가 정답이다. mine은 my textbook을 가리킨다.

textbook 교과서 **chapter** (책의) 장

8

W Is the swimming pool open to the public?
M Yes, but they charge admission.
W How much is it for adults?
M _____

(a) One adult and two kids.
(b) I'm not sure of the price.
(c) The pool's capacity is 75.
(d) It's for as long as you like.

W 수영장이 일반인에게도 개방되니?
M 응, 하지만 입장료가 있어.
W 성인은 얼마지?
M _____

(a) 어른 한 명과 아이 두 명이야.
(b) 가격을 잘 모르겠어.
(c) 수영장 정원은 75명이야.
(d) 네가 원하는 기간 동안 쓸 수 있어.

가이드라인 How much라고 물었으므로 빈칸에는 구체적인 가격을 예상할 수 있지만 가격을 잘 모르겠다는 (b)도 응답으로 가능하다. (a)는 티켓을 구매하면서 가능한 응답이다. (c)는 수영장의 수용 인원을 말한 것으로, 숫자만 듣고 정답으로 고르지 않도록 유의한다.

charge 부과하다 **admission** 입장료 **capacity** 수용력

Unit **11** 텝스 청해 집중 공략

○ 본책 P95

1

Listen to a conversation between two friends.

W Where are you going, Jim?

M To the swimming pool.

W Oh, are you swimming for fun?

M Actually, I do it as a form of exercise.

W Really? I prefer running to swimming.

M They're both good forms of working out.

Q What are the man and woman mainly talking about?

(a) Why the woman runs

(b) Where the man swims

(c) How often they work out

(d) What they do for exercise

두 친구의 대화를 들으시오.

W 어디 가는 중이에요, 짐?

M 수영장에요.

W 아, 취미로 수영하세요?

M 실은 운동 삼아서 수영하고 있어요.

W 그래요? 난 수영보다 달리기가 더 좋은데요.

M 둘 다 좋은 운동 방법이에요.

Q 남자와 여자가 주로 말하고 있는 내용은?

(a) 여자는 왜 달리는가

(b) 남자가 어디에서 수영을 하는가

(c) 두 사람이 얼마나 자주 운동하는가

(d) 두 사람이 운동 삼아 무엇을 하는가

가이드라인 남자가 수영하러 간다는 것에서 시작된 대화는 서로 어떤 운동을 좋아하는지에 대한 내용으로 전개되고 있다. 따라서 (d)가 정답이다.

swimming pool 수영장 **for fun** 재미로 **prefer A to B** B보다 A를 더 좋아하다 **work out** 운동하다

2

Listen to a conversation between a couple.

M Sharon, let me help you with that table.

W Thanks. Why don't you lift that side?

M OK, and where is the table going?

W I want it to be against the wall.

M That will give this room a lot more space.

W Right. OK, let's lift it together.

Q What are the man and woman mainly doing in the conversation?

(a) Sitting down at a table

(b) Shifting a table together

(c) Choosing a room design

(d) Changing some furniture

커플의 대화를 들으시오.

M 샤론, 식탁 옮기는 걸 도와줄게요.

W 고마워요. 그쪽을 들어줄래요?

M 알았어요. 그런데 식탁은 어디에 둘 거예요?

W 벽에 붙이고 싶어요.

M 그러면 이 방에 공간이 훨씬 많아지겠네요.

W 맞아요. 이제, 함께 들어요.

Q 남자와 여자가 대화에서 주로 하고 있는 것은?

(a) 식탁에 앉기

(b) 함께 식탁 옮기기

(c) 방 디자인 고르기

(d) 가구들 바꾸기

가이드라인 table과 lift라는 어휘가 반복해서 나오는 것에서 식탁을 옮기는 일을 하고 있음을 알 수 있다. 따라서 (b)가 정답이다. 단순하게 테이블 위치를 옮기는 것을 가구 교체로 보기 힘들므로 (d)는 답이 될 수 없다.

lift 들어올리다 **against** ~에 기대어서 **shift** 옮기다

3

Listen to a conversation between a sales clerk and a customer.

W I bought this calculator here, but it doesn't work.

M What seems to be the matter with it?

W Some of the buttons get stuck when I press them.

M I see. Do you have your receipt?

W Yes, it's right here.

M OK, I can exchange that for you.

Q What is mainly happening in the conversation?

(a) The man is teaching the woman.

(b) The woman is returning a product.

(c) The woman is shopping for a calculator.

(d) The man is giving the woman her change.

점원과 고객의 대화를 들으시오.

W 여기서 이 계산기를 구입했는데 작동하지를 않아요.

M 무엇이 문제인 것 같으세요?

W 버튼을 누를 때 버튼 몇 개가 움직이지 않아요.

M 알겠습니다. 영수증 가지고 계세요?

W 네, 여기 있어요.

M 알겠습니다. 교환해 드릴게요.

Q 대화에서 주로 일어나고 있는 일은?

(a) 남자가 여자를 가르치고 있다.

(b) 여자가 상품을 반품하고 있다.

(c) 여자가 계산기를 구입하고 있다.

(d) 남자가 여자에게 거스름돈을 주고 있다.

가이드라인 ▶ 여자가 구입한 계산기가 작동이 안 된다고 말하자, 남자가 영수증을 확인하고 교환해 주겠다고 했으므로 (b)가 대화 상황을 가장 잘 나타내고 있다. (d)의 change는 '거스름돈'이라는 뜻이다.

calculator 계산기 **get stuck** 꼼짝 못하다 **receipt** 영수증
exchange 교환하다 **return** 반납하다

4

Listen to a conversation between two friends.

M Can you believe how hot it is?

W Summer seems to have arrived early.

M My air conditioner has been running all day.

W Yes, mine too.

M It's so bad that everyone's staying indoors.

W I don't blame them. It's very unpleasant outside.

Q What is the conversation mainly about?

(a) A change in the hot weather

(b) Enjoyment of being indoors

(c) A problem with an air conditioner

(d) Uncomfortable weather conditions

두 친구의 대화를 들으시오.

M 얼마나 더운지 믿어지니?

W 여름이 일찍 온 것 같아.

M 난 하루 종일 에어컨을 켜 놓고 있어.

W 나도 그래.

M 모두 실내에만 있는 것은 정말 유감스러운 일이야.

W 난 그들을 탓하지 않아. 밖의 날씨는 너무 불쾌하거든.

Q 대화의 주된 내용은?

(a) 더운 날씨의 변화

(b) 실내에 있는 즐거움

(c) 에어컨의 문제점

(d) 불쾌한 날씨

가이드라인 ▶ 날씨가 너무 더워서 밖에 나가지 않고 실내에서 에어컨을 켜 놓고 있다는 내용이다. 실외 활동을 제한할 만큼 더운 날씨가 대화의 주제이므로 (d)가 정답이다. 날씨가 더워지고 있다는 내용이지, 더운 날씨가 변화하고 있다는 것이 아니므로 (a)는 답이 될 수 없다.

run 가동하다 **indoors** 실내에서 **blame** 비난하다 **unpleasant** 불쾌한 **enjoyment** 즐거움 **uncomfortable** 불쾌한

I'm sure all of you are familiar with the sight of those long, thin trails left in the sky after an airplane passes overhead. They're made of water given off by planes' engines. The trails of water slowly turn into clouds called contrail clouds. Because they form very high up, where airplanes travel, contrail clouds are a problem. At such heights, they act like a blanket around the planet, causing it to become warmer. In other words, they contribute to global warming.

Q   What is the main topic of the lecture?
(a) Cloud formation at high altitudes
(b) A negative effect of contrail clouds
(c) The primary causes of climate change
(d) Differences between contrail and natural clouds

여러분 모두는 분명 상공에서 비행기가 지나간 후 하늘에 길고 가는 자국이 남아 있는 광경에 익숙할 것입니다. 그것은 비행기 엔진이 내뿜은 물로 이루어진 것입니다. 물 자국은 서서히 비행운이라고 하는 구름으로 바뀝니다. 비행운은 비행기가 다니는 매우 높은 곳에서 형성되기 때문에 문제가 됩니다. 그런 고도에서 비행운은 지구를 둘러싼 담요 같은 역할을 하여 지구를 따뜻해지게 합니다. 다시 말해서, 지구온난화의 원인이 되는 것입니다.

Q   강의의 중심 소재는?
(a) 높은 고도에서의 구름 형성
(b) 비행운의 부정적인 영향
(c) 기후 변화의 주된 원인들
(d) 비행운과 자연 구름의 차이점

가이드라인   비행기에 의해 생기는 비행운(contrail cloud)에 대해서 설명하고 있는데, 이는 주제의 배경일 뿐이다. 비행운이 높은 고도에서 형성되어 지구온난화의 원인이 된다는 문제점을 제시하는 것이 주제이므로 (b)가 정답이다.

thin 얇은   **trail** (길게 나 있는) 자국   **overhead** 머리 위에, 상공에   **give off** ~을 방출하다   **turn into** ~로 변하다   **contrail cloud** 비행운   **height** 높이   **planet** 지구   **in other words** 다시 말하면   **contribute to** ~의 원인이 되다   **global warming** 지구온난화   **formation** 형성   **altitude** 고도   **primary** 주요한

This is just a reminder that your Metrix account will expire on January 17. To avoid any disruption of service, you'll want to renew your account before that time. But if you don't get around to it and your account expires, don't worry. You can easily purchase another year of Metrix by visiting our website and signing in with your account information. All of your photos will still be there when you renew. If you have any questions, send an email to help@metrixphotos.com.

Q   What is the message mainly about?
(a) Renewing a Metrix account
(b) Features of the Metrix website
(c) Photo services available online
(d) Recovering deleted website photos

이것은 귀하의 메트릭스 계정이 1월 17일에 만료됨을 알려드리는 공지입니다. 서비스 중단을 막으려면, 만료 전에 귀하의 계정을 갱신하시는 것이 좋습니다. 하지만 만약 그럴 시간을 내지 못해 계정이 만료되더라도 걱정하지 마십시오. 우리 사이트를 방문하셔서 귀하의 계정 정보에 서명하시면 쉽게 메트릭스 이용권을 한 해 더 구입하실 수 있습니다. 귀하의 모든 사진은 갱신하실 때까지 그곳에 남아 있게 됩니다. 문의 사항이 있으시면 help@metrixphotos.com으로 이메일을 보내주십시오.

Q   메시지의 주된 내용은?
(a) 메트릭스 계정 갱신하기
(b) 메트릭스 사이트의 특징
(c) 온라인에서 이용할 수 있는 사진 서비스
(d) 사이트상 삭제된 사진 복구하기

가이드라인   특정 웹사이트의 계정 만료일을 공지하며 그 전에 갱신할 것을 권고하는 내용이다. 만료일까지 갱신하지 못할 경우의 해결책도 함께 제시하고 있으므로 (a)가 정답이다.

reminder 상기시키는 것   **account** 계정   **expire** 만료되다   **avoid** 피하다   **disruption** 혼란; 중단   **renew** 갱신하다   **get around to** ~할 시간을 내다   **purchase** 구입하다   **feature** 특징   **available** 이용할 수 있는   **recover** 되찾다   **delete** 삭제하다

7

In the future, it might be possible to transform other planets into Earth-like worlds that could support human life. But should we? That's a question that scholars and thinkers have often wondered about. On one side of the argument, people point out that Earth will eventually become uninhabitable, and transforming other planets is necessary for our long-term survival. But people on the other side of the debate argue that it's morally wrong to mess around with the native environment of another planet.

Q   What is the main topic of the talk?
(a) The search for Earth-like worlds
(b) Reasons for transforming a planet
(c) The possibility of Earth being uninhabitable
(d) Two sides of the planet-transforming debate

미래에는 다른 행성들을 인간의 생명을 지탱할 수 있는 지구와 비슷한 세상으로 바꾸는 것이 가능할 수도 있다. 하지만 우리가 그래야 하는 걸까? 그것이 바로 학자와 사상가들이 흔히 궁금증을 가져왔던 질문이다. 논쟁의 한편에서는, 사람들이 지구가 결국은 사람이 살 수 없는 곳이 될 것이므로 다른 행성들을 변형시키는 것이 우리의 장기적인 생존에 필수적이라는 점을 지적한다. 하지만 논쟁의 반대편에 있는 사람들은 다른 행성의 고유한 자연환경에 함부로 손대는 것은 도덕적으로 옳지 못하다고 주장한다.

Q   담화문의 주제는?
(a) 지구와 비슷한 세상에 대한 모색
(b) 행성을 변형시키는 것에 대한 이유
(c) 지구가 사람이 살 수 없는 곳이 될 가능성
(d) 행성 변형 논쟁의 양측 주장들

가이드라인 다른 행성을 지구와 비슷한 환경으로 변형시키는 것을 놓고 찬성과 반대의 두 주장을 소개하고 있다. 따라서 (d)가 정답이다. (b)나 (c)는 찬성하는 주장의 근거로 언급된 세부 내용에 불과하다.

transform 변형시키다 **support** 지탱하다 **argument** 주장
point out 지적하다 **eventually** 결국 **uninhabitable** 사람이
살 수 없는 **long-term** 장기적인 **survival** 생존 **debate** 논쟁
morally 도덕적으로 **mess around with** ~에 함부로 손대다

8

Is your dog always running away? Are you afraid it might get hit by a car? Then contact InvisiBorder. InvisiBorder is an invisible barrier around your yard. It'll keep your dog on your property just like a real fence would. Your dog can run around the yard and you don't have to worry about it running away. Best of all, InvisiBorder is cheaper than erecting a real fence around your yard. For more information, visit www.InvisiBorder.com.

Q   What is being advertised?
(a) A product for a pet
(b) A new type of dog food
(c) A cheap dog-walking service
(d) An innovative home repair service

당신의 개가 항상 도망갑니까? 차에 치일까 봐 걱정되십니까? 그렇다면 인비지보더에 연락하십시오. 인비지보더는 마당 주변에 있는 보이지 않는 벽입니다. 실제 울타리가 있는 것처럼 당신의 개를 마당 안에 머물게 해줄 것입니다. 개는 마당을 돌아다닐 수 있고, 여러분은 개가 달아날까 봐 걱정할 필요가 없습니다. 가장 좋은 점은, 인비지보더는 마당 주변에 실제 울타리를 치는 것보다 더 저렴하다는 것입니다. 자세한 정보를 원하시면 www.InvisiBorder.com을 방문하시기 바랍니다.

Q   광고되고 있는 것은?
(a) 애완동물을 위한 상품
(b) 새로운 유형의 개 사료
(c) 저렴한 개 산책 서비스
(d) 혁신적인 주택 수리 서비스

가이드라인 애완견이 달아나지 않도록 보이지 않는 울타리를 치는 제품 광고이다. 여기서는 애완동물 관련 제품을 광고하고 있으므로 (a)가 답이다. (b), (c), (d)의 사료나 개 산책 서비스, 주택 서비스 모두 내용에서 연상되는 단어일 뿐 답이 아니다.

run away 달아나다, 도망가다 **invisible** 보이지 않는 **barrier** 장벽
yard 마당 **property** 부지, 재산 **fence** 담장, 울타리 **erect**
세우다 **pet** 애완동물 **dog-walking service** 개 산책 서비스
innovative 혁신적인 **repair** 수리, 수선

Unit **12** 텝스 청해 집중 공략

⊙ 본책 P101

1

Listen to a couple discuss window blinds.

W We need to replace these window blinds.
M Don't worry. I've already ordered some new ones.
W What? Why didn't you ask me first?
M Why does it matter?
W Well, I wanted to choose a different style.
M Sorry, I didn't realize.

Q Which is correct according to the conversation?
(a) The new blinds need ordering.
(b) The woman did not want blinds.
(c) The blinds came in a different style.
(d) The man did not consult the woman.

커플이 창문 블라인드에 관해 의논하는 것을 들으시오.
W 우리 이 창문 블라인드를 바꿔야겠어.
M 걱정 마. 내가 벌써 새 걸로 주문했어.
W 뭐? 왜 나한테 먼저 물어보지 않았어?
M 그게 왜 중요해?
W 음, 난 다른 스타일을 고르고 싶었단 말이야.
M 미안해, 몰랐어.
Q 대화에 따르면 옳은 것은?
(a) 새 블라인드를 주문해야 한다.
(b) 여자는 블라인드를 원하지 않았다.
(c) 다른 스타일의 블라인드가 도착했다.
(d) 남자는 여자와 상의하지 않았다.

가이드라인 여자는 블라인드를 주문하기 전에 왜 미리 상의하지 않았냐고 남자에게 따지고 있으므로 (d)가 정답이다. 남자가 이미 블라인드를 주문했고, 여자가 먼저 블라인드 교체를 제안했으므로 (a), (b)는 둘 다 맞지 않다.

replace 교체하다   **blind** 블라인드, 창문 가리개   **matter** 중요하다
realize 깨닫다   **consult** 상의하다

2

Listen to a conversation between two friends.

W Where's your textbook, Kevin?
M Unfortunately, I left it at David's house.
W Were you studying there last night?
M That's right. David and I study together on Wednesdays.
W Well, you can borrow mine if you'd like.
M Thanks, I'll return it to you tomorrow.

Q Which is correct about the woman according to the conversation?
(a) She often studies with Kevin.
(b) She will lend the man her book.
(c) She has misplaced her textbook.
(d) She will go to see David tomorrow.

두 친구의 대화를 들으시오.
W 네 교과서는 어디 있니, 케빈?
M 안타깝게도 데이비드의 집에 두고 왔어.
W 어젯밤에 거기서 공부했니?
M 맞아. 수요일마다 데이비드와 함께 공부해.
W 그럼, 네가 원하면 내 걸 빌려줄게.
M 고마워, 내일 돌려줄게.
Q 대화에 따르면 여자에 대해서 옳은 것은?
(a) 케빈과 종종 함께 공부한다.
(b) 남자에게 책을 빌려줄 것이다.
(c) 자신의 교과서를 어디에 두었는지 잊어버렸다.
(d) 내일 데이비드를 만나러 갈 것이다.

가이드라인 질문하는 대상이 누구인지 분명하게 구분해야 한다. 여자가 you can borrow mine이라고 했으므로, 남자에게 책을 빌려줄 것임을 알 수 있다. 따라서 (b)가 정답이다. (a)는 대화 내용만으로는 알 수 없다.

textbook 교과서   **unfortunately** 안타깝게도   **borrow** 빌리다
lend 빌려주다   **misplace** 둔 곳을 잊다

26

3

Listen to a conversation between two friends.

M I might take the subway instead of driving to work.

W The subway is so much faster than driving.

M Yes, and the subway's cheaper than paying for gas.

W Which subway station is closest to you?

M Osborne Station. It's 2 blocks away from me.

W You're lucky. The nearest subway station to me is 12 blocks away.

Q Which is correct about the man according to the conversation?

(a) He has never driven to work before.

(b) He will spend less taking the subway.

(c) He resides 12 blocks from the subway.

(d) He lives a long way from a subway station.

두 친구의 대화를 들으시오.

M 운전해서 출근하는 대신 지하철을 이용해야 할 것 같아요.

W 지하철이 운전보다 훨씬 빠르지요.

M 맞아요. 그리고 기름 값보다 지하철 요금이 싸고요.

W 어느 지하철역이 가장 가까워요?

M 오스본 역이요. 집에서 두 블록 떨어져 있어요.

W 운이 좋으시네요. 저는 가장 가까운 지하철역이 열두 블록 떨어져 있어요.

Q: 대화에 따르면 남자에 대해 옳은 것은?

(a) 전에 운전해서 출근한 적이 한 번도 없다.

(b) 지하철을 타면 돈이 덜 들 것이다.

(c) 지하철에서 열두 블록 떨어진 곳에 산다.

(d) 지하철역에서 멀리 떨어져 산다.

가이드라인 통근 수단에 대한 이야기를 나누고 있으며, 남자에 관해 맞는 내용을 찾는 세부사항 문제이다. 기름 값보다 지하철 요금이 싸다고 했으므로 (b)가 옳다. 운전 대신 앞으로 지하철을 타야겠다고 밝히고 있으므로 (a)는 틀린 내용이고, (c)는 여자한테 해당되는 내용이다. 남녀에 해당되는 내용을 바꾼 오답에 유의한다. 지하철역에서 단 두 블록 떨어져 있다고 했으므로 (d)도 틀린 내용이다.

instead of ~대신에 **drive to work** 운전해서 출근하다 **gas** 휘발유, 가솔린 **away** 떨어진 **nearest** 가장 가까운 **reside** 살다, 거주하다

4

Listen to a conversation between two friends.

M Why didn't you call me last night?

W I tried, but your number didn't work.

M Oh, it's because I got a new phone number!

W You did? Why didn't you tell me?

M Sorry, I forgot. Let me send it to you in a text.

W OK, I'll add it to my address list.

Q Which is correct about the man according to the conversation?

(a) He is upset with the woman.

(b) He recently got a new phone.

(c) He forgot to update the woman.

(d) He cannot remember his number.

두 친구의 대화를 들으시오.

M 왜 어젯밤에 나한테 전화하지 않았니?

W 하려고 했는데 네 번호가 연결이 되지 않았어.

M 아, 내가 전화번호를 새로 받아서 그래!

W 그랬어? 왜 말하지 않았어?

M 미안해. 깜박했어. 문자메시지로 너한테 보내줄게.

W 알았어, 연락처에 추가할게.

Q 대화에 따르면 남자에 대해서 옳은 것은?

(a) 여자에게 화가 나 있다.

(b) 최근에 새로 전화를 구입했다.

(c) 여자에게 최근 소식을 알려 주는 것을 깜박했다.

(d) 자신의 번호를 기억하지 못한다.

가이드라인 남자는 바뀐 전화번호를 여자에게 알려 주는 것을 깜박했다고 했으므로 (c)가 정답이다. 전화번호가 바뀐 것이지 전화를 새로 산 것은 아니므로 (b)는 맞지 않다.

text 문자메시지 **add** 추가하다 **upset** 화가 난 **recently** 최근에 **update** 최근의 정보를 알려 주다

5

The Vegetable Orchestra isn't like most other musical groups. Instead of playing instruments, they play vegetables. The members of the orchestra start by going to the market to purchase fresh produce. Then they use tools to slice, shape, and puncture the vegetables, testing the sound quality of their instruments as they work. You might see one musician ripping lettuce into pieces, another drilling holes into a pepper, and someone else making a flute out of a carrot. When everyone's ready, they get together and perform.

Q Which is correct about the Vegetable Orchestra according to the talk?
(a) It does not actually play music.
(b) It does not put on live performances.
(c) Its musicians make the instruments themselves.
(d) Its musicians use tools and machines as instruments.

베지터블 오케스트라는 대부분의 다른 음악단과는 다르다. 악기를 연주하는 대신, 그들은 채소를 연주한다. 오케스트라 단원들은 신선한 농산물을 사기 위해 시장에 가는 것으로 시작한다. 그러고 나서 그들은 도구를 사용해 채소를 얇게 썰고 모양을 만들고 구멍을 뚫는 작업을 하면서 악기의 음질을 시험한다. 어떤 음악가는 상추를 잘게 찢고, 다른 음악가는 고추에 구멍을 뚫고, 또 다른 사람은 당근으로 플루트를 만드는 걸 볼 수도 있다. 모두 다 준비되면, 함께 모여 공연을 한다.

Q 담화에 따르면 베지터블 오케스트라에 대해 옳은 것은?
(a) 실제로 음악을 연주하지는 않는다.
(b) 라이브 공연을 하지 않는다.
(c) 음악가들이 직접 악기를 만든다.
(d) 음악가들이 도구와 기계를 악기로 사용한다.

가이드라인 오케스트라 단원들이 농산물을 구입해서 직접 악기를 만든다고 했으므로 (c)가 정답이다. testing the sound quality of their instruments로부터 실제로 소리를 낸다는 것을 알 수 있으며, 악기가 완성되면 공연을 한다고 했으므로 (a)와 (b)는 모두 맞지 않다.

instrument 악기 **produce** 농산물 **slice** 얇게 썰다 **shape** 모양을 만들다 **puncture** 구멍을 뚫다 **rip** 찢다 **lettuce** 상추 **drill** 구멍을 뚫다 **carrot** 당근 **perform** 공연하다 **put on a performance** 공연하다

6

The remains of a 2,684-year-old human brain were recently discovered in a damp pit in Britain. According to scientists, it's one of the best preserved examples of an ancient human brain that's ever been found. Normally, brain tissue breaks down very quickly, so it's rare that archaeologists find evidence like this. In this case, when the individual died 2,684 years ago, he must have fallen into a pit full of water and the wet conditions protected the brain from decay.

Q Which is correct according to the talk?
(a) Brain tissue decays quicker in water.
(b) The oldest brain sample is 2,684 years old.
(c) Ancient brains were tougher than modern ones.
(d) The brain was discovered in a wet environment.

2,684년 된 인간의 뇌 유해가 영국의 습한 구덩이에서 최근에 발견되었다. 학자들에 따르면, 이것은 이제까지 발견된 고대 인간의 뇌 중에 보존이 가장 잘 된 예에 속한다고 한다. 일반적으로 뇌 조직은 매우 빨리 분해되어서, 고고학자들이 이 같은 증거를 찾는 것은 드문 일이다. 이 경우에는 그 사람이 2,684년 전에 사망할 당시 물이 가득 찬 구덩이에 빠진 것이 확실하며, 습한 환경이 부패로부터 뇌를 보호해 준 것이다.

Q 담화에 따르면 옳은 것은?
(a) 뇌 조직은 물에서 더 빨리 부패한다.
(b) 가장 오래된 뇌 견본은 2,684년 된 것이다.
(c) 고대인의 뇌는 현대인의 뇌보다 더 단단했다.
(d) 뇌는 습한 환경에서 발견되었다.

가이드라인 첫 문장에서 뇌 유해는 습기 찬 구덩이에서 발견되었다고 했으므로 (d)가 정답이다. 마지막 문장에서 습한 환경이 뇌가 부패하지 않도록 보호했다고 했으므로 (a)는 사실과 반대되는 진술이며, 이 뇌가 가장 오래된 견본이라는 말은 언급되지 않았으므로 (b)도 맞지 않다.

remains 유해 **damp** 습기 찬 **pit** 구덩이 **preserve** 보존하다 **ancient** 고대의 **normally** 일반적으로 **tissue** 조직 **break down** 분해되다 **rare** 드문 **archaeologist** 고고학자 **evidence** 증거 **individual** 개인 **decay** 부패(하다)

Good morning, team. As always, we're going to begin practice today with some warm-ups. Let's start with some backward running. Everybody stand, please. We'll line up along the start line and then begin taking short strides backwards. There's nothing complicated about it; it's just like running forward. Keep in mind that this isn't a race, though. Go at whatever pace feels comfortable and allows you to keep your balance. The point of this workout is to stretch and loosen your hips and your lower back.

Q   Which is correct according to the talk?
(a) The team does not usually do warm-ups.
(b) Everyone will begin on the starting line.
(c) People have to run as fast as possible.
(d) The workout mainly helps the knees.

안녕하세요, 팀원 여러분. 언제나처럼, 약간의 준비 운동으로 오늘 연습을 시작하겠습니다. 뒤로 달리기부터 시작하겠습니다. 모두 일어서 주세요. 출발선을 따라 일렬로 선 다음 짧은 보폭으로 뒤로 걷기 시작하겠습니다. 복잡할 것은 전혀 없습니다. 앞으로 달리기와 똑같습니다. 하지만 이건 경주가 아니라는 점을 명심하세요. 편안하고 균형을 유지할 수 있을 정도라면 어떤 속도로 가도 됩니다. 이 운동의 목적은 엉덩이와 허리 아래쪽을 펴고 이완시키는 것입니다.

Q   담화에 따르면 옳은 것은?
(a) 팀원들은 대개는 준비 운동을 하지 않는다.
(b) 모두 출발선에서 시작할 것이다.
(c) 사람들은 가능한 한 빨리 달려야 한다.
(d) 이 운동은 주로 무릎에 도움이 된다.

가이드라인   We'll line up along the start line에서 모두 출발선에 일렬로 서라고 했으므로 (b)가 정답이다. As always ... warm-ups에서 준비 운동은 늘 하는 것임을 알 수 있고, 경주가 아니니 편안한 속도로 달리라고 했으므로 (a)와 (c)는 적절하지 않다.

warm-up 준비 운동   **backward(s)** 뒤로   **line up** 일렬로 서다
stride 걸음   **complicated** 복잡한   **forward** 앞으로   **keep in mind** 명심하다   **pace** 속도   **workout** 운동   **stretch** 뻗다
loosen 완화하다   **mainly** 주로

Jan van Eyck was a fifteenth century Flemish painter. Art historians consider van Eyck the father of oil painting because of his mastery of oil-painting techniques. His skill with the medium allowed him to create paintings that were impressively realistic and natural looking. In order to accomplish this, van Eyck spent a lot of time experimenting with his paints. He mixed different seed and nut oils into paints to make colors that were partly see-through and that reflected light. His special paints resulted in works that shone with light and color.

Q   Which is correct about van Eyck according to the talk?
(a) He was the first artist to use oil paints.
(b) He was an expert at using oil paint.
(c) He used to paint fantasy scenes.
(d) He used ordinary artists' paints.

얀 반 에이크는 15세기 플랑드르의 화가였다. 예술사가들은 유화 기법에 있어서 그의 뛰어난 솜씨 때문에 반 에이크를 유화의 아버지로 여긴다. 이 매체를 다루는 그의 솜씨 덕분에 그는 특히나 현실적이고 자연스럽게 보이는 그림을 탄생시킬 수 있었다. 이를 이루기 위해서, 반 에이크는 물감을 실험하는 데 많은 시간을 들였다. 그는 부분적으로 속이 비치고 빛을 반사하는 색깔을 만들기 위해서 각기 다른 씨앗 유와 견과유를 섞어 물감을 만들었다. 그가 만든 특별한 물감은 빛과 색이 함께 빛나는 작품을 만들어냈다.

Q   담화에 따르면 반 에이크에 대해서 옳은 것은?
(a) 처음으로 유화 물감을 사용한 화가였다.
(b) 유화 물감 사용에 있어서 전문가였다.
(c) 환상적인 장면을 그렸다.
(d) 일반적인 화가용 물감을 사용했다.

가이드라인   반 에이크는 유화 기법의 대가로서 유화 물감을 다루는 솜씨가 뛰어났다고 했으므로 (b)가 정답이다. (a)는 관련된 언급이 없고, (c)는 특히 현실적이고 자연스럽게 보이는 그림을 그렸다고 했으므로 오답이며, 직접 특별한 물감을 만들었다고 했으므로 (d) 역시 맞지 않다.

Flemish 플랑드르의   **historian** 역사가   **oil painting** 유화
mastery 뛰어난 솜씨   **medium** 수단   **impressively** 인상적으로
realistic 현실적인   **accomplish** 성취하다   **experiment** 실험하다
mix 혼합하다   **seed** 씨앗   **partly** 부분적으로   **see-through** 속이
비치는   **reflect** 반사하다   **result in** ~을 야기하다   **shine** 빛나다
expert 전문가

Unit **13** 텝스 청해 집중 공략

◑ 본책 P107

1

Listen to a conversation between two classmates.

W How's your science project going?
M Don't ask. I ran into a big problem.
W Why? Aren't your plants growing very well?
M They grew better than expected but my rabbit ate the leaves.
W Oh, dear. Is it too late to start over?
M Yeah. I want to ask Mr. Meyers for an extension.

Q Why does the man want an extension for his project?
(a) His plants are not growing well.
(b) His pet ate part of his plants.
(c) He wants to start a new topic.
(d) He was told to ask for one.

두 학급 친구의 대화를 들으시오.
W 과학 프로젝트는 어떻게 되어가고 있어?
M 묻지도 마. 큰 문제가 생겼어.
W 왜? 네 식물들이 잘 자라지 않아?
M 기대했던 것보다 훨씬 더 잘 자랐는데 내 토끼가 잎을 뜯어먹었어.
W 어머나. 다시 시작하기엔 너무 늦었니?
M 응. 마이어스 선생님께 기간을 연장해 달라고 해야겠어.

Q: 남자가 프로젝트 기한 연장을 원하는 이유는?
(a) 그의 식물이 잘 자라지 않는다.
(b) 그의 애완동물이 식물 일부를 먹어버렸다.
(c) 그는 새로운 주제를 시작하고 싶어 한다.
(d) 그는 연장을 요청하라는 말을 들었다.

가이드라인 남자는 과학 프로젝트에 문제가 생겨 기한을 연장해야 할 상황이다. 문제의 원인은 그의 토끼가 식물을 뜯어먹은 것이므로 정답은 (b)이다.

run into ~에 맞닥뜨리다   **grow** (식물 등이) 자라다
dear 어머나, 저런   **extension** 연장

2

Listen to a conversation between two acquaintances.

W Can you recommend a good science fiction book?
M Sorry, I never read those.
W Hmm… what about mysteries, then?
M Yeah, I could recommend a few.
W Thanks. I've read too many biographies lately.
M That sounds pretty boring to me.

Q What information will the man give the woman?
(a) Mystery titles that he likes
(b) Famous science fiction books
(c) Books he thought were boring
(d) Some good biographies to read

두 지인의 대화를 들으시오.
W 괜찮은 공상 과학 서적을 추천해 줄 수 있어요?
M 유감스럽게도, 전 그런 건 읽지 않아요.
W 흠, 그럼 추리 소설은 어때요?
M 네, 몇 권 추천해 드릴 수 있어요.
W 고마워요. 최근에 전기만 너무 많이 읽었거든요.
M 그건 꽤 지루할 것 같은데요.

Q 남자가 여자에게 제공할 정보는?
(a) 자신이 좋아하는 추리 소설
(b) 유명한 공상 과학 서적
(c) 지루하다고 생각했던 책들
(d) 읽기에 괜찮은 전기 몇 권

가이드라인 남자는 공상 과학 소설은 잘 모르지만 추리 소설은 몇 권 추천해 줄 수 있다고 했으므로 (a)가 정답이다. 전기는 여자가 읽은 책으로, 남자가 지루할 것 같다고 말했으므로 (d)는 알맞지 않다.

science fiction 공상 과학   **mystery** 추리 소설   **biography** 전기
lately 최근에   **title** 서적, 출판물

3

Listen to a conversation between two acquaintances.

W Why did you decide to move, Larry?

M My wife and I felt like we needed more space.

W Well, your new house is quite spacious.

M Yes, it has 5 bedrooms and 2 bathrooms.

W What did your old place have?

M 3 bedrooms and just 1 bathroom.

Q What is a feature of the man's new house?

(a) It has a spacious backyard.

(b) It is in a safe neighborhood.

(c) It gives him two more bedrooms.

(d) It has more bathrooms than bedrooms.

두 지인의 대화를 들으시오.

W 왜 이사하기로 결정했어요, 래리?

M 아내와 전 공간이 더 필요하다고 여겼거든요.

W 음, 당신 새집은 꽤 넓더라고요.

M 네, 침실 5개와 화장실 2개가 있어요.

W 예전 집엔 뭐가 있었나요?

M 침실 3개와 화장실 1개밖에 없었어요.

Q 남자의 새집에 대한 특징은?

(a) 널찍한 뒷마당이 있다.

(b) 안전한 동네에 있다.

(c) 그에게 침실이 두 개 더 생겼다.

(d) 침실보다 화장실이 더 많다.

가이드라인 남자의 예전 집은 침실이 3개였는데 새집은 침실이 5개라고 했으므로, 침실이 2개 더 생겼다는 (c)가 맞다. 대화 중 spacious라는 언급은 있었지만 (a)처럼 뒷마당이 넓은지는 알 수 없다.

spacious 넓은 **backyard** 뒷마당 **neighborhood** 이웃

4

Listen to a conversation between a couple.

M What appetizer should we serve at the party?

W How about shrimp?

M But Katie is allergic to seafood.

W Well, egg salad is another good one.

M I think soup would be a more exciting option.

W OK, let's go with your choice.

Q Why will shrimp not be served?

(a) A guest cannot eat it.

(b) The woman prefers soup.

(c) Egg salad is easier to make.

(d) It is not a popular appetizer.

커플의 대화를 들으시오.

M 파티에서 어떤 전채 요리를 대접해야 할까?

W 새우는 어때?

M 하지만 케이티가 해산물 알레르기가 있잖아.

W 그럼, 달걀 샐러드도 괜찮은 전채 요리야.

M 내 생각에는 수프가 더 멋진 선택이 될 것 같아.

W 좋아, 네 선택대로 하자.

Q 새우를 내놓지 않는 이유는?

(a) 손님 한 명이 먹을 수 없기 때문에

(b) 여자가 수프를 더 좋아하기 때문에

(c) 달걀 샐러드가 만들기 더 쉽기 때문에

(d) 일반적인 전채 요리가 아니기 때문에

가이드라인 전채 요리로 여자가 새우를 제안했는데 케이티가 해산물에 알레르기가 있다는 이유로 남자가 이에 반대했다. 케이티는 파티에 참석할 사람 중 한 명이라고 보이므로 (a)가 정답이다. 대화 중 언급된 soup, Egg salad, appetizer가 나머지 선택지에 모두 나오지만 오답 함정들이다.

appetizer 전채 요리 **shrimp** 새우 **allergic to** ~에 알레르기가 있는 **option** 선택

5

Today I will discuss writers in the Modernist movement, beginning with Virginia Woolf. She was one of the most creative writers of the early twentieth century, and she influenced many Modernist authors. Instead of following the typical rules for plot and structure, Woolf wrote novels that were experimental. She wrote about the inner thoughts of characters. At the same time, the themes she wrote about were very serious, like inequality between men and women, and the consequences of war.

Q What is Virginia Woolf known for according to the talk?

(a) Writing about serious things in a comic way

(b) Not being famous during her lifetime

(c) Inspiring many other Modernist writers

(d) Not trying to be too experimental in novels

오늘은 모더니즘 사조의 작가들을 다룰 것인데, 먼저 버지니아 울프부터 시작하겠습니다. 그녀는 20세기 초에 가장 독창적인 작가들 중 한 명이었으며, 많은 모더니즘 작가들에게 영향을 끼쳤습니다. 줄거리 및 구조에 대한 전형적인 규칙을 따르는 대신, 울프는 실험적인 소설들을 썼습니다. 그녀는 등장인물들의 내면의 생각들에 대해서 썼습니다. 동시에, 그녀가 다룬 주제들은 매우 진지한 것으로, 남녀간 불평등이나 전쟁이 끼친 영향 같은 것들이었습니다.

Q 담화에 따르면 버지니아 울프에 대해서 잘 알려진 바는?

(a) 진지한 주제에 대해 익살스럽게 쓴 것

(b) 생전에 유명하지 않은 것

(c) 다른 많은 모더니즘 작가들에게 영감을 준 것

(d) 소설에서 너무 실험적이려고 애쓰지 않은 것

가이드라인 she influenced many Modernist authors라고 했으므로 (c)가 정답이다. 익살스럽게 썼다는 말은 없으며, 실험적인 소설들을 썼다고 했으므로 (a)와 (d)는 모두 맞지 않다.

Modernist 모더니스트, 현대주의자 **movement** 운동 **creative** 창의적인 **influence** 영향을 끼치다 **author** 작가 **typical** 전형적인 **experimental** 실험적인 **inner** 내적인 **theme** 주제 **inequality** 불평등 **consequence** 영향력 **lifetime** 일생 **inspire** 영감을 주다

6

Let me begin by announcing that Horton Farms exceeded the sales goals we set for the year. On behalf of the Board of Directors, I would like to thank the dairy farmers who supply us with the top-quality products that make our brand what it is. Your hard work and cooperation helped us through tough economic challenges. To show our gratitude for your efforts, we'll be distributing a bonus check to all of the farmers in our organization. The bonus payment will be split among the 368 farmers who supply Horton Farms.

Q What will Horton Farms do according to the announcement?

(a) Try to meet its sales goal.

(b) Hire a new board member.

(c) Financially reward its suppliers.

(d) Send farmers a check for 368 dollars.

먼저 호턴 팜즈가 올해 설정한 판매 목표를 초과했음을 알려드립니다. 이사회를 대표해서, 우리에게 오늘날 우리 상표를 있게 한 최상의 제품을 공급해 준 낙농업 농부들에게 감사드리고자 합니다. 여러분의 성실함과 협조가 우리가 힘든 경제 위기를 헤쳐가는데 도움을 주었습니다. 여러분의 노고에 감사를 표하기 위해서, 우리 회사의 모든 농부들에게 보너스 수표를 지급하려고 합니다. 보너스 지급은 호턴 팜즈에 공급하는 368개 농부들 모두에게 분배될 것입니다.

Q 발표에 따르면 호턴 팜즈가 앞으로 할 일은?

(a) 판매 목표를 달성하기 위해 노력한다.

(b) 새로운 이사진을 채용한다.

(c) 공급업체들에게 경제적 보상을 한다.

(d) 농부들에게 368달러짜리 수표를 보낸다.

가이드라인 판매 목표 초과를 이룬 회사에서 제품을 공급하는 공급업체들에게 보너스를 지급하겠다는 내용을 발표하고 있다. 따라서 회사가 할 일은 경제적인 보상을 한다는 (c)가 될 것이다. 368은 수표 액수가 아니라 보너스를 받게 될 농부의 숫자이므로 (d)는 맞지 않다.

announce 발표하다 **exceed** 초과하다 **on behalf of** ~을 대표해서 **board of directors** 이사회 **dairy** 낙농업 **supply A with B** A에게 B를 제공하다 **cooperation** 협동 **gratitude** 감사 **distribute** 분배하다 **organization** 단체 **payment** 지급 **split** 나누다 **reward** 보답하다

7

If you watched last night's game between Cranton and Bellevue, you were probably disappointed. That's because Cranton shot 19 percent, which is the worst shooting record in a tournament game since 1952. And Bellevue wasn't much better. This resulted in an incredibly low-scoring game that was painful for fans on both sides. Unfortunately, the low score wasn't a result of great defense, either. Most of the missed shots were simply a result of poor shooting—not good guarding or blocking. Let's hope that the next game in the series is a little livelier.

Q What does the reporter say about Cranton?
(a) Its shots kept getting blocked.
(b) Its shooting was the worst in years.
(c) The opposing team got a very high score.
(d) Its scoring was better than the other team's.

만약 어젯밤 크랜튼과 벨뷰의 경기를 보았다면, 틀림없이 실망했을 것이다. 크랜튼의 득점률이 19%로, 이는 1952년 이후로 최악의 득점률이기 때문이다. 게다가 벨뷰도 월등히 잘하지는 못했다. 믿을 수 없을 만큼 저조한 점수가 나온 경기여서 양쪽 팬들로서는 지켜보기 괴로운 경기였다. 안타깝게도, 저조한 점수는 훌륭한 수비의 결과도 아니었다. 빗나간 슛 대부분은 그저 골 결정력이 모자란 결과였을 뿐, 훌륭한 수비나 블로킹으로 인한 것이 아니었다. 이번 시리즈의 다음 경기는 좀 더 활기찬 시합이 되기를 바란다.

Q 기자가 크랜튼에 대해서 말한 바는?
(a) 슛이 계속 블로킹을 당했다.
(b) 득점이 몇 년 만에 최악이었다.
(c) 상대팀은 점수가 매우 높았다.
(d) 상대팀보다 득점이 나았다.

가이드라인 최악의 득점을 기록한 스포츠 경기에 대한 평이다. the worst shooting record ... since 1952에서 (b)가 정답임을 알 수 있다.

disappointed 실망한 **incredibly** 믿을 수 없을 만큼 **painful** 고통스러운 **defense** 수비 **guard** 방어하다 **block** 막다 **lively** 활기 찬 **opposing** 상대해서 싸우는

When you choose Overdrive Media Network as your marketing company, you gain access to 300 million moviegoers in more than a thousand movie theaters across the country. We're the largest advertising network of our kind. Unlike other media companies, Overdrive Media Network offers you advertising opportunities at all points of the movie going process. You can reach consumers as they browse show times online, purchase snacks in the theater lobby, or sit in front of the big screen.

Q What does Overdrive Media Network do according to the advertisement?
(a) Produce and distribute films.
(b) Earn 300 million dollars yearly.
(c) Supply snacks to many theaters.
(d) Place advertisements in theaters.

홍보회사로 오버드라이브 미디어 네트워크를 선택하시면 여러분은 전국 천여 곳의 영화관에서 3억 명의 영화 관람객들과 연결되는 것입니다. 우리는 업계 최대의 광고망을 갖고 있습니다. 다른 미디어 회사들과 달리 오버드라이브 미디어 네트워크는 영화 관람 과정 모든 단계에서 여러분에게 광고 기회를 제공합니다. 소비자들이 인터넷에서 상영 시간을 검색하거나 극장 로비에서 간식을 살 때, 대형 스크린 앞에 앉아 있을 때, 여러분은 고객에게 접근할 수 있습니다.

Q 광고에 따르면 오버드라이브 미디어 네트워크가 하는 일은?
(a) 영화를 제작하고 배급한다.
(b) 매년 3억 달러를 벌어들인다.
(c) 많은 극장에 간식을 공급한다.
(d) 극장에서 광고를 배치한다.

가이드라인 offers you advertising opportunities에서 광고를 대행하는 회사임을 알 수 있는데, 특히 영화 관람객들을 대상으로 한 광고를 전문으로 한다는 내용이므로 (d)가 정답이다.

gain access to ~에 접근하다 **moviegoer** 영화 관람객 **advertising** 광고 **consumer** 소비자 **browse** 둘러보다 **distribute** 배급하다 **earn** 벌다 **yearly** 매년

Unit

14   텝스 청해 집중 공략

Answers ▷

↻ 본책 P113

| 1 (d) | 2 (d) | 3 (d) | 4 (c) |
| 5 (a) | 6 (d) | 7 (d) | 8 (c) |

1

Listen to a conversation between two acquaintances.

W Neil! Long time no see. How are you?

M Great, Jessica. How're Roger and the kids?

W Everyone is doing well. Roger loves his new job.

M I'm so happy to hear that.

W We should get together for dinner soon and catch up.

M I'll talk to Liz. She'd love to have you and Roger over for dinner.

Q What can be inferred from the conversation?

(a) Liz has not met Neil before.

(b) Neil and Roger work together.

(c) Jessica is looking for a new job.

(d) Roger and Jessica have children.

두 지인의 대화를 들으시오.

W 닐! 오랜만이네요. 어떻게 지내요?

M 잘 지내요, 제시카. 로저와 아이들은 어때요?

W 모두 잘 지내고 있어요. 로저는 새 일을 마음에 들어 하고요.

M 그 말을 들으니 매우 기쁘네요.

W 조만간 저녁이라도 같이 먹으면서 그간의 이야기를 나누도록 해요.

M 리즈에게 이야기할게요. 로저와 당신을 저녁 식사에 초대하고 싶어할 거예요.

Q 대화로부터 추론할 수 있는 것은?

(a) 리즈는 전에 닐을 만난 적이 없다.

(b) 닐과 로저는 함께 일한다.

(c) 제시카는 새 일을 찾고 있다.

(d) 로저와 제시카에게는 아이들이 있다.

가이드라인 오랜만에 만난 두 친구가 서로 안부를 물으며 저녁 식사 초대를 하는 대화이다. 서로 잘 아는 사이인 것이 암시되어 있으므로 만난 적이 없다는 (a)는 오답이다. (b)에 대해서는 전혀 근거가 제시되어 있지 않으며, 새 일을 갖게 된 것은 로저이므로 (c)는 정답이 아니다. 닐이 제시카에게 로저와 아이들의 안부를 묻는 것으로 보아 (d)가 정답이다.

Long time no see. 오랜만이야. **get together** 모이다, 만나다 **catch up** 오랜만에 소식을 나누다 **have A over** A를 부르다, 초대하다

2

Listen to a conversation between two colleagues.

M I've asked Megan to help with your project.

W Oh, why did you do that?

M I thought you could use a hand.

W But Megan isn't familiar with my work.

M She has to learn sometime.

W I know, but I'm too busy to train her.

Q What can be inferred about the woman from the conversation?

(a) The company hired her recently.

(b) She has never met Megan before.

(c) The man likes Megan more than her.

(d) She is reluctant to work with Megan.

두 동료의 대화를 들으시오.

M 메건에게 당신 프로젝트를 도와 주라고 부탁했어요.

W 아, 왜 그러셨어요?

M 당신에게 도움이 필요한 것 같아서요.

W 하지만 메건은 제 일에 익숙하지 않은데요.

M 그녀도 언젠가는 배워야 하니까요.

W 알아요, 하지만 제가 너무 바빠서 그녀를 교육시킬 수가 없어요.

Q 대화로부터 여자에 대해서 추론할 수 있는 것은?

(a) 회사는 최근에 그녀를 채용했다.

(b) 그녀는 전에 메건을 만난 적이 없다.

(c) 남자는 그녀보다 메건을 더 좋아한다.

(d) 메건과 함께 일하는 것을 꺼려한다.

가이드라인 여자는 메건이 자신의 프로젝트를 도울 것이라는 말을 듣고 좋아하기보다는 신입을 교육시켜야 한다는 부담감 때문에 달가워하지 않고 있다. 따라서 (d)가 정답이다. 대화를 듣고 너무 엉뚱한 상상을 해서 (c)와 같은 오답 선택지를 고르지 않도록 한다.

train 훈련시키다 **hire** 채용하다 **be reluctant to** ～하기를 꺼리다

3

Listen to a couple discuss what movie to see.

W What movie should I see tonight?

M How about *Zero Time*? I heard it's action-packed.

W I was hoping for something more relaxing.

M Well, whatever you do, don't see *One Lovely Evening*.

W Oh, but the previews look good.

M Trust me, it's not worth your money.

Q What can be inferred from the conversation?

(a) *One Lovely Evening* is an action movie.

(b) The woman usually prefers action movies.

(c) *One Lovely Evening* is longer than *Zero Time*.

(d) The man has already seen *One Lovely Evening*.

커플이 어떤 영화를 볼지 의논하는 것을 들으시오.

W 오늘 밤에 어떤 영화를 보는 게 좋을까?

M 〈제로 타임〉은 어때? 완전 액션 영화라고 하던데.

W 난 좀 더 마음이 편안한 것을 보고 싶은데.

M 그럼, 뭘 보든지, 〈어느 멋진 저녁〉은 보지 마.

W 시사평은 좋아 보이던데.

M 내 말을 믿어, 돈 주고 볼 가치는 없어.

Q 대화로부터 추론할 수 있는 것은?

(a) 〈어느 멋진 저녁〉은 액션 영화이다.

(b) 여자는 대체로 액션 영화를 선호한다.

(c) 〈어느 멋진 저녁〉은 〈제로 타임〉보다 길다.

(d) 남자는 이미 〈어느 멋진 저녁〉을 보았다.

가이드라인 남자가 자기 말을 믿으라면서 〈어떤 멋진 저녁〉은 돈을 주고 볼 만한 가치가 없다고 장담하고 있다. 따라서 남자는 이미 이 영화를 봤다고 짐작할 수 있으므로 (d)가 정답이다.

action-packed 액션이 많은 **relaxing** 편안한 **preview** 시사평; 시사회 **trust** 믿다

4

Listen to a conversation about a guitar.

M That's a nice-looking guitar.

W It belonged to my grandfather.

M Would you mind if I played it a little bit?

W I'd rather you didn't. It's priceless to me.

M Oh, that's OK. I understand.

W I just keep it as a display piece.

Q What can be inferred about the guitar from the conversation?

(a) It looks older than it is.

(b) It is missing some strings.

(c) The woman does not play it.

(d) The woman's grandfather made it.

기타에 관한 대화를 들으시오.

M 저 기타 멋져 보인다.

W 이건 할아버지 거였어.

M 내가 좀 연주해 봐도 될까?

W 안 했으면 좋겠는데. 내게 아주 귀중한 거거든.

M 아, 괜찮아. 이해해.

W 난 그냥 전시용으로 간직하고 있어.

Q 대화로부터 기타에 대해서 추론할 수 있는 것은?

(a) 실제보다 더 오래돼 보인다.

(b) 줄이 몇 개 없다.

(c) 여자는 그것을 연주하지 않는다.

(d) 여자의 할아버지가 그것을 만들었다.

가이드라인 남자가 기타를 연주해 보겠다고 했지만 여자는 그 부탁을 거절하고 있는 상황이다. 여자는 기타를 전시용으로 간직하고 있다고 했으므로 기타가 연주용이 아니라는 것을 알 수 있다. 따라서 (c)가 정답이다.

Would you mind if...? ~해도 될까요? **priceless** 대단히 귀중한 **display** 전시 **miss** 빠뜨리다

5

There's a lot of information packed into the 113 pages of *Skills for the Home*. I found the section on gardening to be especially useful. The author shared many practical tips about which vegetables to plant together, how to successfully start seeds, and natural pest remedies. The section on cleaning supplies was also great, since it provided recipes for making your own cream cleansers, soaps, and odor removers. The last section of the book, which is about first aid, wasn't as informative as the first two sections.

Q What can be inferred about *Skills for the Home*?
(a) It is divided into three sections.
(b) It requires electronics knowledge.
(c) The cleaning-supplies chapter is short.
(d) The author has no first-aid experience.

113페이지의 〈가정 백과〉는 많은 정보로 가득 채워져 있다. 나는 원예 부문이 특히 유용하다고 느꼈다. 저자는 함께 심어야 하는 식물들, 성공적으로 씨앗을 심는 법, 그리고 천연 살충제에 대해서 많은 실용적인 조언을 공유하고 있다. 청소 용품에 관한 부문 역시 좋았는데, 직접 세정용 크림과 비누, 냄새 제거제를 만드는 법을 제시하였기 때문이다. 책의 마지막 부문은 응급처치에 관한 것인데, 처음 두 부문만큼 유익하지는 않았다.

Q 〈가정 백과〉에 대해서 추론할 수 있는 것은?
(a) 세 부문으로 나뉘어져 있다.
(b) 전자 기술 관련 지식을 필요로 한다.
(c) 청소 용품 부문은 짧다.
(d) 저자는 응급처치 경험이 전혀 없다.

가이드라인 〈가정 백과〉의 내용을 소개하면서, 원예, 청소 용품, 응급처치의 세 부문을 언급했다. 마지막 문장에서도 책이 이 세 부문으로 이루어졌음을 알 수 있으므로 (a)가 정답이다.

packed 꽉 채워진 **section** 부문 **gardening** 원예 **especially** 특히 **practical** 실용적인 **tip** 조언 **plant** 심다 **pest** 해충 **remedy** 치료약 **recipe** 조리법 **odor** 냄새 **first aid** 응급처치 **informative** 유익한 **electronics** 전자 기술

6

The Mountain View Cycling Association was established 16 years ago with the purpose of bringing the enjoyment of bicycling to more people in our community. We do this through a variety of educational programs, by hosting workshops, and by organizing group rides. But the program we're most proud of is *Youth Access*, which gives free helmets to kids. Membership in the Mountain View Cycling Association is very affordable and comes with several benefits. You'll receive a year of *Riders' News* and be able to access online ride maps.

Q What can be inferred from the presentation?
(a) Members receive free helmets.
(b) It costs money to go on group rides.
(c) Membership in the association is free.
(d) Nonmembers cannot use the online maps.

마운틴 뷰 사이클링 협회는 우리 지역사회에서 더 많은 사람들에게 자전거 타기의 즐거움을 알리는 취지에서 16년 전에 설립되었습니다. 저희는 워크숍을 개최하고 단체 자전거 타기를 주최하는 등 다양한 교육 프로그램을 통해 이를 실천하고 있습니다. 하지만 저희가 가장 자랑스럽게 여기는 프로그램은 〈청소년 전파〉로, 아이들에게 무료로 헬멧을 나눠주고 있습니다. 마운틴 뷰 사이클링 협회의 회원 가입은 매우 저렴하며 몇 가지 혜택이 따릅니다. 일 년간 〈라이더스 뉴스〉를 받아보실 수 있고, 온라인으로 자전거 지도에 접속할 수 있습니다.

Q 안내문으로부터 추론할 수 있는 것은?
(a) 회원은 무료로 헬멧을 받는다.
(b) 단체 자전거 타기에 참여하는 데는 비용이 든다.
(c) 협회 회원 가입은 무료이다.
(d) 비회원은 온라인상의 지도를 이용할 수 없다.

가이드라인 마지막 문장에서 협회 회원에 대한 혜택이 온라인으로 자전거 지도에 접속할 수 있다고 했으므로 비회원은 이를 이용할 수 없음을 알 수 있다. 따라서 (d)가 정답이다. 회원 가입이 affordable이라고 한 것에서 무료는 아님을 알 수 있으므로 (c)는 맞지 않다.

association 협회 **establish** 설립하다 **bicycle** 자전거 (타기) **community** 지역사회 **a variety of** 다양한 **educational** 교육적인 **host** 개최하다 **workshop** 워크숍 **organize** 마련하다 **membership** 회원 가입 **affordable** 가격이 적당한 **benefit** 혜택

In 79 AD, a volcano on the coast of Italy called Mount Vesuvius erupted suddenly. Residents of the nearby city of Pompeii hardly had any warning, and, as a result, not everyone had time to escape. About 2,000 people were trapped by the volcanic ash that quickly buried the city. This ash layer had the effect of freezing the city in time, since it protected buildings and objects from damage. The city lay untouched for more than 1,500 years. Eventually, archaeologists discovered it and dug it out.

Q   What can be inferred from the talk?
(a) No one survived Pompeii's burial.
(b) Only 2,000 people saw the eruption.
(c) Vesuvius had never erupted before 79 AD.
(d) The ruins of Pompeii are uniquely preserved.

서기 79년에, 이탈리아 해안에 있는 베수비오산이라고 하는 한 화산이 갑자기 폭발했다. 근처에 있는 폼페이 시 주민들은 어떤 경고도 받지 못했으며, 그래서 모든 사람이 탈출할 시간을 갖지는 못했다. 약 2,000명의 사람들이 순식간에 도시를 덮은 화산재에 갇혔다. 재로 이루어진 이 층은 결국 도시를 얼리는 결과를 가져왔는데, 건물과 물건들이 손상되는 것을 막았기 때문이다. 이 도시는 1,500년 이상 손대지 않은 채 묻혀 있었다. 결국은 고고학자들이 발견해서 파내게 되었다.

Q   담화로부터 추론할 수 있는 것은?
(a) 아무도 매장된 폼페이에서 살아남지 못했다.
(b) 불과 2,000명만 화산 폭발을 목격했다.
(c) 베수비오산은 서기 79년 이전에 한 번도 폭발한 적이 없었다.
(d) 폼페이 유적은 독특하게 보존되었다.

가이드라인   폼페이 시는 도시를 뒤덮은 화산재에 묻혀 오히려 손상되지 않고 보존되었다고 했으므로 다른 유적지와는 다른 독특한 상태의 유적이라고 할 수 있다. 따라서 (d)가 정답이다. 베수비오산이 서기 79년 이전에 폭발한 적이 있는지 여부는 언급되지 않았으므로 (c)라고 단정 지을 수 없다.

volcano 화산   **erupt** 분출하다   **resident** 주민   **nearby** 근처의
hardly 거의 ~않는   **warning** 경고   **as a result** 그 결과
escape 탈출하다   **trap** 가두다   **ash** 재   **bury** 묻다   **layer** 층, 겹
freeze 얼리다   **in time** 결국   **untouched** 손대지 않은
eventually 결국   **dig out** 파내다   **burial** 매장   **ruins** 유적, 잔해
uniquely 독특하게

The International Space Station is in orbit around Earth, which means it's always somewhere overhead. But most of the time we can't see it from down here on the surface because it's either too dim compared to the sun, or it's hidden in Earth's shadow. At certain times of day, however, it's possible to see the International Space Station. The best viewing times are right after sunset and right before sunrise.

Q   What can be inferred about the International Space Station from the lecture?
(a) Its small size makes it invisible at night.
(b) It's only visible during certain seasons.
(c) It cannot be seen in the sky at noon.
(d) It passes overhead twice a day.

국제 우주정거장은 지구 주위를 도는 궤도상에 있고, 이는 그것이 항상 상공 어딘가에 있다는 말이다. 그러나 대부분은 아래 지표면에서는 그것을 볼 수 없는데, 태양과 비교했을 때 너무 흐리거나 지구 그림자에 가려지기 때문이다. 하지만 하루 중 특정한 시간에는 국제 우주정거장을 보는 것이 가능하다. 관측하기 가장 좋은 시간은 일몰 직후나 일출 직전이다.

Q   강의로부터 국제 우주정거장에 대해서 추론할 수 있는 것은?
(a) 크기가 작아서 밤에는 보이지 않는다.
(b) 특정 계절에만 보인다.
(c) 정오에는 하늘에서 볼 수 없다.
(d) 하루에 두 번 상공을 지난다.

가이드라인   국제 우주정거장은 보통 지상에서는 볼 수 없지만, 일몰 직후나 일출 직전에는 볼 수 있다고 했으므로 (c)가 강의 내용에 부합한다. 크기가 작아서 보이지 않는 게 아니라 흐릿해서 보이지 않는 것이므로 (a)는 맞지 않다.

orbit 궤도   **overhead** 상공에   **surface** 표면   **dim** 흐릿한
sunset 일몰   **sunrise** 일출   **invisible** 눈에 보이지 않는

Unit

15

텝스 청해 집중 공략
(1지문 2문항)

⟳ 본책 P119

Answers ⟶

1 (a) 2 (b) 3 (c) 4 (a)
5 (d) 6 (d) 7 (d) 8 (b)

1-2

Atlantic Fireworks would like to make an apology for the incident at the October 7 fireworks event in Hudson Bay. Our computer system was infected by a virus, and this caused some barges to set off fireworks prematurely. Fortunately, the safety measures implemented to protect people were effective and no one was injured or killed. The virus infection was fixed immediately, and the whole system is again operating normally. After hundreds of fireworks events, and a decade of doing the Hudson Bay show, this is the first such accident in company history. Again, we sincerely apologize for the accident and we will do all we can to ensure that it will be the last.

Q1 Which is correct according to the announcement?

(a) No one was injured during the show.

(b) A single barge was used for the fireworks display.

(c) A computer error stopped the fireworks explosion.

(d) It is the company's first time to do a fireworks display.

Q2 What can be inferred from the announcement?

(a) The virus infection is being fixed.

(b) Fireworks are controlled by a computer system.

(c) No preventive measures were taken for a possible accident.

(d) It will take a while longer to get the computer system back to normal.

아틀란틱 파이어웍스는 10월 7일 허드슨만 폭죽놀이에 있었던 사고에 대해 사과하려고 합니다. 저희 컴퓨터 시스템이 바이러스에 감염되어 일부 선박에서 때 이르게 폭죽이 발포되었습니다. 다행히, 사람들을 보호하기 위해 취한 안전 조치가 효과가 있어서 부상당하거나 사망한 사람은 아무도 없습니다. 바이러스 감염은 즉각 시정되었고, 전체 시스템은 다시 정상적으로 작동되고 있습니다. 수백 번의 불꽃놀이 행사와 십 년간의 허드슨만 공연 후 이것은 저희 회사의 이력에서 처음 있는 일입니다. 다시 한 번 이번 사고에 대해 진심으로 사과드리며 이번을 마지막으로 똑같은 일이 일어나지 않도록 확실히 조치를 취하겠습니다.

Q1 발표 내용과 일치하는 것은?

(a) 공연 동안 부상당한 사람은 아무도 없다.

(b) 불꽃놀이 공연에 사용되는 배는 한 대였다.

(c) 컴퓨터 오류 때문에 폭죽이 폭발하지 않았다.

(d) 이번에 처음으로 회사가 불꽃놀이 공연을 하는 것이다.

Q2 발표 내용으로부터 추론할 수 있는 것은?

(a) 바이러스 감염은 치료되고 있는 중이다.

(b) 불꽃놀이는 컴퓨터 시스템에 의해 통제된다.

(c) 가능한 사고를 위한 예방 조치가 전혀 취해지지 않았다.

(d) 컴퓨터 시스템이 정상화되려면 시간이 더 걸릴 것이다.

가이드라인 ▶ Q1. 사고에 대비한 안전 조치 덕에 부상이나 사망 사고는 없었다고 하므로 정답은 (a)이다.

Q2. 컴퓨터 시스템이 바이러스에 감염된 바람에 폭죽이 예정보다 빨리 터졌다고 하므로 불꽃놀이는 컴퓨터에 의해 통제됨을 알 수 있다. 따라서 정답은 (b)이다.

bay 만(바다가 육지쪽으로 들어와 있는 형태) **infect** 감염시키다 **barge** (선박) 바지선 **set off** 터뜨리다 **prematurely** 때 이르게 **safety measure** 안전 조치 **implement** 적용하다 **effective** 효과적인 **injure** 부상을 입히다 **operate** 작동하다 **normally** 정상적으로 **sincerely** 진심으로 **explosion** 폭발 **preventive** 예방하는 **back to normal** 다시 정상으로

Preparing for an exam is not all about studying. You should also know how to keep a positive state of mind and good health. First, you need some time for your body to fully wake up. The chances are you won't do well on your test if your body is tired. Make sure to prepare all the things you need, like writing instruments and a watch. Don't bring cell phones to check the time; in most cases, they are not allowed in exam rooms. Also, dress comfortably in response to the temperature in the test room. Lastly, arrive at the test room early in order to put your mind at ease before the exam starts.

Q3 What should you not do for an exam?

(a) Arrive at the test center early enough

(b) Have everything you need to take an exam

(c) Bring a cell phone with you to check the time

(d) Dress suitably to be comfortable while taking a test

Q4 What can be inferred from the talk?

(a) Physical states affect your test results.

(b) Listening to music helps you fully wake up.

(c) Positive people achieve better than negative people.

(d) Many people don't know the importance of wearing appropriate clothes.

시험 준비는 공부가 전부가 아닙니다. 여러분은 긍정적인 마음 자세와 좋은 건강을 유지하는 법도 알아야 합니다. 첫째, 여러분은 몸이 완전히 깨기 위해 시간이 필요합니다. 여러분의 몸이 피곤하면 시험을 잘 치르지 못할 가능성이 큽니다. 쓰기 도구와 시계 같이 여러분이 필요한 모든 것을 반드시 준비하세요. 시간을 확인할 목적으로 휴대전화기를 가져가는 것은 안 됩니다. 대부분의 경우, 시험장에서 금지되어있기 때문입니다. 또 시험장의 온도에 맞춰서 옷을 편하게 입고 가시기 바랍니다. 마지막으로 시험이 시작되기 전에 마음 상태를 편히 가지기 위해서 시험장에 일찍 도착하세요.

Q3 시험을 위해 필요한 것이 아닌 것은?
(a) 시험장에 충분히 일찍 도착하기
(b) 시험을 치르기 위해 필요한 모든 것을 챙기기
(c) 시간을 확인하기 위해 휴대폰을 가져가기
(d) 시험을 편히 치르기 위해 적절한 옷을 입기

Q4 담화로부터 추론할 수 있는 것은?
(a) 몸 상태는 시험 결과에 영향을 미친다.
(b) 음악을 듣는 것은 완전히 깨는 것에 도움이 된다.
(c) 긍정적인 사람들은 부정적인 사람들보다 성취도가 높다.
(d) 많은 사람들이 옷을 적절히 입는 것의 중요성을 모른다.

가이드라인 Q3. 휴대전화기는 대부분의 시험장에서 허용되지 않는 물건이므로 정답은 (c)이다.

Q4. 첫 번째 조언에서 몸이 완전히 깨어있지 못하고 피곤한 상태에서 시험을 치르면 시험 결과가 나쁠 가능성이 있다고 했으므로 몸 상태는 시험 결과에 영향을 미침을 알 수 있다. 따라서 정답은 (a)이다.

state of mind 마음 상태 **the chances are (that)** ~할 가능성이 높다 **instrument** 도구 **comfortably** 편하게 **at ease** 편하게 **physical** 신체적인 **appropriate** 적당한

The Paramount School Board has decided to reduce class sizes for elementary schools, which means that they are planning to hire more teachers. This is a welcome move, as it is expected to improve education quality. Now, the board has to find ways to pay the new teachers. Board members are already aiming at the easy targets—that is, budgets for extracurricular activities such as clubs and field trips. But these cuts would have a direct impact on the students. Meanwhile, the board is seeking to hire more administrative workforce. This is nothing but a waste of money, which needs to be spent on hiring new teachers instead.

Q5 What is the main point of the talk?

(a) Too much emphasis is placed on extracurricular activities.

(b) Hiring more teachers will not likely improve public education.

(c) Extra budgets are needed to create more extracurricular activities.

(d) Hiring new teachers shouldn't cut into budgets for extracurricular activities.

Q6 What does the speaker suggest as a way to create funds for new teachers?

(a) Reducing teachers' wages

(b) Increasing overall education budgets

(c) Cutting class sizes by taking fewer students

(d) Cutting budgets for administrative workers

파라마운트 학교 위원회는 초등학교의 반 규모를 줄이기로 했는데, 이것은 곧 그들이 더 많은 교사들을 채용할 계획이라는 것을 의미한다. 이것은 교육의 질을 높일 것으로 기대되어 환영받을 움직임이다. 이제 위원회는 신규 교사에게 임금을 지급할 방법을 찾아야 한다. 위원회 구성원은 벌써 쉬운 목표물을 조준하고 있는데, 이것은 곧 동아리와 견학과 같은 과외 활동 예산이다. 하지만 이러한 삭감은 학생들에게 직접적인 영향을 줄 것이다. 한편, 위원회는 더 많은 행정 인력을 채용할 계획이다. 이것은 돈 낭비일 뿐이며, 대신 이 돈은 신규 교사 채용에 쓰여야 한다.

Q5 담화의 요지는?

(a) 과외 활동이 지나치게 강조되고 있다.

(b) 더 많은 교사를 채용한다고 해서 공교육이 개선되지는 않을 것이다.

(c) 과외 활동을 늘리기 위해서 예산이 추가로 필요하다.

(d) 신규 교사 채용으로 인해서 과외 활동 예산이 줄어들어서는 안 된다.

Q6 화자가 신규 교사를 위한 자금 조성을 위해 제안하는 것은?

(a) 교사 임금 삭감하기

(b) 전반적인 교육 예산 늘리기

(c) 입학생을 줄여서 반 규모 줄이기

(d) 행정 인력 예산 줄이기

가이드라인 Q5. 화자는 교사를 증원하는 것은 환영받을 일이지만, 신규 교사 인건비에 들어가는 비용을 학생들의 과외활동비에서 가져오는 것에 대해 반대하고 있다. 따라서 정답은 (d)이다.

Q6. 화자는 행정 인력 채용이 돈 낭비라고 말하면서, 이 돈은 신규 교사 채용에 쓰여야 한다고 말하고 있으므로 정답은 (d)이다.

welcome 환영받은 **aim at** ~을 조준하다 **budget** 예산 **extracurricular activity** 과외활동 **field trip** 견학 여행 **cut** 삭감 **administrative** 행정의 **workforce** 인력 **nothing but** 오로지 **place emphasis on** ~을 강조하다 **cut into** ~을 줄이다

Daylight saving time, or DST, is a period between spring and fall when clocks are adjusted one hour later. Commonly called summer time, DST is used to make better use of longer daylight hours. It was first proposed by a New Zealand scientist in 1895 and first used in Canada in 1908. However, DST did not gain global popularity until Germany adopted it in 1916 during World War I. As Germany was suffering fuel shortages, the country transferred daylight hours to the evening to reduce the time needed to light people's homes—and most people slept through the darker morning without having to using lighting. Within a few weeks, countries like the UK and France followed suit.

Q7 Why did Germany adopt DST?
(a) To reduce fuel prices
(b) To increase working hours
(c) To lead people to sleep more
(d) To reduce energy consumption

Q8 Where was DST first used?
(a) New Zealand
(b) Canada
(c) The UK
(d) France

일광 절약 시간제 , 즉 DST는 봄과 가을 사이에 한 시간이 앞당겨진 기간이다. 흔히 서머타임이라고 불리는 DST는 더 긴 낮 시간을 더 잘 활용하기 위해서 사용된다. 이것은 1895년 뉴질랜드 과학자가 처음 제안했고, 1908년 캐나다에서 처음으로 사용되었다. 하지만 DST는 독일이 1차 세계 대전이었던 1916년에 채택할 때까지 전 세계적인 인기를 누리지는 못했다. 독일은 연료 부족 문제를 겪고 있었기 때문에, 낮 시간을 밤 시간대로 옮겨서 사람들의 집을 밝히는 시간을 줄였다. 그리고 대부분의 사람들은 어두운 아침에는 그냥 자서 불을 밝힐 필요가 없었다. 몇 주 이내로 영국과 프랑스와 같은 나라들이 독일의 예를 따랐다.

Q7 독일이 일광 절약 시간제 를 채택한 이유는?
(a) 연료 가격을 낮추기 위해서
(b) 노동 시간을 늘리기 위해서
(c) 사람들을 더 자게 만들기 위해서
(d) 에너지 소비를 줄이기 위해서

Q8 일광 절약 시간제 를 처음 사용한 곳은?
(a) 뉴질랜드
(b) 캐나다
(c) 영국
(d) 프랑스

가이드라인 Q7. 독일은 1차 세계 대전 동안 부족한 연료 문제를 해결할 목적으로 일광을 밤 시간대로 옮김으로써 불을 밝혀야 하는 시간을 줄였다고 했으므로 정답은 (d)이다.

Q8. 일광 절약 시간제 는 뉴질랜드 과학자가 처음으로 제안했는데, 이 시스템을 처음으로 사용한 곳은 캐나다라고 했으므로 정답은 (b)이다.

daylight saving time 일광 절약 시간제(DST) **make use of** ~을 활용하다 **propose** 제안하다 **gain popularity** 인기를 얻다 **suffer** (고통을) 겪다 **shortage** 부족 **transfer** 옮기다 **follow suit** (남이 한대로) 따라 하다 **consumption** 소비

Unit

16

텝스 청해 집중 공략

○ 본책 P125

1

Listen to a conversation between two friends.

M My car broke down again yesterday.

W That's too bad, Steve.

M I had to take a taxi to get here this morning.

W Well, I can take you home this afternoon.

M Oh, I'd really appreciate it.

W It's no problem.

Q What is the man mainly doing in the conversation?

(a) Organizing a taxi home

(b) Fixing a broken down car

(c) Explaining his car problems

(d) Arranging to pick up the woman

두 친구의 대화를 들으시오.

M 내 차가 어제 또 고장 났어.

W 그거 정말 안됐다, 스티브.

M 오늘 아침에 여기 오느라 택시를 타야 했어.

W 그럼, 오늘 오후에는 내가 집에 태워다 줄게.

M 아, 그럼 정말 고맙지.

W 별거 아니야.

Q 남자가 대화에서 주로 하고 있는 것은?

(a) 택시 타고 집에 가는 것 준비하기

(b) 고장 난 자동차 수리하기

(c) 자동차 문제점 설명하기

(d) 여자를 태우러 가는 것 준비하기

가이드라인　남자는 자동차가 고장 나서 택시를 타야 했다고 여자에게 고충을 토로하고 있다. 따라서 (c)가 정답이다. 집에 갈 때는 여자가 태워 준다고 했으므로 (a)는 관련이 없다.

break down 고장 나다　**appreciate** 감사하다　**organize** 준비하다
fix 수리하다　**arrange** 마련하다

2

Listen to a conversation between an airline representative and a customer.

W I'd like to book a ticket to Atlanta for Wednesday.

M OK, one way or round trip?

W Round trip, returning on Sunday.

M Is an early morning departure all right?

W I'd prefer something in the afternoon.

M Let me see what's available.

Q Which is correct according to the conversation?

(a) The woman has booked a flight out of Atlanta.

(b) The woman wants to come back on Sunday.

(c) There are no morning flights available.

(d) There is one afternoon flight left.

비행사 직원과 고객의 대화를 들으시오.

W 수요일에 애틀랜타행 표를 예약하고 싶습니다.

M 알겠습니다, 편도로 드릴까요 왕복으로 드릴까요?

W 왕복으로요, 일요일에 돌아올 거예요.

M 아침 일찍 출발하는 게 괜찮으십니까?

W 오후면 더 좋겠어요.

M 가능한 게 있는지 알아볼게요.

Q 대화에 따르면 옳은 것은?

(a) 여자는 애틀랜타를 출발하는 표를 예약했다.

(b) 여자는 일요일에 돌아오기를 원한다.

(c) 아침 비행기는 가능한 것이 전혀 없다.

(d) 오후 비행기가 하나 남아 있다.

가이드라인　여자가 returning on Sunday라고 했으므로 (b)가 정답이다. 애틀랜타로 떠나는 표를 예약하려고 하므로 (a)는 맞지 않고, 오후 비행기의 남은 좌석수에 대해서는 언급하지 않았으므로 (d)도 적절하지 않다.

book 예약하다　**one way** 편도의　**round trip** 왕복 여행
departure 출발　**available** 이용 가능한

3

Listen to a conversation about transportation.

M How can I get to Market Street?

W You should catch the bus on the corner.

M Doesn't the subway run there, too?

W Yes, but the bus is faster and cheaper.

M I already bought a 5-ride subway card, though.

W Oh, in that case take the subway.

Q Which is correct according to the conversation?

(a) The man is leaving from Market Street.

(b) The bus stop is closer than the subway station.

(c) The woman thinks the subway is quicker.

(d) The man is advised to travel on the subway.

교통수단에 관한 대화를 들으시오.

M 마켓 스트리트에 어떻게 가죠?

W 모퉁이에서 버스를 타면 돼요.

M 지하철도 그곳으로 다니지 않나요?

W 네, 하지만 버스가 더 빠르고 싸요.

M 하지만 제가 이미 5회 탑승 지하철 카드를 구입했거든요.

W 아, 그렇다면 지하철을 타세요.

Q 대화에 따르면 옳은 것은?

(a) 남자는 마켓 스트리트에서 출발하고 있다.

(b) 버스 정류장은 지하철역보다 더 가깝다.

(c) 여자는 지하철이 더 빠르다고 생각한다.

(d) 남자는 지하철로 가라는 권유를 받았다.

가이드라인 여자는 처음에는 버스가 더 빠르고 싸다고 했지만 남자가 지하철 카드가 있다고 하자 그러면 지하철을 타라고 했다. 결국 남자는 지하철을 타라는 권유를 받은 것이므로 (d)가 정답이다. 남자는 마켓 스트리트를 찾아가는 것이므로 (a)는 맞지 않고, 버스를 타고 가는 것이 빠르다는 것이지 버스 정류장까지의 거리가 빠른 것은 아니므로 (b)도 오답이다.

run 운행하다 **in that case** 그런 경우에는[그렇다면]
advise 권하다

4

Listen to a conversation about a man's trip.

W How was your weeklong trip to Rome?

M My family wants to go every year now.

W You all must have had a great time.

M To be honest, it wasn't my favorite place.

W Why do you say that?

M I found the city noisy and dirty.

Q What can be inferred about the man from the conversation?

(a) He prefers the country to city life.

(b) He will travel to Rome again next year.

(c) His family does not take vacations regularly.

(d) His opinion of Rome differs from his family's.

남자의 여행에 관한 대화를 들으시오.

W 일주일간의 로마 여행은 어땠어?

M 가족들이 이제 매년 가고 싶어 해.

W 모두 즐거운 시간을 보낸 것 같구나.

M 솔직히 말하면 내가 가장 좋아한 장소는 아니었어.

W 왜 그러는데?

M 도시가 시끄럽고 더럽더라.

Q 대화로부터 남자에 대해서 추론할 수 있는 것은?

(a) 도시 생활보다 시골을 더 선호한다.

(b) 내년에도 로마로 여행을 갈 것이다.

(c) 가족이 휴가를 정기적으로 가지 않는다.

(d) 로마에 대한 생각이 가족들과 다르다.

가이드라인 남자의 가족들은 매년 가고 싶어 할 정도로 로마에 흠뻑 빠졌지만, 남자는 시끄럽고 더러워서 그만큼 좋지는 않았다고 말한 것으로 보아 (d)가 가장 적절하다. 가족들이 매년 가고 싶어 한다고 (b)와 같은 억지 추론을 해서는 안 된다.

weeklong 일주일간의 **to be honest** 솔직히 말해서 **noisy** 시끄러운 **regularly** 정기적으로 **differ from** ~와 다르다

5

Passengers, you can help us keep the security line moving faster by following these rules. First, make sure that any liquids you're carrying are in bottles that are three ounces or less in volume. Anything larger than that isn't allowed on the plane. Second, store all of your three-ounce containers in a sealed clear plastic bag. This bag should be taken out of your luggage and placed in the security bin to be screened separately. Do not leave any liquids inside your luggage. Thank you for your cooperation.

Q　What is the announcement mainly about?
(a) Airport security's bag-checking procedures
(b) Limits on the size of carry-on bags
(c) Regulations on the use of dangerous liquids
(d) Rules for carrying liquids through security

승객 여러분, 다음 규정들을 따르셔서 보안 검색대 줄이 더 빨리 움직일 수 있도록 도움을 주시기 바랍니다. 우선, 소지하신 액체류는 무엇이든 부피가 3온스 이하인 병에 담아야 합니다. 그보다 더 큰 것은 무엇이든 기내에서 허용되지 않습니다. 둘째, 가지고 계신 3온스 용기는 모두 밀봉된 투명한 비닐봉지에 담아 주십시오. 이 봉지는 여러분의 짐에서 꺼내서 개별적으로 검사받도록 보안 검색대 통에 넣어주십시오. 액체류는 어떤 것이든 짐 안에 두지 마십시오. 협조해 주셔서 감사합니다.

Q　안내문의 주된 내용은?
(a) 공항 보안 검색대의 수하물 확인 절차
(b) 기내용 가방 크기에 대한 제한
(c) 위험한 액체류 사용에 대한 규제
(d) 보안 검색대를 통과하는 액체류 소지 규정

가이드라인　공항의 보안 검색대를 통과할 때 지켜야 할 규정에 대해서 안내하고 있다. 주로 액체류(liquid) 소지에 관한 내용이므로 (d)가 정답이다.

passenger 승객　**security** 보안 검색대　**liquid** 액체　**ounce** 온스(무게 단위)　**volume** 부피　**store** 저장하다　**container** 용기　**sealed** 밀봉한　**clear** 투명한　**bin** 저장용 통　**screen** 가려내다　**separately** 따로따로

6

Your attention, please. This is the final boarding call for Star Rail's Lexington Local, scheduled to depart at 4:35 p.m. Now boarding for Hartford Airport, Riverside, Stanford Park, Lexington North Station, and Congress Avenue. Ticket holders should proceed to Platform 19 immediately in order to board the train. The train will depart in five minutes, and there will be no further boarding calls.

Q　Which is correct according to the announcement?
(a) The departure of the Lexington Local is after 5 p.m.
(b) The Lexington Local will leave from Platform 19.
(c) The train to Hartford Airport has not arrived.
(d) A last boarding call is in five minutes.

승객 여러분께 알립니다. 오후 4시 35분에 출발 예정인 스타 레일의 렉싱턴 완행열차의 마지막 탑승 안내 방송입니다. 지금 하트퍼드 공항, 리버사이드, 스탠퍼드 파크, 렉싱턴 노스 스테이션, 콩그레스 애비뉴로 가시는 분들은 탑승해 주시기 바랍니다. 표를 소지하신 분들은 기차에 탑승하기 위해 즉시 19번 플랫폼으로 오십시오. 기차는 5분 후에 출발하며, 마지막 탑승 안내 방송입니다.

Q　안내 방송에 따르면 옳은 것은?
(a) 렉싱턴 완행열차의 출발은 오후 5시 이후이다.
(b) 렉싱턴 완행열차는 19번 플랫폼에서 출발한다.
(c) 하트퍼드 공항행 기차는 도착하지 않았다.
(d) 마지막 탑승 안내 방송은 5분 후에 있다.

가이드라인　렉싱턴 완행열차 기차를 타려면 19번 플랫폼으로 오라고 했으므로 기차가 그곳에서 출발할 것임을 알 수 있다. 따라서 (b)가 정답이다. 기차 출발 시간은 4시 35분이라고 했으므로 (a)는 맞지 않고, 더 이상 탑승 안내 방송은 없다고 했으므로 (d)도 답이 될 수 없다.

attention 주목　**local train** 완행열차　**board** 탑승하다　**be scheduled to** ~하기로 예정되어 있다　**proceed to** ~로 나아가다　**immediately** 즉시

South Port Station is fully accessible to people in wheelchairs. For assistance, please visit the customer service desk located near the California Road entrance. There, you will be asked to describe the type of assistance you need, and then a station employee will arrive to help you. All of the bus platforms are accessible by lifts designed specifically for passengers in wheelchairs. Nearly all buses are equipped with floor ramps and wheelchair spaces.

Q Which is correct about South Port Station according to the announcement?
(a) It provides limited wheelchair access.
(b) A lift is at the California Road entrance.
(c) An employee is available to give first-aid.
(d) Most of its buses are fitted for wheelchairs.

사우스 포트 스테이션은 휠체어를 탄 사람들이 충분히 이용할 수 있습니다. 도움을 원하시면, 캘리포니아 로드 입구 근처에 있는 고객 안내 데스크를 찾아주십시오. 그곳에서, 여러분이 필요로 하는 도움의 유형을 알려 줄 것을 요청받으실 것입니다. 그러고 나면 역 직원이 여러분을 돕기 위해 올 것입니다. 모든 버스 승강장은 휠체어를 탄 승객들을 위해 특별히 설계된 승강기로 접근할 수 있습니다. 거의 모든 버스에는 경사로와 휠체어 공간이 갖추어져 있습니다.

Q 안내에 따르면 사우스 포트 스테이션에 대해 옳은 것은?
(a) 휠체어로 제한적인 접근을 허용한다.
(b) 승강기는 캘리포니아 로드쪽 입구에 있다.
(c) 응급처치를 하기 위한 직원이 대기 중이다.
(d) 그곳의 버스 대부분은 휠체어에 맞게 되어 있다.

가이드라인 마지막 문장에서 거의 모든 버스에 경사로와 휠체어 공간이 있다고 했으므로 (d)가 정답이다. 휠체어를 탄 사람2도 충분히 접근이 가능하다(fully accessible to people in wheelchairs)고 했으므로 제한적인 접근이라는 (a)는 맞지 않다. 캘리포니아 로드 입구에 있는 것은 승강기가 아니라 안내 데스크이므로 (b)도 맞지 않다.

accessible 접근하기 쉬운 **assistance** 도움 **located** 위치한 **entrance** 입구 **lift** 승강기 **specifically** 특별히 **nearly** 거의 **be equipped with** ~을 갖추다 **ramp** 경사로 **limited** 제한적인 **first-aid** 응급처치

Today we're going to be visiting some of my favorite sites in the Chinatown neighborhood. As a point of reference, the street we're on right now is Carwood Street, which basically forms the very center of the neighborhood. The first place I'm going to take you to is a tea shop just around the corner on Lynn Lane. It's called My Cup of Tea. They have an amazing selection of imported teas that can be hard to find in the city's other neighborhoods.

Q What can be inferred from the talk?
(a) The tour guide grew up in Chinatown.
(b) Lynn Lane lies at the edge of Chinatown.
(c) The tour will visit other places after the tea shop.
(d) Imported tea is cheaper at the tea shop than elsewhere.

오늘은 차이나타운 지역에 있는 제가 제일 좋아하는 장소 몇 곳을 방문하려고 합니다. 우리가 지금 있는 거리인 카우드 스트리트는 기준점으로, 이 지역의 중심지를 형성하고 있습니다. 첫 번째로 여러분을 데려갈 곳은 린 레인 거리의 모퉁이에 있는 찻집입니다. 〈나의 차 한 잔〉이라고 하는 곳으로, 이 도시의 다른 어떤 곳에서도 찾기 힘든 수입 차들을 놀랄 만큼 구비하고 있습니다.

Q 담화로부터 추론할 수 있는 것은?
(a) 관광 가이드는 차이나타운에서 자랐다.
(b) 린 레인은 차이나타운 변두리에 있다.
(c) 관광단은 차 가게 다음에 다른 곳들을 방문할 것이다.
(d) 수입 차는 다른 곳들보다 이 찻집이 더 저렴하다.

가이드라인 The first place ... is a tea shop에서 첫 번째로 관광할 곳이 찻집이라고 했으므로 다른 장소들도 방문할 것을 예상할 수 있다. 따라서 (c)가 정답이다. 린 레인이 차이나타운 어디에 위치해 있는지 구체적으로 언급되지 않았으므로 (b)는 맞지 않다.

site 장소 **a point of reference** 기준점 **basically** 기본적으로 **selection** 선택 **imported** 수입된 **edge** 변두리

Now for the rush-hour traffic report. As road work restarted on the Blue Ridge Highway yesterday, two of the three westbound lanes are closed. The Apple Street exit is closed, and traffic has been re-routed via the Abbey Road exit. The repair work is expected to continue for 13 days, therefore it will be completed sometime in late June or early July. Meanwhile, commuters are advised to leave earlier as delays of up to 40 minutes are expected. They are also encouraged to detour via Dynon Road during peak hours.

Q9 Who most likely is the intended audience?
(a) Tourists visiting the area
(b) Construction workers doing a repair work
(c) Motorists driving to work
(d) Audience listening from home

Q10 How long will the construction last?
(a) 13 days
(b) 30 days
(c) 14 days
(d) 40 days

러시아워 교통 뉴스입니다. 어제 블루리지 고속도로 공사가 다시 시작되면서 서쪽 방면의 세 개 중 두 개의 차선이 폐쇄되었습니다. 애플가 출구가 폐쇄되어, 교통은 애비로 출구를 통해 우회되고 있습니다. 보수공사는 13일간 지속할 것으로 예상되므로, 6월 말이나 7월 초에 완료될 것으로 예상됩니다. 한편 통근자들은 길게는 40분의 지연이 예상되므로 더 일찍 출발할 것을 당부드리며, 혼잡 시간대는 다이논로를 통해 우회하시기를 추천해 드립니다.

Q9 의도된 청자는?
(a) 지역을 방문하는 여행객
(b) 보수 공사를 하는 건설 노동자
(c) 출근하는 운전자
(d) 집에서 듣는 청취자

Q10 공사가 지속하는 기간은?
(a) 13일
(b) 30일
(c) 14일
(d) 40일

가이드라인 Q9. 지문은 러시아워 시간대에 방송되는 교통 뉴스로 도로 공사로 40분의 지연이 예상되므로 통근자들은 평소보다 일찍 나와달라고 당부하면서 우회로도 알려주고 있으므로 출근길 운전자를 대상으로 하는 방송임을 알 수 있다. 따라서 정답은 (c)이다.

Q10. 보수공사는 13일간 지속할 것이라고 예상된다고 했으므로 정답은 (a)이다.

rush-hour 교통이 혼잡한 시간대 **road work** 도로 공사 **restart** 다시 시작하다 **westbound** 서쪽으로 향하는 **lane** 차선 **exit** 출구 **re-route** 경로를 변경하다 **via** ~을 통해서 **expect** 기대하다 **continue** 계속되다 **complete** 끝마치다 **meanwhile** 한편 **commuter** 통근자 **advise** 조언하다 **up to** (많게는) ~까지 **encourage** 독려하다 **detour** 우회하다 **peak** 정점, 절정

Unit 17 템스 청해 집중 공략

1

Listen to a conversation between a sales clerk and a customer.

W I'd like to buy this smartphone, please.

M That's a great choice.

W It's on sale for 30 percent off, right?

M Yes. Can I interest you in a warranty?

W I'd like the one-year warranty, please.

M OK, your total will be 275 dollars.

Q What is the woman mainly doing in the conversation?

(a) Selling her smartphone

(b) Declining a warranty

(c) Asking for a discount

(d) Purchasing a phone

판매 직원과 손님의 대화를 들으시오.

W 이 스마트폰을 사고 싶어요.

M 선택을 아주 잘하셨어요.

W 30% 세일하는 것 맞죠?

M 네. 품질 보증해 드릴까요?

W 1년간 품질 보증을 해주세요.

M 알겠습니다. 총 275달러입니다.

Q 여자가 주로 하고 있는 것은?

(a) 스마트폰 팔기

(b) 품질 보증 거절

(c) 할인 요구

(d) 휴대폰 구입

가이드라인 여자의 첫 번째 말 I'd like to buy this smartphone, please에서 (d)가 정답임을 알 수 있다. 참고로, Can I interest you in...?은 가게에서 직원이 손님에게 물건을 보여 줄 때 통상적으로 쓰는 말로 '~를 보여 드릴까요?'라는 뜻이다.

interest ~에 관여시키다. ~에게 흥미를 갖게 하다

warranty 품질 보증(서) **decline** 거절하다

2

Listen to a conversation between two acquaintances.

W Morris, what a pleasant surprise.

M Yes, it's been a long time.

W We last met at the conference in Tucson, right?

M No, it was at the Vancouver conference after that.

W Right, how could I forget?

M Yes, that was certainly a fun event.

Q What are the man and woman mainly talking about?

(a) When they will meet again

(b) How they found a conference

(c) Where they saw each other last

(d) How they remember Vancouver

두 지인의 대화를 들으시오.

W 모리스, 여기서 당신을 만나다니 정말 반가워요.

M 네, 오랜만이에요.

W 우리가 마지막으로 투손에서 열린 학회에서 만난 게 맞죠?

M 아뇨, 그 후 밴쿠버 학회에서 만난 게 마지막이었어요.

W 맞아요, 제가 어떻게 잊을 수 있겠어요?

M 네, 확실히 아주 재미있는 행사였죠.

Q 두 사람이 주로 말하고 있는 것은?

(a) 언제 다시 만날지

(b) 어떻게 학회를 찾았는지

(c) 마지막으로 만난 게 어디였는지

(d) 밴쿠버를 어떻게 기억하는지

가이드라인 오랜만에 만난 두 사람이 서로 마지막으로 본 게 어딘지를 말하고 있으므로 (c)가 정답이다. (a), (b)는 언급되지 않았고, 밴쿠버를 방문한 기억이 아니라 두 사람이 밴쿠버에서 만났던 이야기를 하고 있으므로 (d)는 답이 될 수 없다.

What a pleasant surprise. 와 놀라운걸, 여기서 만나다니.

conference 학회

3

Listen to a conversation about organic food shopping.

M Do you ever go to the organic grocery store?

W No, their groceries are too expensive.

M Yes, but they taste better and are better for you.

W Is that where you get all your groceries?

M I can only afford to go once a month.

W I wish they'd lower their prices a little.

Q Which is correct according to the conversation?

(a) Neither speaker buys organic groceries.

(b) The woman frequently buys organic food.

(c) Both speakers find the organic store expensive.

(d) The man shops at the organic store once a week.

유기농 식품 구매에 관한 대화를 들으시오.

M 유기농 식료품점에 간 적 있니?

W 아니, 그곳 식료품은 너무 비싸.

M 맞아, 하지만 맛과 건강 면에서 더 좋아.

W 넌 거기서 모든 식료품을 사니?

M 한 달에 한 번 갈 여유밖에 안 돼.

W 가격을 좀 내렸으면 좋겠어.

Q 대화 내용과 일치하는 것은?

(a) 둘 다 유기농 식료품을 사지 않는다.

(b) 여자는 자주 유기농 식품을 산다.

(c) 둘 다 유기농 가게가 비싸다고 생각한다.

(d) 남자는 일주일에 한 번 유기농 가게에서 물건을 산다.

가이드라인 여자가 their groceries are too expensive라고 하자 남자가 Yes라고 대답하고 있으므로 두 사람은 유기농 식품이 비싸다는 데 의견이 일치하고 있다. 따라서 정답은 (c)이다. 여자는 유기농 식료품점에 가본 적이 없고, 남자는 한 달에 한 번 간다고 했으므로 나머지 선택지들은 오답이다.

organic 유기농법의 **grocery store** 식료품점 **can afford to** ~할 여유가 되다 **frequently** 자주

4

Listen to a conversation between two friends.

M Welcome home, Diana!

W Thanks! I can't believe it's been two weeks already.

M I hope you had a great vacation.

W I did, but I didn't want to leave Paris.

M Well, time to get ready for the working week.

W Hmm, yes, it's back to the routine.

Q What can be inferred from the conversation?

(a) The woman works for the man.

(b) The man has also been on vacation.

(c) The woman was holidaying in Paris.

(d) The man is surprised the woman returned.

두 친구의 대화를 들으시오.

M 잘 왔어, 다이애나!

W 고마워! 벌써 2주일이 지났다니 믿을 수가 없어.

M 멋진 휴가 보냈기를 바라.

W 그랬지. 파리를 떠나고 싶지가 않았어.

M 이제 일하는 주를 맞이해야겠네.

W 음, 맞아. 또 일상으로 돌아왔군.

Q 대화로부터 추론할 수 있는 것은?

(a) 여자는 남자의 회사에서 일한다.

(b) 남자도 휴가 중이었다.

(c) 여자는 파리에서 휴가를 보내고 있었다.

(d) 남자는 여자가 돌아온 것에 놀라고 있다.

가이드라인 남자가 I hope you had a great vacation이라고 하자 여자가 휴가를 아주 잘 보냈다면서 파리를 떠나고 싶지 않았다고 대답하는 것으로 보아 (c)를 추론할 수 있다. (c)에서 holiday가 동사로 쓰였음에 유의한다.

routine (판에 박힌) 일상 **holiday** 휴가를 보내다

5

Attention, shoppers. Stony Creek Mall has partnered with CouponBazaar to bring you valuable savings on shopping, entertainment, and restaurants in the mall. Today only, save one dollar on hand lotions at Hooper Pharmacy. At Champion Pizzeria, get one slice of pepperoni pizza free when you buy two other slices of any kind. To take advantage of these savings, simply present your coupon to the cashier when you check out. Get your coupon now at the mall's information desk.

Q　What is the advertisement mainly about?
(a) Eating places in Stony Creek Mall
(b) Visiting the mall's information desk
(c) Shopping discounts at some mall stores
(d) Getting all you need at Stony Creek Mall

쇼핑객 여러분께 알립니다. 스토니 크릭 몰은 고객님이 쇼핑몰에서 쇼핑을 하고 오락을 즐기고 식당을 이용하실 때 소중한 돈을 절약하실 수 있도록 쿠폰바자와 제휴를 맺었습니다. 오늘에 한해서만, 후퍼 약국에서 핸드 로션을 구입하시면 1달러를 절약하실 수 있습니다. 챔피언 피자 전문점에서는 어떤 종류든 피자 두 조각을 사는 고객에게 페퍼로니 피자 한 조각을 공짜로 드립니다. 이러한 절약 혜택을 누리시려면 계산할 때 계산원에게 쿠폰을 제시하기만 하면 됩니다. 지금 바로 쇼핑몰의 안내 데스크에 가셔서 쿠폰을 받으십시오.

Q　무엇에 대한 광고인가?
(a) 스토니 크릭 쇼핑몰의 식당들
(b) 쇼핑몰의 안내 데스크 방문
(c) 쇼핑몰의 일부 가게에서의 쇼핑 할인 혜택
(d) 스토니 크릭 쇼핑몰에서 필요로 하는 모든 것 구입하기

가이드라인 스토니 크릭 쇼핑몰에서 고객이 쿠폰을 제시하면 쇼핑몰의 일부 가게에서 할인 혜택을 받을 수 있다는 광고를 하고 있으므로 (c)가 정답이다. (a)는 쇼핑몰을 소개하면서 언급한 일부 내용에 불과하다.

partner 제휴하다　**pharmacy** 약국　**pizzeria** 피자 전문점
check out 계산을 하고 나오다

6

Welcome, shoppers, and thank you for choosing Price Maker. Today in the produce section, we have seedless watermelons for just $4.99 each. At our butcher shop, you'll find all steaks and pork chops have been marked down by 10 percent per pound. And in aisle 6, there's a sale on Rutgers cereal—two boxes for the price of one. At Price Maker, we're proud to bring you special offers like this daily. And remember, these deals are available today only, so make sure to take advantage of them!

Q　Which is correct according to the announcement?
(a) Watermelons are on sale all week.
(b) Steaks and pork chops are 20 percent off.
(c) A two for one offer exists on cereal.
(d) Sales are a rarity at Price Maker stores.

환영합니다, 쇼핑객 여러분, 그리고 프라이스 메이커를 선택해 주셔서 감사합니다. 오늘 농산물 코너에서는 씨 없는 수박을 개당 단돈 4달러 99센트에 판매하고 있습니다. 정육점에 가시면 모든 스테이크와 돼지 갈비살이 파운드당 10% 할인 판매되고 있음을 발견하실 수 있을 것입니다. 그리고 6번 통로에서는 러트거스 시리얼 2박스가 1박스 값으로 판매되고 있습니다. 프라이스 메이커는 고객님들에게 이와 같은 특별 세일을 매일 제공하고 있음을 자랑스럽게 여기고 있습니다. 단, 기억해 두실 것은 이러한 거래는 오늘에 한해서만 실시되오니 절대 놓치지 마시기 바랍니다!

Q　공고 내용과 일치하는 것은?
(a) 수박은 평일 내내 세일을 한다.
(b) 스테이크와 돼지 갈비살은 20% 할인된다.
(c) 시리얼은 1개 값으로 2개를 제공한다.
(d) 프라이스 메이커의 매장들은 할인 행사를 거의 하지 않는다.

가이드라인 러트거스 시리얼의 two boxes for the price of one을 A two for one offer로 바꿔 말한 (c)가 정답이다. 수박 세일은 오늘만 실시되고, 스테이크와 돼지 갈비살은 10% 할인되며, 매장들이 매일 할인 행사를 한다고 했으므로 나머지 선택지들은 맞지 않다.

produce 농산물　**seedless** 씨 없는　**butcher shop** 정육점
pork chop 돼지 갈비살　**mark down** 가격을 인하하다　**aisle** 통로
offer 가격 할인; 제공　**take advantage of** ~을 기회로 이용하다
on sale 할인 중인　**rarity** 희귀한 일

7

Oak Street Press is an appointment-only stationery shop specializing in the design of custom paper products to suit your individual style. You won't find any cheap, pre-packaged, generic cards here. We use only the highest quality papers and inks to produce small batches of one-of-a-kind notecards, envelopes, and invitations. Let us design the perfect stationery to celebrate those special events you'll want to remember for a lifetime, like weddings, graduations, or the birth of a child.

Q Which is correct about Oak Street Press according to the advertisement?
(a) They offer wedding planning services.
(b) They have the cheapest cards available.
(c) They do not sell mass-produced stationery.
(d) They produce the best kind of writing paper.

오크 스트리트 프레스는 고객 개개인의 스타일을 충족시켜 드리고자 오직 예약제로 종이 제품을 맞춤 제작하는 것을 전문으로 하는 문구점입니다. 여러분은 저희 가게에서 값싸고, 미리 포장되어 나오며, 상표 없는 일반적인 카드는 발견하실 수 없을 것입니다. 저희는 최고 품질의 종이와 잉크만을 사용하여 특별한 메모용 카드와 봉투, 초대장을 소량으로 제작합니다. 고객님이 결혼, 졸업, 출산과 같은 평생 기억하길 원하는 특별 행사를 경축하는 데 필요한 완벽한 문구류가 필요하시다면 저희에게 제작을 맡겨 주십시오.

Q 오크 스트리트 프레스에 대해 광고 내용과 일치하는 것은?
(a) 결혼 준비 서비스를 제공한다.
(b) 가장 저렴한 카드를 보유하고 있다.
(c) 대량 생산되는 문구류는 팔지 않는다.
(d) 가장 좋은 종류의 필기 용지를 제작한다.

가이드라인 오크 스트리트 프레스는 고객으로부터 주문을 받아 최고 품질의 문구류를 소량(small batches)으로 생산하는 업체이므로 (c)가 정답이다. (d)의 writing paper도 문구류에 들어가긴 하지만 이 업체에서 주로 제작하는 물건으로 언급되지 않았으므로 맞지 않다.

stationery shop 문구점 **custom** 맞춤의 **pre-packaged** 미리 포장되어 나오는 **generic** (상표 없이) 일반 명칭으로 판매되는 **batch** 한 번에 만들어내는 양 **one-of-a-kind** 특별한 **notecard** 메모용 카드

8

On behalf of the NCU College of Community Design, I'd like to welcome you to the third annual Sustainable Development Conference. During the next four days we'll be hearing from experts on tropical ecosystems, climate change, sustainable design, and urban growth. Some of the most outstanding figures in our field are here, including Geraldine Halpert and George Bolin. So without further ado, let me welcome the Dean of the NCU College of Community Design. Come on up here, Geraldine Halpert.

Q What can be inferred from the speech?
(a) Each conference day has a different focus.
(b) Last year's conference was held in the same city.
(c) Geraldine Halpert and George Bolin are coworkers.
(d) Environmental issues will dominate the conference.

NCU 커뮤니티 디자인 대학을 대표하여 제3회 연례 지속 가능한 개발 회담에 참석하신 것을 환영합니다. 향후 4일 동안 우리는 전문가들로부터 열대 생태계, 기후 변화, 지속 가능한 설계, 그리고 도시 성장에 대해 듣게 될 것입니다. 제럴딘 핼퍼트, 조지 볼린 등 저희 분야에서 가장 탁월한 인물에 속하는 분들이 이곳에 와계십니다. 소개는 이쯤 해두고, NCU 커뮤니티 디자인 대학 학장님을 바로 환영하도록 하겠습니다. 여기로 올라오세요, 제럴딘 핼퍼트 학장님.

Q 연설로부터 추론할 수 있는 것은?
(a) 매일 회담 주제가 다르다.
(b) 작년 회담도 같은 도시에서 열렸다.
(c) 제럴딘 핼퍼트와 조지 볼린은 동료이다.
(d) 회담의 주된 내용은 환경 문제가 될 것이다.

가이드라인 4일 동안 전문가들로부터 듣게 될 주제들은 tropical ecosystems, climate change, sustainable design, urban growth 등으로, 모두 환경과 관련된 내용이므로 (d)가 정답이다. 회담은 지속 가능한 개발(Sustainable Development)에 초점을 맞출 것이므로 (a)는 맞지 않다.

sustainable (환경 파괴 없이) 지속 가능한 **tropical** 열대의 **ecosystem** 생태계 **urban** 도시의 **outstanding** 탁월한 **without further ado** 거두절미하고, 더이상 말이 필요 없이 **dean** 학장 **environmental** 환경의 **dominate** 가장 중요한 특징이 되다

The Dust Sweeper is the most convenient and powerful vacuum cleaner available on the market today. This light-weight cordless product only weighs 4.5kg, and it takes less than an hour for this product to be fully charged! We're so confident that we can offer you 30 days for trial use. If you don't like our product, just send it back to us and we'll give you a full refund, including any shipping and handling fees. If you choose to keep our product after a trial period, you will be given a free clothes iron. Do not hesitate and order now!

Q9 Which of the following is correct according to the advertisement?
(a) The vacuum cleaner is the lightest one on the market.
(b) Payment must be made by the end of a test period.
(c) Refunds include delivery costs.
(d) The vacuum is 50% off for a limited period.

Q10 Who will be given a free clothes iron?
(a) People who first order the vacuum
(b) People who return the vacuum after a test use
(c) People who keep using the vacuum after a test use
(d) People who complain about a faulty item

더스트 스위퍼는 오늘 시장에서 살 수 있는 진공청소기 중 가장 편리하고 강력합니다. 이 가벼운 무선 제품은 4.5kg밖에 나가지 않고, 완충되는 데 1시간도 걸리지 않습니다. 저희는 자신 있게 여러분에게 30일간 시험 사용해 볼 것을 제안합니다. 저희 제품이 마음에 들지 않으시면, 그냥 저희에게 돌려주세요. 그러면 배송 및 취급비를 포함해서 모두 환불해 드립니다. 시험 기간 후에 계속 제품을 사용하시기로 하신 분께는 다리미를 공짜로 드립니다. 망설이지 마시고 지금 주문하세요!

Q9 광고 내용과 일치하는 것은?
(a) 청소기는 시장에서 가장 가벼운 제품이다.
(b) 시험 기간이 끝나면 비용을 치러야 한다.
(c) 환불은 배송비를 포함한다.
(d) 진공청소기는 제한된 기간에 50% 할인 판매된다.

Q10 무료 다리미를 받는 사람은?
(a) 처음 청소기를 주문한 사람
(b) 시험 사용 후에 청소기를 돌려준 사람
(c) 시험 사용 후 계속 청소기를 사용하는 사람
(d) 결함이 있는 제품에 대해 항의한 사람

가이드라인 Q9. 시험 사용 후 제품 구매 의사가 없어진 경우, 배송비 및 취급 비용을 포함해 환불하겠다고 했으므로 정답은 (c)이다.

Q10. 시험 사용 기간이 끝나고 계속 제품을 사용하는 사람에게 무료로 다리미를 준다고 했으므로 정답은 (c)이다

convenient 편리한 **vacuum cleaner** 진공청소기 **available** 이용 가능한, 입수 가능한 **on the market** 시장에서 **cordless** 선이 없는, 무선의 **product** 제품 **weigh** 무게가 나가다 **take** 시간이 걸리다 **fully** 완전히 **charge** 충전하다 **confident** 자신 있는 **offer** 제공하다 **trial** 시험(의) **refund** 환불, 환불하다 **including** ~을 포함하여 **shipping** 배송 **handling** 취급 **fee** 비용 **clothes iron** 다리미 **hesitate** 망설이다 **payment** 지불 **delivery** 배송 **limited** 제한된 **complain** 불평하다, 항의하다 **faulty** 결함이 있는

1

Listen to a conversation between two friends.

M Is your ankle still sore, Mimi?

W It's a little better, but it still hurts.

M Have you tried putting ice on it?

W Yes, and I also wrapped it with a bandage.

M Hmm, maybe you should see a doctor.

W No, it's not that bad.

Q What are the man and woman mainly discussing?

(a) How ice can ease pain

(b) Treating an injured ankle

(c) Preventing an ankle injury

(d) How the woman hurt herself

두 친구의 대화를 들으시오.

M 발목이 아직도 아프니, 미미?

W 약간 나아졌지만 여전히 아파.

M 얼음을 대봤니?

W 응, 그리고 붕대도 감았어.

M 음, 병원에 가보는 게 좋을 것 같은데.

W 아냐, 그 정도로 심각하지는 않아.

Q 화자들이 주로 논의하고 있는 것은?

(a) 얼음이 통증을 어떻게 완화시킬 수 있는지

(b) 부상당한 발목 치료하기

(c) 발목 부상 예방하기

(d) 여자가 어떻게 다치게 되었는지

가이드라인 여자가 발목을 다쳐 붕대도 감고 얼음도 대봤지만 여전히 아프다고 하자 남자가 병원에 가보라고 조언하고 있다. 여자의 부상당한 발목에 대해 이야기하고 있으므로 (b)가 정답이다.

ankle 발목 **sore** 아픈 **bandage** 붕대 **ease** 완화하다
treat 치료하다 **prevent** 예방하다

2

Listen to a conversation between two colleagues.

W Have you gotten a raise yet, Jeremy?

M No, and I've been working here a year and a half.

W You're supposed to get one after a year.

M Actually, my contract calls for a raise every six months.

W Why haven't you said anything?

M I didn't want to start any trouble.

Q What is Jeremy's primary concern?

(a) Finding a better-paying job

(b) Negotiating his new contract

(c) Avoiding confrontation at work

(d) Getting the raises he was promised

두 동료의 대화를 들으시오.

W 급여가 인상됐나요, 제레미?

M 아뇨, 근데 제가 여기서 일한 지 1년 반이 지났어요.

W 1년이 지나면 급여를 인상시켜 주기로 되어 있는데요.

M 사실 계약서대로라면 6개월마다 급여 인상을 요구할 수 있어요.

W 왜 아무 말도 안 했어요?

M 문제를 일으키고 싶지 않았어요.

Q 제레미가 가장 우선시하는 사항은?

(a) 급여가 더 많은 직업 찾기

(b) 새로운 계약을 협상하기

(c) 직장에서 대립 피하기

(d) 약속된 대로 인상된 급여 받기

가이드라인 남자가 6개월마다 급여 인상을 요구할 수 있는데 그렇게 하지 않은 이유는 I didn't want to start any trouble, 즉 문제를 일으키고 싶지 않았기 때문이다. 따라서 직장에서 대립을 피하기 위해서라는 (c)가 정답이다.

get a raise 급여가 오르다 **call for** ~을 요구하다 **better-paying** 급여가 더 많은 **negotiate** 협상하다 **confrontation** 대립

3

Listen to a conversation between two friends.

W Have you lost more weight, Tom?

M Yes, I dropped another five pounds last week.

W Your diet must be very effective.

M It is, but I've also started exercising regularly.

W Oh, I didn't know that.

M In my opinion, exercise is more important than diet.

Q Which is correct about the man according to the conversation?

(a) He lost five pounds this week.

(b) He has been losing weight.

(c) He is not pleased with his diet so far.

(d) He sees diet as more important than exercise.

두 친구의 대화를 들으시오.

W 체중이 더 줄었니, 탐?

M 응, 지난주에 또 5파운드 빠졌어.

W 식이요법이 매우 효과적인 것 같구나.

M 맞아, 그리고 운동을 규칙적으로 하기 시작했어.

W 오, 그건 몰랐는데.

M 내 생각에는 운동이 식이요법보다 더 중요한 것 같아.

Q 남자에 대해 대화 내용과 일치하는 것은?

(a) 이번 주에 5파운드 빠졌다.

(b) 체중이 줄고 있다.

(c) 지금까지 한 식이요법에 만족하지 않고 있다.

(d) 운동보다 식이요법을 더 중요하게 생각한다.

가이드라인   남자의 첫 번째 말 I dropped another five pounds last week에서 (b)가 정답임을 알 수 있다. 5파운드가 빠진 것은 지난주이고, 지금까지의 다이어트에 만족하고 있으며, 식이요법보다 운동을 더 중요하게 여긴다고 했으므로 나머지 선택지들은 오답이다.

lose weight 체중이 줄다 **effective** 효과적인 **regularly** 규칙적으로 **please** 기쁘게 하다

4

Listen to a conversation between two colleagues.

M There's a meeting at 2:30 this afternoon.

W Is everyone expected to attend?

M I think Mr. Daniels wants everyone there, yes.

W But I have a sales call at 2:15.

M Do you think it'll last more than 15 minutes?

W It's hard to tell.

Q What can be inferred about the woman from the conversation?

(a) She has just started her sales job.

(b) She is looking forward to the meeting.

(c) She conducts sales calls every afternoon.

(d) She is unsure if she can make the meeting.

두 동료의 대화를 들으시오.

M 오늘 오후 2시 30분에 회의가 있어요.

W 전원 참석할 예정인가요?

M 대니얼스 씨가 그러기를 바라는 것 같아요.

W 하지만 저는 2시 15분에 마케팅 전화를 해야 해요.

M 그게 15분 이상 걸릴 거라고 생각하세요?

W 알 수가 없죠.

Q 여자에 대해서 대화 내용으로부터 추론할 수 있는 것은?

(a) 영업 업무를 막 시작했다.

(b) 회의를 고대하고 있다.

(c) 매일 오후에 마케팅 전화를 한다.

(d) 회의에 참석할 수 있을지 확신을 하지 못한다.

가이드라인   2시 30분에 직원 회의가 있는데, 여자는 2시 15분에 마케팅 전화를 해야 한다. It's hard to tell이라며 얼마 동안 통화를 할지 예측할 수 없다고 했으므로 (d)를 추론할 수 있다. 마케팅 전화가 오늘 2시 15분에 있다고 했지 매일 있다는 말은 아니므로 (c)는 맞지 않다.

attend 참석하다 **sales call** 마케팅 전화 **look forward to -ing** ~하기를 고대하다 **make the meeting** 회의에 참석하다

I wanted to take a moment to thank everyone for making our office-wide recycling program such a success. We estimate that, since the program started, our office has saved the equivalent of 17 trees and about 7,000 gallons of water. Your participation in the recycling program is making a real difference, and I encourage you to keep up the good work. Remember, newspapers, magazines, catalogs, envelopes, and sticky notes can all be placed in the blue recycling bins in the lunchroom.

Q   What is the main idea of the manager's talk?
(a) Employees must do more recycling.
(b) The recycling program is going well.
(c) Most office materials can be recycled.
(d) The bins were moved to the lunchroom.

회사 전체 차원의 재활용 프로그램을 큰 성공으로 이끄신 모든 분들에게 감사의 뜻을 전할 순간이 오기를 바라고 있었습니다. 우리는 이 프로그램이 시작된 이후로 나무 17그루와 약 7천 갤런의 물에 해당하는 양을 절약한 것으로 추정하고 있습니다. 여러분의 재활용 프로그램 참여는 큰 효과를 내고 있으며, 앞으로도 지금처럼 계속 잘해 나가기를 바랍니다. 구내 식당의 파란색 재활용 수거함에 들어가는 품목으로는 신문, 잡지, 카탈로그, 봉투, 접착식 메모지들이라는 것을 꼭 기억해 두십시오.

Q   책임자가 전하는 말의 요지는?
(a) 직원들이 재활용을 더 많이 해야 한다.
(b) 재활용 프로그램이 잘 진행되고 있다.
(c) 사무실 물품들은 대부분 재활용이 가능하다.
(d) 재활용 수거함을 구내 식당으로 옮겼다.

가이드라인   직원들이 재활용 프로그램을 성공적으로 실행하고 있고 앞으로도 지금처럼 계속 잘해 나가자고 격려하는 내용의 담화문이므로 (b)가 정답이다. 열거된 물품들이 사무실 대부분의 물품이라는 말은 확인되지 않으므로 (c)는 맞지 않다. (a)는 지문 전체 내용과 반대되는 선택지이다.

estimate 추정하다   **equivalent** 상당하는 것   **gallon** 갤런(액량 단위)   **make a difference** 효과가 있다   **keep up the good work** 지금처럼 계속 잘하다   **sticky note** 접착식 메모지   **lunchroom** 구내 식당

Please join us this Tuesday at Absolute Fitness for our community blood drive. The drive will be held from noon to 8 p.m., so drop by at whatever time is best for you. All donors will receive a free day pass to the Absolute Fitness gym. Plus, they'll be entered in a contest to win a 55-inch LED television. Donors must be at least 17 years old and should be in good physical health. An onsite medical professional will decide whether or not you're healthy enough to donate blood.

Q   What is the main topic of the announcement?
(a) A competition for members of Absolute Fitness
(b) Registration for community fitness classes
(c) Health exams for people 17 and older
(d) An upcoming blood donation event

이번 주 화요일, 앱솔루트 헬스클럽에서 하는 우리 지역 헌혈 캠페인에 동참해 주시기 바랍니다. 본 행사는 정오에서 저녁 8시까지 열리며 가장 편한 시간에 들르시면 됩니다. 모든 헌혈자들은 앱솔루트 헬스클럽 무료 하루 이용권을 얻게 될 뿐만 아니라, 55인치 LED TV를 탈 수 있는 경연에 참가하게 될 것입니다. 헌혈자들은 최소 17세가 되어야 하며 신체 건강해야 합니다. 현장에 나와 있는 의료 전문가가 여러분이 헌혈할 수 있을 정도로 건강한지 아닌지를 결정할 것입니다.

Q   안내문의 중심 소재는?
(a) 앱솔루트 헬스클럽 회원들이 참가하는 경쟁
(b) 지역사회 신체 단련 수업 등록
(c) 17세 이상의 사람들을 위한 건강 검진
(d) 다가오는 헌혈 행사

가이드라인   지역사회 차원에서 펼쳐지는 헌혈 운동에 동참해 달라는 안내문이므로 (d)가 정답이다. 나머지 선택지들은 안내문의 중심 소재인 '헌혈'과는 거리가 먼 내용들이다.

blood drive 헌혈 캠페인   **drop by** 잠깐 들르다   **donor** 헌혈자   **physical** 육체의   **onsite** 현장의   **competition** 경쟁   **registration** 등록   **upcoming** 다가오는

There have been some rumors going around lately about possible changes to our employee healthcare program. Please allow me to reassure you that if you're currently enrolled in our group health plan, you'll be covered no matter what changes are made to the program in the coming months. We'll keep you updated about new developments as they happen, and we're here to answer any questions you might have. Just contact the human resources department if you'd like to talk to someone about your coverage.

Q Which is correct about employee healthcare according to the talk?
(a) Rumors about it are false.
(b) The program is set to change.
(c) Some employees will lose coverage.
(d) The health department handles inquiries.

최근 직원 건강 관리 프로그램에 있을지도 모를 변화를 두고 몇 가지 소문이 나돌고 있습니다. 현재 우리 회사 의료 보험에 가입되어 있는 분이라면 향후 몇 달 사이 프로그램에 어떤 변화가 있든지 간에 보험 혜택을 받게 된다는 사실을 확인시켜 드리겠습니다. 저희는 새로운 진행 상황이 발생할 때마다 최신 소식을 계속 전해 드릴 것이며, 여러분이 갖고 있을지 모를 의문 사항에 답변해 드리겠습니다. 여러분의 보험 보장에 대해 누군가와 이야기하고 싶다면 거리낌 없이 인사부에 연락하세요.

Q 직원 건강 관리에 대해 대담 내용과 일치하는 것은?
(a) 그것에 관한 소문들은 거짓이다.
(b) 프로그램에 변화가 있을 예정이다.
(c) 일부 직원은 보험 보장 권리를 상실할 것이다.
(d) 보건 부서에서 질문 사항을 처리한다.

가이드라인 직원 건강 관리 프로그램에 변화가 있을 예정이지만 회사 의료 보험에 가입된 사람이라면 보험 혜택을 그대로 받을 것이라는 인사 부서의 발표문이다. 따라서 (b)가 정답이다. 프로그램이 변동된다는 것은 사실이므로 (a)는 맞지 않고, 의료 보험에 가입된 모든 직원은 프로그램의 변화와 관계없이 보험 혜택을 받을 수 있다고 했으므로 (c)도 오답이다. (d)는 인사부에 해당하는 진술이다.

rumor 소문, 유언비어 **reassure** 안심시키다 **enroll** 등록하다 **health plan** 의료 보험 **human resources department** 인사부 **coverage** (보험의) 보장 **be set to** ~하기로 예정되어 있다 **health department** 보건부 **handle** 처리하다 **inquiry** 문의

Seeds of Strength is a not-for-profit group that focuses on telling stories through digital filmmaking. We connect film students around the country with organizations in different parts of the world in order to document their important work. Last year, students visited a well-digging organization in Tanzania, a hospital in Mexico, and a farm in India. Seeds of Strength is currently looking for a creative film student to join our team for the summer. The ideal candidate will have experience with video editing or some other aspect of film production.

Q What can be inferred about Seeds of Strength from the statement?
(a) It only hires film school graduates.
(b) Its open position is a temporary one.
(c) It operates film schools around the world.
(d) Its focus is primarily on African problems.

시즈 오브 스트렝스는 디지털 영화 제작을 통한 스토리 전달을 주요 업무로 하는 비영리 단체입니다. 저희는 전국에 있는 영화 전공 학생들을 세계 각지의 단체들과 연계시켜 그들의 중요 업무를 다큐로 제작하게 합니다. 작년에 학생들은 탄자니아의 우물 파기 단체, 멕시코의 병원, 인도의 농장을 방문했습니다. 시즈 오브 스트렝스는 현재 올여름 저희 팀에 동참할 창의적인 영화 전공 학생을 찾고 있습니다. 이상적인 후보는 비디오 편집이나 기타 다른 방면의 영화 제작에 경험 있는 자입니다.

Q 시즈 오브 스트렝스에 대해 추론할 수 있는 것은?
(a) 영화 학교 졸업자들만 고용한다.
(b) 비어 있는 자리는 일시적인 것이다.
(c) 전세계 곳곳에 영화 학교들을 운영하고 있다.
(d) 아프리카 문제를 주로 다룬다.

가이드라인 시즈 오브 스트렝스가 현재 뽑고 있는 학생은 이번 여름에 같이 일할 사람이라고 했으므로 (b)가 정답이다. 시즈 오브 스트렝스는 영화 학교 졸업자가 아니라 영화 전공 학생들로 명시했고, 전세계 각지의 단체들과 연계한다고 했으므로 (a), (d)는 맞지 않다.

not-for-profit 비영리의 **document** 상세히 기록하다 **well-digging** 우물 파기 **candidate** 후보자 **editing** 편집 **aspect** 양상 **temporary** 일시적인 **primarily** 주로

Organic food is food produced by methods that avoid using harmful chemicals such as pesticides and livestock feed additives. However, a recent study shows that the increasing demand for organic produce has been accompanied by a false belief that could ruin people's health. That is to say, many consumers are buying organic foods not because they want to eat foods free of pesticides but because they think organic foods have fewer calories than non-organic ones. The research showed that such people are likely to gain weight, as they adjust the amount of the food they eat according to their belief.

Q9 What is the main topic of the talk?

(a) How organic food is different from non-organic foods

(b) How obesity can be treated with organic foods

(c) How misunderstanding about organic foods leads to overeating

(d) How grow organic foods can be grown at home

Q10 What can be inferred from the talk?

(a) Non-organic foods have more calories than organic ones.

(b) The way organic foods are produced has nothing to do with nutritional quality.

(c) There are fewer vitamins in non-organic foods.

(d) The false belief about organic foods was caused by misleading advertisements.

유기농 식품은 농약이나 가축 사료 첨가제 같은 해로운 물질을 사용하지 않는 방식으로 생산되는 식품이다. 그러나 최근 연구에서 유기농 식품 수요가 증가하는 것에는 사람들의 건강을 해칠 수 있는 잘못된 믿음이 숨어 있다는 것이 밝혀졌다. 다시 말해서, 많은 소비자가 유기농 식품을 사는 이유가 농약이 없는 식품을 먹고 싶어서가 아니라, 유기농 식품이 비유기농 식품보다 열량이 적다고 생각하기 때문이다. 연구에 따르면 이런 사람들은 자신들의 믿음에 따라서 음식의 양을 조절하기 때문에 체중이 증가할 가능성이 있다.

Q9 담화의 중심 주제는?

(a) 유기농 식품은 비유기농 식품과 어떻게 다른가

(b) 유기농 식품으로 어떻게 비만을 치료할 수 있는가

(c) 유기농 식품에 대한 오해가 어떻게 과식으로 이어지는가

(d) 유기농 식품이 집에서 어떻게 재배될 수 있는가

Q10 담화로부터 추론할 수 있는 것은?

(a) 비유기농 식품은 유기농 식품보다 열량이 더 많다.

(b) 유기농 식품이 생산되는 방식은 영양적인 질과 아무런 관계가 없다.

(c) 비유기농 식품에는 비타민이 더 적다.

(d) 유기농 식품에 대한 잘못된 믿음은 잘못된 광고에서 기인했다.

가이드라인 Q9. 유기농 식품이 비유기농 식품보다 열량이 적다는 잘못된 믿음 때문에 많은 사람이 과식을 해서 체중 증가로 이어지고 있다는 내용이므로 정답은 (c)이다.

Q10. 유기농 식품은 농약과 같은 해로운 화학 물질을 사용하지 않고 재배한 식품일 뿐 비유기농 식품보다 열량이 적은 것은 아니므로 영양적인 특징과 아무런 관계가 없음을 알 수 있다. 따라서 정답은 (b)이다.

organic 유기농의 **produce** 생산하다 **method** 방법 **avoid** 피하다 **harmful** 해로운 **chemical** 화학물 **pesticide** 농약 **livestock** 가축 **additive** 첨가제 **demand** 수요 **accompany** 동반하다 **false** 잘못된 **ruin** 망치다 **that is to say** 다시 말해 **consumer** 소비자 **calorie** 열량 **research** 연구 **gain weight** 체중이 증가하다 **obesity** 비만 **misunderstanding** 오해 **overeating** 과식 **nutritional** 영양적인 **quality** 품질 **misleading** 잘못 인도하는

1

Listen to a conversation between a professor and a student.

M Professor, I have a question about the exam.

W Sure, Lee, what is it?

M Could I take it a day early?

W Why would you want to do that?

M I'm going out of town on the day of the test.

W Sorry, I don't make exceptions unless it's an emergency.

Q What is the man mainly doing in the conversation?

(a) Asking about his exam grade

(b) Apologizing for missing a test

(c) Finding out what's on an exam

(d) Requesting an alternate test date

교수와 학생의 대화를 들으시오.

M 교수님, 시험에 대해서 질문이 있어요.

W 좋아, 리, 뭐지?

M 저만 하루 일찍 시험 볼 수 있을까요?

W 이유가 뭐지?

M 시험 당일 이곳을 떠날 예정이거든요.

W 유감스럽지만 긴급 상황이 아니면 예외는 있을 수 없어.

Q 남자가 주로 하고 있는 것은?

(a) 시험 성적에 대해 묻기

(b) 시험을 치르지 않은 것 사과하기

(c) 시험 문제가 뭔지 알아내기

(d) 시험 날짜 대체를 요구하기

가이드라인 시험 치르는 날에 이곳을 떠날 예정이라 자기 시험 날짜를 바꿔 달라는 남학생의 요구에 교수가 긴급 상황이 아니면 예외를 허락할 수 없다며 거절하는 상황이다. 따라서 (d)가 정답이다.

make an exception 예외로 하다 **emergency** 긴급 사항
apologize 사과하다 **find out** 알아내다 **alternate** 대체의

2

Listen to a conversation between two students.

W How many classes are you taking next semester?

M I'm signed up for six.

W That's a lot. I'll only be taking four.

M Well, I plan to drop whichever one I like the least.

W Is there any penalty for doing that?

M Not if you do it within the first two weeks.

Q What has the man done according to the conversation?

(a) Taken four classes he did not like

(b) Signed up for the woman's classes

(c) Registered for more classes than he will take

(d) Dropped out of several classes within two weeks

두 학생의 대화를 들으시오.

W 다음 학기에는 몇 과목 수강할 거니?

M 6과목 신청했어.

W 너무 많다. 난 4과목만 들을 거야.

M 일단 들어보고 가장 마음에 안 드는 과목 하나는 뺄 생각이야.

W 그렇게 하면 불이익 같은 건 없니?

M 개강 후 2주 이내에는 없어.

Q 남자가 한 일은?

(a) 좋아하지 않는 과목 4개를 신청했다

(b) 여자와 같은 과목을 신청했다

(c) 수강하려고 하는 것보다 더 많은 과목을 신청했다

(d) 2주 내에 몇 과목을 뺐다

가이드라인 남자는 현재 6과목을 신청했지만 일단 들어보고 마음에 안 드는 한 과목은 빼겠다고 했으므로 (c)가 정답이다. '수강 신청을 하다'는 sign up for[register for] a class로 표현한다.

take a class 수강하다 **semester** 학기 **drop** 중단하다, 빼다
penalty 불이익, 손실 **register for** 수강 신청을 하다

3

Listen to a conversation between two friends.

M How are your classes going, Lisa?

W I'm really enjoying algebra, but I dislike literature.

M What makes the math class so good?

W My teacher makes the material fun to learn.

M And the opposite is true in literature class?

W Right. It's so boring!

Q Which is correct about the woman according to the conversation?

(a) She finds school boring.

(b) She dislikes her math teacher.

(c) She rates her algebra class highly.

(d) She enjoys learning about literature.

두 친구의 대화를 들으시오.

M 수업은 어때, 리사?

W 대수학은 아주 재미있지만 문학은 싫어.

M 수학 수업이 왜 그렇게 재미있지?

W 선생님이 재미있게 가르치거든.

M 그럼 문학 수업은 그 반대고?

W 맞아. 너무 지루해!

Q 여자에 대해 대화 내용과 일치하는 것은?

(a) 학교가 지루하다고 느낀다.

(b) 수학 선생님을 매우 싫어한다.

(c) 대수학 수업을 높이 평가한다.

(d) 문학 공부를 즐긴다.

가이드라인 대수학 수업이 아주 재미있다고 했으므로 (c)가 정답이다. 학교가 아니라 문학 수업을 지루하게 느끼는 것이므로 (a)는 맞지 않고, 수학 선생님이 수업을 재미있게 하고 문학은 싫어한다고 했으므로 (b)와 (d)도 오답이다.

algebra 대수학 **dislike** 싫어하다 **literature** 문학 **material** (수업) 자료 **opposite** 반대 **rate** 평가하다

4

Listen to a conversation between two friends.

W Do you want to go to a movie this afternoon?

M I'm afraid I have to study.

W I'm planning to go to the library afterwards.

M Really? What time does the movie end?

W Around 4:30, I think.

M OK, I guess I have time to do both.

Q What can be inferred about the man from the conversation?

(a) He has no spare time.

(b) He recently visited the library.

(c) He will go to the afternoon movie.

(d) He is in the same class as the woman.

두 친구의 대화를 들으시오.

W 오늘 오후에 영화 보러 가고 싶니?

M 유감스럽지만 공부해야 돼.

W 난 영화 본 후에 도서관에 갈 생각인데.

M 정말? 영화가 몇 시에 끝나는데?

W 4시 30분쯤 끝날 것 같은데.

M 그렇다면 나도 둘 다 할 시간이 될 것 같아.

Q 남자에 대해 추론할 수 있는 것은?

(a) 여유 시간이 없다.

(b) 최근에 도서관을 방문했다.

(c) 오후에 영화 보러 갈 것이다.

(d) 여자와 같은 반이다.

가이드라인 남자는 처음에는 공부 때문에 영화 보러 가지 않겠다고 했지만 여자가 4시 30분에 영화가 끝나고 도서관에 간다는 말에 영화도 보고 공부도 하겠다고 마음을 바꾸었으므로 (c)를 추론할 수 있다.

afterwards 그 후에 **spare time** 여가 (시간)

5

As engineering students, you can help design technology solutions that can improve people's lives. I'm especially excited to tell you that we'll be working with professional engineers from the Popham Research Lab this year. Our goal is to help them develop an energy-efficient stove. More than three billion people in developing countries around the world cook their meals over open fires. This creates harmful indoor air pollution. So what Popham wants to develop is an inexpensive stove that produces less smoke and uses less fuel.

Q   What is the talk mainly about?
(a) Health problems with regular stoves
(b) Goals that engineering students have
(c) A stove project students will work on
(d) What the Popham Research Lab does

공학도로서 여러분은 인간의 삶을 개선시킬 수 있는 테크놀로지 솔루션을 고안하는 작업을 도울 수 있습니다. 저는 여러분에게, 우리가 올해 같이 일하게 될 분들이 폽햄 연구소 출신의 전문 기술자들이라는 사실을 알리게 되어 무척 흥분이 됩니다. 우리의 목표는 그들이 연료 효율이 좋은 (요리용) 화로를 개발하는 것을 돕는 것입니다. 현재 전세계 개발도상국에 거주하는 30억 명이 넘는 사람들이 덮개 없는 아궁이에서 음식을 요리하고 있는데, 이는 실내 공기를 오염시킵니다. 그래서 폽햄은 연기가 덜 나고 연료를 덜 쓰는 저렴한 (요리용) 화로를 개발하고자 하는 것입니다.

Q   담화문의 주된 내용은?
(a) 일반 화덕이 주는 건강 문제
(b) 공학도들이 갖는 목표
(c) 학생들이 작업할 화덕 프로젝트
(d) 폽햄 연구소가 하는 일

가이드라인   공학도들이 올해 해야 할 과제를 발표하고 있는데, 폽햄 연구소 출신의 전문 기술자들이 연료 효율이 좋은 화덕을 개발하는 것을 도울 것이라고 했으므로 (c)가 정답이다. 담화문의 핵심 대상이 '공학도'이며 폽햄 연구소를 돕는 일이 주된 내용이므로 (d)는 답으로 적절하지 않다.

research lab 연구소   **energy-efficient** 연료 효율이 좋은
open fire 덮개 없는 아궁이   **harmful** 해로운   **pollution** 오염
fuel 연료

6

What I want to discuss today is what photography did in depicting the American Civil War. Photography was still relatively new at the time war broke out. It had been around for a few decades but wasn't very far-reaching or influential. But during the war, photographers went to the battlefields and took dramatic pictures of the violence and horror of war. For the first time, the public saw what the battlefields were like and how truly awful war was.

Q   What is the main idea about photography in the lecture?
(a) It showed the realities of the Civil War.
(b) It influenced opinions on the Civil War.
(c) It became popular during the Civil War.
(d) It made the world aware of the Civil War.

오늘은 사진술이 미국 남북 전쟁을 묘사하는 데 있어 어떤 역할을 했는지에 대해서 논의하고자 합니다. 사진술은 전쟁이 발발한 당시만 해도 여전히 비교적 새로운 분야였습니다. 그것은 수십 년 동안 존재했지만 아주 중요한 부분을 차지하지 않았고 영향력도 그다지 크지 않았습니다. 하지만 전쟁 기간 동안 사진 작가들은 전쟁터로 가서 극적으로 펼쳐지는 전쟁의 폭력과 공포의 장면을 찍었습니다. 대중들이 전쟁터가 어떠한지 그리고 전쟁이 얼마나 끔찍한지를 목격한 것은 이것이 처음이었습니다.

Q   강의에 나타난 사진술에 대한 요지는?
(a) 남북 전쟁의 실제 상황을 보여 주었다.
(b) 남북 전쟁에 대한 의견에 영향을 주었다.
(c) 남북 전쟁 동안 대중화되었다.
(d) 전세계가 남북 전쟁을 인식하게 만들었다.

가이드라인   사진술은 남북 전쟁 당시만 해도 널리 알려지지 않은 분야였으나 사진작가들이 전쟁터에 나가 전쟁의 폭력과 공포의 장면을 적나라하게 찍은 결과 대중들이 최초로 전쟁의 참상을 목격할 수 있었다는 것이 이 강의의 핵심이므로 (a)가 정답이다.

photography 사진술   **depict** 묘사하다   **relatively** 비교적
break out 발발하다   **far-reaching** 지대한 영향을 미치는, 중요한
influential 영향력 있는   **battlefield** 전쟁터   **dramatic** 극적인
violence 폭력   **awful** 끔찍한   **aware of** ~을 알고 있는

Since so much of our planet is covered by ocean, it'd be convenient if we found a way to use it as a source of energy. And scientists have an idea that might make this a reality. It involves using ocean water like a battery. Ocean water contains electrically charged particles, and it's possible to capture these particles to charge a battery. Even though the amount of energy produced by this process is fairly small, it could lead to useful energy technology.

Q Which is correct about ocean water according to the lecture?
(a) Many ways exist to get energy from it.
(b) Removing salt from it produces energy.
(c) It could function as the charge for a battery.
(d) It might help in solving the world's energy crisis.

지구의 대부분이 해양으로 덮여 있기 때문에 우리가 그것을 에너지원으로 사용하는 방법을 발견할 수 있다면 편리할 것입니다. 그리고 과학자들은 어쩌면 이것을 실현할 수도 있는 아이디어를 갖고 있습니다. 그 중 하나는 바닷물을 배터리처럼 사용하는 것입니다. 바닷물은 전기를 띤 입자를 함유하고 있으며, 이러한 입자들을 포착하여 배터리를 충전시키는 것이 가능합니다. 비록 이런 과정에 의해 생산되는 에너지의 양이 아주 적다 할지라도 그것은 유용한 에너지 기술로 이어질 수 있을 것입니다.

Q 바닷물에 대해 강의 내용과 일치하는 것은?
(a) 그것으로부터 에너지를 얻을 수 있는 많은 방법들이 존재한다.
(b) 그것에서 염분을 제거할 때 에너지가 생성된다.
(c) 배터리 충전 기능을 할 수 있을 것이다.
(d) 전세계 에너지 위기를 해결하는 데 도움이 될 수 있다.

가이드라인 바닷물을 에너지원으로 사용하는 방법에 대해 말하고 있다. 그 중 하나가 바닷물에 함유된 전기를 띤 입자를 포착하여 배터리를 충전시키는 것이라고 했으므로 (c)가 정답이다. 앞에서 scientists have an idea라고 했기 때문에 (a)는 Many라고 볼 수 없다. (b)와 (d)는 강의에서 언급되지 않았다.

a source of energy 에너지원 **involve** 관련시키다 **electrically charged** 전기를 띤 **particle** 입자 **fairly** 꽤 **remove** 제거하다 **function** 기능하다 **crisis** 위기

In 1897, three Swedish explorers set out to reach the North Pole using a balloon. Unfortunately, the balloon crashed after two days and the men had to try for home on foot. It wasn't until 33 years after the date of their launch that their bodies were found. A diary they kept tells of the crash and explains how they set up camp on an island, but it ends suddenly. Many theories exist on how they died. Some say it was by polar bear attack.

Q What can be inferred from the lecture?
(a) The men did not reach the North Pole.
(b) The men survived by eating polar bears.
(c) The probable cause of death was suicide.
(d) The balloon crash killed some of the men.

1897년에 스웨덴 탐험가 3명이 북극에 도달할 목적으로 열기구를 타고 출발했습니다. 불행히도 열기구는 이틀 후에 추락했고, 그들은 걸어서 집으로 향해야 했습니다. 그들의 시신이 발견된 것은 출발한 날로부터 33년이 지난 후였습니다. 그들이 기록한 일지는 열기구의 추락에 대해 말하고 있고, 그들이 섬에서 캠프를 어떻게 설치했는지를 설명하고 있지만 갑자기 끝나버립니다. 그들이 죽게 된 경위에 대해서 많은 이론들이 존재하는데, 일부는 북극곰의 공격으로 사망했다고 주장합니다.

Q 강의로부터 추론할 수 있는 것은?
(a) 남자들은 북극에 도달하지 않았다.
(b) 남자들은 북극곰을 먹고 살아남았다.
(c) 죽음의 원인은 아마도 자살이었을 것이다.
(d) 열기구가 추락하면서 그들 중 일부가 죽었다.

가이드라인 북극으로 향한 지 이틀 만에 열기구가 추락했고, 섬에서 캠프를 설치한 흔적이 있으므로 북극에는 도착하지 못했음을 짐작할 수 있다. 따라서 (a)가 정답이다.

set out 출발하다 **balloon** 열기구 풍선 **crash** 추락하다 **on foot** 걸어서 **launch** 발사 **keep a diary** 일기를 쓰다 **set up** 설치하다 **polar bear** 북극곰 **probable** 개연성 있는 **suicide** 자살

Prague Castle, a UNESCO world heritage site located in the Czech Republic, is famous for its variety of architectural styles. When you visit this place, you can see the development of European architecture which has been made over a thousand years. When it was first constructed, it was a simple fortress. But over time, people added other buildings for many other purposes. Many of these additions were made centuries apart, and they have the style popular at the time. As a result, the castle has a historical significance as a valuable reference for the region's architectural history—displaying Romanesque, Gothic, Neoclassical, Art Nouveau, and other styles.

Q9 What is the talk mainly about?

(a) The peoples who conquered Prague Castle

(b) What style was used for the Prague Castle when it was first built

(c) The efforts made to conserve Prague Castle

(d) How Prague Castle has various architectural styles

Q10 What can be inferred about Prague Castle?

(a) It is more than a thousand years old.

(b) It was initially built in the Gothic style.

(c) It is being considered for a UNESCO World Heritage Site listing.

(d) It was occupied by Muslims for many years.

체코 공화국에 위치한 유네스코 세계 문화유산인 프라하성은 다양한 건축 양식으로 유명하다. 이곳에 방문할 때 천 년 넘게 이루어졌던 유럽 건축의 발전을 볼 수 있다. 그것은 처음 건축되었을 때, 단순한 요새였다. 하지만 시간이 지나면서 사람들이 많은 다양한 목적으로 다른 건물을 추가했다. 추가된 것 중 많은 것들이 몇 세기의 시간을 사이에 두고 지어졌는데, 당시에 유행하던 양식을 가지고 있다. 결과적으로 이 성은 이 지역의 건축 역사를 위한 귀중한 참고 자료로서 역사적 중요성을 가지고 있는데, 로마네스크, 고딕, 신고전주의, 아르누보와 다른 여러 양식을 보여주고 있다.

Q9 지문의 주된 내용은?

(a) 프라하성을 점령한 민족들

(b) 처음 건축되었을 때 프라하성은 어떤 양식으로 지어졌나

(c) 프라하성을 보존하기 위해 이루어졌던 노력

(d) 프라하성이 어떻게 해서 다양한 건축 양식을 가지게 되었나

Q10 프라하성에 대해 추론할 수 있는 것은?

(a) 1000년 이상 되었다.

(b) 처음 고딕 양식으로 지어졌다.

(c) 유네스코 문화 유산 등재 대상으로 고려되고 있다.

(d) 수년 동안 이슬람에 의해 점령되었다.

가이드라인 Q9. 프라하성에서 천 년 이상의 세월을 거치며 탄생한 다양한 건축 양식을 한꺼번에 볼 수 있는 것은 성이 건축된 후 몇 세기의 시간을 사이에 두고 그 시대에 가장 유행했던 건축 양식을 이용해 다양한 용도의 건물들이 증축되었기 때문이라는 것이 이 글의 중심 내용이다. 따라서 정답은 (d)이다.

Q10. 프라하성에서 1000년 넘게 이루어졌던 다양한 유럽의 건축 양식을 볼 수 있다는 내용으로부터 프라하성은 1000년이 넘었음을 알 수 있다. 따라서 정답은 (a)이다.

heritage 유산 **variety** 다양성 **architectural** 건축의 **style** 양식 **architecture** 건축 **construct** 건설하다 **fortress** 요새 **purpose** 목적 **addition** 추가된 것 **apart** 떨어져서 **as a result** 결과적으로 **significance** 중요성 **valuable** 귀중한 **reference** 참고자료 **display** 전시하다, 보여주다 **conquer** 지배하다 **effort** 노력 **conserve** 보존하다 **various** 다양한 **initially** 처음에 **consider** 고려하다 **occupy** 점령하다, 장악하다 **Muslim** 이슬람인

Unit 20 텝스 청해 집중 공략

⊙ 본책 P149

1

Listen to a conversation between a design firm representative and a client.

W Hi, is Mr. Jones available?

M May I ask who's calling?

W This is Jenna Peterson, a client of his.

M Mr. Jones is in a design meeting. Can I take a message?

W Just let him know I called, please.

M OK, I'll do that.

Q What is the woman mainly doing in the conversation?

(a) Returning Mr. Jones' call

(b) Leaving a message for Mr. Jones

(c) Attempting to speak to Mr. Jones

(d) Waiting until Mr. Jones' meeting ends

디자인 회사 직원과 고객의 대화를 들으시오.

W 안녕하세요, 존스 씨 계신가요?

M 실례지만 누구시죠?

W 그의 고객인 제나 피터슨이라고 해요.

M 존스 씨는 지금 디자인 회의 중이세요. 메시지를 남겨 드릴까요?

W 저한테서 전화 왔다고만 전해 주세요.

M 알겠습니다. 그렇게 하죠.

Q 여자가 주로 하고 있는 것은?

(a) 존스 씨의 전화에 답신 전화하기

(b) 존스 씨에게 메시지 남기기

(c) 존스 씨와 통화 시도하기

(d) 존스 씨의 회의가 끝날 때까지 기다리기

가이드라인 여자가 존스 씨와 통화하려 했지만 그가 지금 회의 중이라 통화할 수 없는 상황이므로 (c)가 정답이다. 메시지를 남기겠냐는 말에 전화 왔다고만 전해 달라고 했으므로 (b)는 맞지 않다.

client 고객 **return** 답신하다 **attempt** 시도하다

2

Listen to a conversation between two acquaintances.

M How's it going, Christie?

W Oh, I'm dying from this heat!

M So am I, but summer's almost over.

W Fall can't come fast enough, if you ask me.

M Soon enough we'll be freezing in winter.

W That's fine with me.

Q What are the man and woman mainly talking about?

(a) Their plans for the summer

(b) How unpleasant the weather is

(c) When the weather will get warm

(d) Their preference for fall over winter

두 지인의 대화를 들으시오.

M 잘 지내세요, 크리스티?

W 너무 더워 죽겠어요!

M 나도 그래요, 하지만 여름도 거의 끝나가요.

W 제 생각에는 가을이 빨리 오는 것 같지 않네요.

M 곧 겨울이 와서 몹시 추울텐데요.

W 전 그게 좋아요.

Q 두 사람이 주로 이야기하고 있는 것은?

(a) 여름을 나기 위한 계획

(b) 날씨가 얼마나 불쾌한지

(c) 날씨가 언제 따뜻해질지

(d) 겨울보다 가을을 더 좋아함

가이드라인 날씨가 더워 죽겠다는 여자의 말에 남자가 동의하는 상황이므로 (b)가 정답이다. 나머지 선택지들은 대화 속 등장한 summer, fall, winter 등을 조합해서 혼동을 유발하고 있다.

if you ask me 내 생각으로는(in my personal opinion) **freezing** 얼 정도로 추운 **unpleasant** 불쾌한 **preference** 선호

3

Listen to a conversation between a restaurant staffer and a customer.

M John's Diner, can I help you?

W I'd like to make a dinner reservation.

M OK, for how many?

W Six people at 6:30 tonight.

M We don't have any openings until 7.

W That will do.

Q Which is correct according to the conversation?

(a) The restaurant does not take reservations.

(b) The woman is booking for seven people.

(c) The restaurant is not open until 6:30.

(d) The woman's party can dine at 7.

식당 직원과 손님의 대화를 들으시오.

M 존스 다이너입니다. 뭘 도와드릴까요?

W 저녁 식사 예약을 하고 싶은데요.

M 알겠습니다. 몇 분이시죠?

W 오늘 저녁 6시 30분으로 6명이요.

M 7시까지는 빈자리가 없는데요.

W 그럼 그 시간으로 해주세요.

Q 대화 내용과 일치하는 것은?

(a) 식당은 예약을 받지 않는다.

(b) 여자는 7명을 예약하고 있다.

(c) 식당은 6시 30분이 되어서야 문을 연다.

(d) 여자 일행은 7시에 식사를 할 수 있다.

가이드라인 여자는 6시 30분에 식당 예약을 하려고 하지만 7시 까지는 빈자리가 나지 않는다는 말에 그럼 그 시간으로 예약하겠다 고 했으므로 (d)가 정답이다. 여자가 전화로 예약을 하고 있는 상황이 고, 6명을 예약하고 있으며, 6시 30분은 여자가 애초에 예약하려고 했던 시간이므로 나머지 선택지들은 오답이다. 특히 대화 속 등장한 openings와 (c)에 나온 open을 서로 연결짓지 말자.

make a reservation 예약하다 **opening** 빈자리 **book** 예약하다
party 일행 **dine** (정찬) 식사를 하다

4

Listen to a conversation about a man's weekend plans.

W What are your plans for the weekend?

M I'm thinking of driving to my parents' house up north.

W Oh, but haven't you seen the forecast?

M No, why?

W They're calling for a major blizzard up there.

M Hmm, I might have to rethink things, then.

Q What can be inferred from the conversation?

(a) The man visits his parents often.

(b) The woman does not like the snow.

(c) The weather forecast is probably wrong.

(d) The north will have bad driving conditions.

남자의 주말 계획에 관한 대화를 들으시오.

W 주말에 뭘 할 계획이에요?

M 북쪽 지역에 사시는 부모님 집에 운전해서 갈까 생각 중이에요.

W 오, 일기 예보 안 보셨어요?

M 네, 왜요?

W 북쪽에 큰 눈보라가 예상된다고 하던데요.

M 음, 그럼 다시 생각해 봐야겠네요.

Q 대화로부터 추론할 수 있는 것은?

(a) 남자는 종종 부모님을 방문한다.

(b) 여자는 눈을 좋아하지 않는다.

(c) 일기 예보는 아마 틀렸을 것이다.

(d) 북쪽 지역은 운전 조건이 안 좋을 것이다.

가이드라인 북쪽 지역에 큰 눈보라가 예상된다는 말에 남자가 운전 해서 가려던 계획을 재고하고 있는 상황이므로 (d)를 추론할 수 있다. 주말에 부모님 댁을 방문한다는 남자의 대화로 (a)와 같이 추측하지 않도록 한다.

forecast 일기 예보 **blizzard** 눈보라 **rethink** 재고하다
driving condition 운전 조건

This is a reminder that you've got an upcoming NightOwl reservation at Piccolo Grill in Swanville. We look forward to serving your party of two tomorrow, May 8, at 6 p.m. NightOwl allows you to easily manage your dinner reservations online. An account with NightOwl is completely free and offers you instant, confirmed reservations at thousands of top-rated restaurants across the country. If your plans should change for any reason, please let us know by visiting the NightOwl website and updating your reservation details.

Q What is the main reason for the telephone message?
(a) To offer a meal deal at the NightOwl
(b) To change a NightOwl reservation date
(c) To reserve a table at a NightOwl restaurant
(d) To give a reminder about a NightOwl booking

귀하가 나이트아울을 통해 스완빌의 피콜로 그릴에 예약한 상태임을 알려드리기 위해 전화드렸습니다. 저희는 5월 8일 내일 오후 6시에 귀하를 포함한 일행 두 분을 모시기를 고대하고 있습니다. 나이트아울은 손님들이 저녁 식사 예약을 온라인으로 쉽게 할 수 있도록 해드립니다. 나이트아울의 계정은 완전 무료이며, 전국에서 가장 인기 있는 식당 수천 곳에 즉시 예약하고 확인할 수 있습니다. 만약 귀하의 계획을 어떤 이유에서든 변경해야 한다면 나이트아울 웹사이트에 방문하셔서 귀하의 자세한 예약 사항을 업데이트하여 저희에게 알려주십시오.

Q 전화 메시지를 남긴 이유는?
(a) 나이트아울에서 세트 메뉴를 제공하기 위해
(b) 나이트아울의 예약 날짜를 변경하기 위해
(c) 나이트아울에서 식사를 예약하기 위해
(d) 나이트아울의 예약을 상기시키기 위해

가이드라인 전화 녹음 메시지는 보통 첫 문장에 메시지를 남기는 목적이 나온다는 사실에 유의한다. 내일 오후 6시에 피콜로 그릴에 저녁 식사 예약이 되어 있으니 잊지 말라는 확인 메시지이므로 (d)가 정답이다.

reminder 상기시키는 것 **account** (정보 서비스) 이용 계정
instant 즉각적인 **confirm** 확인하다 **top-rated** 가장 인기 있는
meal deal 세트 메뉴

Hello, Ms. Chang. This is Fort Prospect Medical Center. It's 3:45 on Friday, January 26. The reason I'm calling is to let you know that the benefit dinner planned for tomorrow evening has been postponed. The event organizers decided that, because of the snowstorm forecasted for this weekend, it'd be best to call off the event for now. They're working with the keynote speaker to determine a time in spring when she can return to Fort Prospect.

Q Which is correct about the event according to the recorded message?
(a) It was canceled weeks in advance.
(b) The forecast led to its cancellation.
(c) The reason for its postponement is unclear.
(d) It has already been rescheduled for the spring.

안녕하세요, 창 씨. 저는 포트 프로스펙트 메디컬 센터입니다. 지금은 1월 26일 금요일 3시 45분입니다. 제가 전화 건 까닭은 내일 저녁으로 계획된 자선 만찬 행사가 연기되었음을 알려드리기 위해서입니다. 이번 주말에 예상되는 눈보라 때문에 행사 주최측이 지금으로서는 행사를 취소하는 것이 최상이라는 결정을 내렸습니다. 그들은 현재 기조 연설자가 포트 프로스펙트에 봄철 어느 시기에 돌아올 수 있는지를 놓고 그녀와 조율 중에 있습니다.

Q 행사에 대해 녹음 메시지 내용과 일치하는 것은?
(a) 몇 주 전에 취소되었다.
(b) 일기 예보 때문에 취소되었다.
(c) 연기 이유가 불분명하다.
(d) 이미 봄 일정이 변경되었다.

가이드라인 이번 주말에 예상되는 눈보라 때문에 행사를 취소하게 됐으므로 (b)가 정답이다. 행사는 하루 전에 취소되었고, 연기 이유는 악천후 때문이며, 봄에 다시 열기 위해 기조 연설자와 일정을 조율 중이라고 했으므로 나머지 선택지들은 맞지 않다.

benefit dinner (모금을 위한) 자선 만찬 행사 **postpone** 연기하다
snowstorm 눈보라 **call off** ~을 취소하다 **keynote speaker** 기조 연설자

Thank you for calling La Paz Catering, the catering and event-planning business with over 20 years of experience. If you know the extension of the person you're trying to reach, you may enter it at any time. To receive information about our services and pricing, press one. To schedule a special event, such as a private party, corporate lunch, or wedding reception, press two. To listen to a description of our sample menus, press three. If you would like to listen to this message again, please stay on the line.

Q   Which is correct about La Paz Catering according to the recorded message?
(a) They have been in business for a decade.
(b) They accept schedules if you press one.
(c) They cater for public events alone.
(d) They have sample menus.

20년 넘는 경력을 가진 식품 조달 및 이벤트 기획 업체 라 파즈 케이터링에 전화해 주셔서 감사합니다. 귀하가 찾는 분의 내선번호를 알고 계시다면 언제든지 누르시면 됩니다. 저희 서비스 및 가격에 대한 정보를 받으시려면 1번을 누르십시오. 개인 파티, 회사 오찬, 결혼 피로연과 같은 특별 행사의 일정을 정하시려면 2번을 누르세요. 저희 샘플 메뉴에 대한 설명을 들으시려면 3번을 누르십시오. 이 메시지를 다시 듣고 싶으시면 잠시 기다려 주십시오.

Q   라 파즈 케이터링에 대해 녹음 메시지 내용과 일치하는 것은?
(a) 10년 동안 영업을 해왔다.
(b) 1번을 누르면 일정을 접수한다.
(c) 공공 행사만을 위해 음식 조달을 한다.
(d) 샘플 메뉴를 갖고 있다.

가이드라인   To listen to a description of our sample menus, press three에서 (d)가 정답임을 알 수 있다. 영업한 지 20년이 넘었고, 1번을 누르면 고객이 서비스 및 가격에 대한 정보를 얻을 수 있으며, 개인 파티나 결혼 피로연을 위해서도 식품 조달을 하므로 나머지 선택지들은 맞지 않다.

cater 음식물을 제공하다   **extension** 내선번호   **corporate** 기업의   **stay on the line** 끊지 말고 잠시 대기하다   **decade** 10년

Everyone in Dayton will be happy to hear that we're in for a beautiful day tomorrow. Skies will clear shortly after sunrise, and a light breeze should keep us comfortable and cool in spite of unseasonably high temperatures. Winds from the west-northwest will reach about 25 kilometers an hour. Look for lows starting in the mid-20s and highs to reach about 40 degrees Celsius. Humidity levels will remain low at 19 percent. The predicted distance of visibility is 6 kilometers.

Q   What can be inferred about tomorrow's weather from the forecast?
(a) It will rain in the afternoon.
(b) Humidity levels will be high.
(c) It will be cloudy before sunrise.
(d) Temperatures will be rather cold.

데이턴에 거주하는 모든 사람들은 내일 날씨가 화창할 거라는 소식에 기쁠 것입니다. 하늘은 일출 직후 맑을 것이며, 때 아닌 고온에도 불구하고 가벼운 미풍이 계속 우리를 안락하고 시원하게 해줄 것입니다. 서북서 쪽에서 불어오는 바람의 풍속은 시속 25킬로미터로 예상됩니다. 최저 기온은 섭씨 24~26도 사이이고, 최고 기온은 약 40도에 이를 전망입니다. 습도는 19%로 계속 낮을 겁니다. 예상되는 가시 거리는 6킬로미터입니다.

Q   내일 날씨에 대해 추론할 수 있는 것은?
(a) 오후에 비가 올 것이다.
(b) 습도가 높을 것이다.
(c) 해뜨기 전에는 흐릴 것이다.
(d) 기온은 다소 추울 것이다.

가이드라인   Skies will clear shortly after sunrise라고 했으므로 그전에는 흐릴 것으로 짐작할 수 있다. 따라서 (c)가 정답이다. 내일은 화창할 것이고, 습도는 19%로 낮게 유지될 것이며, 때 아닌 고온 현상이 나타난다고 했으므로 나머지 선택지들은 답이 될 수 없다.

breeze 산들바람   **unseasonably** 계절에 맞지 않게   **west-northwest** 서북서   **Celsius** 섭씨   **distance of visibility** 가시 거리   **humidity** 습도

Charleston City was hit by a massive storm Monday evening and many of the residents there are left stranded and without electricity. The storm was far stronger than forecasters predicted, bringing fierce winds and excessive rain, destroying several bridges on the Ashley River. The rainfall measuring up to nearly 10 inches, has caused considerable flooding in the coastal area. At least 15 people are reported dead and 20 people missing. Over 2,000 households are without power, and electricity workers are trying to restore service as soon as they can. However, because of a lack of workforce and the difficulty in crossing the river, some areas are expected to be without power until Friday.

Q9 Which is correct according to the news report?

(a) Charleston City's power has been cut since Friday morning.

(b) The storm was not as powerful as it had been initially expected.

(c) Electricity has not been restored due to shortage of manpower.

(d) The power company has enough workforce but unable to access the affected area.

Q10 How many people are reported missing?

(a) 10

(b) 15

(c) 20

(d) 35

월요일 저녁 거대한 폭풍이 찰스턴시를 강타했는데, 많은 주민이 고립되고 전기 공급이 끊겼습니다. 폭풍은 예보된 것보다 훨씬 더 강력했는데, 거센 바람과 많은 비를 동반하여 애슐리 강의 다리 몇 개가 파손되었습니다. 거의 10인치에 달하는 강우량은 해안 지역에 막대한 홍수를 일으켰습니다. 적어도 15명의 사상자와 20명의 실종자가 보고되었습니다. 2000 이상의 가구가 전기 공급이 끊겨 전기 기술자들이 되도록 빨리 서비스를 재개하려고 노력하고 있습니다. 그러나 노동력의 부족과 강을 건너는 어려움 때문에 일부 지역은 금요일까지 전기가 공급되지 않을 것으로 예상됩니다.

Q9 뉴스 보도의 내용과 일치하는 것은?

(a) 찰스턴시의 전기는 금요일 아침부터 끊겼다.

(b) 폭풍은 처음 예상했던 것에 비해 강력하지 않았다.

(c) 전기는 인력 부족 때문에 아직 복구되지 않았다.

(d) 전기 회사는 인력이 충분하지만, 피해지역에 접근할 수 없다.

Q10 실종되었다고 보고된 사람들의 수는?

(a) 10명

(b) 15명

(c) 20명

(d) 35명

가이드라인 Q9. 2000 이상의 가구가 전기가 끊겨서 기술자들이 전기를 복구하려고 노력하고 있지만, 인력 부족과 강을 건너는 데 어려움이 있다고 했으므로 정답은 (c)이다.

Q10. 폭풍 때문에 실종된 사람은 20명이라고 했으므로 정답은 (c)이다.

hit (재해 등이) 강타하다 **massive** 거대한 **storm** 폭풍 **resident** 주민 **strand** 오도가도 못하게 하다 **electricity** 전기 **forecaster** 예보자 **predict** 예상하다 **fierce** 격한 **excessive** 과도한 **destroy** 파괴하다 **rainfall** 강우량 **measure** 수치가 ~이다 **considerable** 막대한 **coastal** 해안가의 **household** 가게, 가구 **restore** 복구하다 **lack** 부족 **difficulty** 어려움 **initially** 처음에 **manpower** 인력 **workforce** 인력 **affected** 영향을 받은, 피해를 본

Unit
21 텝스 청해 집중 공략

Answers ▷

1 (d) 2 (c) 3 (c) 4 (a) 5 (d)
6 (a) 7 (c) 8 (d) 9 (c) 10 (b)

◑ 본책 P155

1

Listen to a conversation between two friends.

M Have you seen *In the Devil's Mouth*?

W Yes, my husband and I saw it yesterday.

M It was so exciting, wasn't it?

W Well, I found the story a little dull, actually.

M But there were so many action scenes.

W Maybe, but it was all too predictable for me.

Q What are the man and woman mainly talking about?

(a) The man's taste in movies

(b) A movie that won an award

(c) Which movie they should see

(d) Their opinions about a movie

두 친구의 대화를 들으시오.

M 〈악마의 입에서〉 봤니?

W 응, 남편이랑 어제 봤어.

M 꽤 재미있지 않았어?

W 글쎄, 사실 스토리가 좀 따분했어.

M 하지만 액션 장면이 무척 많았잖아.

W 아마도, 하지만 나에겐 너무 뻔했어.

Q 남자와 여자가 주로 이야기하고 있는 것은?

(a) 남자의 영화 취향

(b) 상을 받은 영화

(c) 그들이 봐야 하는 영화

(d) 영화에 대한 의견

가이드라인 ▶ 어떤 영화를 놓고 남자는 재미있었다고 하지만 여자는 따분했다고 말했으므로 (d)가 정답이다.

dull 따분한, 재미없는 **predictable** 너무 뻔한 **taste** 취향, 맛

2

Listen to two colleagues discuss a budget report.

M There's a new report on the city budget.

W Yes, I saw it.

M It says we're running out of money.

W That's not surprising, in my opinion.

M What do you mean?

W The city board has been overspending for years.

Q Which is correct according to the conversation?

(a) The man has not read the report.

(b) The report details the nation's budget.

(c) The woman is unsurprised by the report.

(d) The city has been cutting back on its spending.

두 동료가 예산 보고서에 관해 의논하는 것을 들으시오.

M 시 예산에 관한 새 보고서가 나왔어요.

W 그래요, 저도 봤어요.

M 돈이 바닥나고 있다는데요.

W 놀랄 일도 아니라고 생각해요.

M 무슨 말이에요?

W 시 위원회가 수년 동안 초과 지출해 왔거든요.

Q 대화 내용과 일치하는 것은?

(a) 남자는 보고서를 읽지 않았다.

(b) 보고서에는 국가 예산이 자세히 나와 있다.

(c) 여자는 보고서에 놀라지 않는다.

(d) 시는 지출을 줄여왔다.

가이드라인 ▶ 새로운 시 예산 보고서를 보니 돈이 바닥나고 있다는 남자의 말에 여자가 That's not surprising이라는 반응을 보이므로 정답은 (c)이다. (a), (d)는 내용과 반대이고, (b)는 국가 예산(nation's budget)이 아니라 시 예산(city budget)이라고 해야 맞다.

budget 예산(안) **run out of** ~을 다 써버리다 **city board** 시 위원회 **overspend** 분수에 넘치게 돈을 쓰다 **unsurprised** 놀라지 않는 **cut back on** ~을 줄이다

3

Listen to a conversation between a couple.

W How about this yellow paint for the walls?

M Isn't there anything darker?

W But I was hoping to make it lighter in here.

M I don't like the color yellow, though.

W What about a light green, then?

M I'd prefer something closer to blue.

Q Which is correct about the woman according to the conversation?

(a) She does not like the color yellow.

(b) She thinks the room is too light.

(c) She is not set on a single color.

(d) She thinks green is a bad idea.

커플의 대화를 들으시오.

W 벽에 이 노란색 페인트를 칠하는 게 어때요?

M 좀 더 어두운 색깔은 없나요?

W 하지만 전 실내를 좀 밝게 하고 싶었는데요.

M 하지만 전 노란색을 좋아하지 않아요.

W 그럼 연두색은 어때요?

M 파란색에 가까운 것이 더 좋겠는데요.

Q 여자에 대해서 대화 내용과 일치하는 것은?

(a) 노란색을 좋아하지 않는다.

(b) 방이 너무 밝다고 생각한다.

(c) 한 가지 색을 고집하지 않는다.

(d) 초록색은 좋은 생각이 아니라고 생각한다.

가이드라인 여자는 밝은 색깔의 페인트를 칠하기를 원하고 남자는 반대로 좀 어두운 색깔을 원하는 상황이다. 하지만 여자는 자신의 생각을 양보하고 남자의 취향대로 좀 더 어두운 색깔로 타협점을 찾고 있으므로 (c)가 정답이다. (a)는 남자에 해당하는 진술이고, 여자는 방을 좀 더 밝게 하기 위해 처음에 노란색을 원했으므로 (b)는 내용과 상반된다.

light 밝은 **be set on** ~을 몹시 원하다

4

Listen to a conversation about a dance class.

M Let's take a dance class together.

W That's not for me. I have two left feet on the dance floor.

M That's exactly why you should take the class.

W What kind of dancing are you thinking of?

M There are several options, including ballroom dancing and swing.

W If I can fit it into my schedule, I will consider it.

Q What can be inferred from the conversation?

(a) The woman is not a good dancer.

(b) The man is starting a dance class.

(c) The man is an experienced dancer.

(d) The woman used to dance professionally.

댄스 수업에 관한 대화를 들으시오.

M 같이 댄스 수업 들어요.

W 그건 저랑 맞지 않는데요. 저는 춤이 매우 서툴러요.

M 그러니까 수업을 들어야죠.

W 어떤 종류의 댄스를 생각하고 있어요?

M 볼룸 댄스와 스윙을 포함해 몇 가지 선택안이 있어요.

W 일정에 맞출 수 있으면 고려해 볼게요.

Q 대화로부터 추론할 수 있는 것은?

(a) 여자는 춤을 잘 추지 못한다.

(b) 남자는 댄스 수업을 시작하려고 한다.

(c) 남자는 숙련된 댄서다.

(d) 여자는 직업 댄서였다.

가이드라인 have two left feet이라는 표현은 직역하면 왼쪽 발만 두 개라는 뜻으로 매우 서툴고 어색한 모습을 나타내므로 춤을 잘 추지 못한다는 내용의 (a)가 정답이다. 남자가 수업을 듣자고 제안한 내용만 가지고 (b)를 추론하기는 곤란하다.

have two left feet 동작이 어설프다[서툴다] **take a class** 수업을 듣다 **option** 대안, 선택 **consider** 고려하다 **experienced** 숙련된 **professionally** 전문적으로

5

Like many in my community, I'm opposed to the government's policy of using taxes to pay for nuclear power. Instead of supporting this dangerous industry, why don't we put our taxes to better use? In my opinion, the reason we don't have any good alternatives to coal and nuclear power is that we haven't put enough money into researching other options. Wind and solar power could become money-making industries if we just spent enough to get them started. Please, consider putting our taxes toward wind and solar research.

Q　What is the main idea of the talk?
(a) More energy options must be found.
(b) Coal and nuclear power are dangerous.
(c) Nuclear power uses up too much tax money.
(d) Taxes should fund alternative-energy research.

저는 우리 지역의 많은 사람들처럼 세금을 원자력에 사용하는 정부 정책에 반대합니다. 이 위험한 산업을 지원하는 대신에 왜 세금을 더 좋은 곳에 사용하지 않는 걸까요? 제 의견으로는, 우리가 석탄 및 원자력의 좋은 대안을 가지지 못하는 까닭은 우리가 충분한 자금을 다른 부문의 연구에 투입하지 않았기 때문입니다. 풍력과 태양열 발전은 우리가 이제부터라도 충분히 지출하기만 한다면 수지맞는 산업이 될 수 있을 것입니다. 부디 우리의 세금을 풍력과 태양 에너지 연구에 투입하는 것을 고려해 주시기 바랍니다.

Q　담화문의 요지는?
(a) 더 많은 에너지원을 발견해야 한다.
(b) 석탄 및 원자력은 위험하다.
(c) 원자력에는 너무 많은 세금이 들어간다.
(d) 세금을 대체 에너지 연구에 써야 한다.

가이드라인　정부는 세금을 더 이상 위험한 석탄이나 원자력 발전에 쓰지 말고 풍력이나 태양 에너지 연구에 써야 한다고 주장하고 있다. 따라서 (d)가 정답이다. wind and solar research를 alternative-energy research로 패러프레이징한 것을 이해하면 쉽게 풀 수 있다. 나머지 선택지들은 세부 사실일 뿐 요지로 보기에는 충분하지 않다.

be opposed to ~에 반대하다　**nuclear power** 원자력
alternative 대체품　**solar power** 태양열 발전　**tax money** 세금
fund 자금을 대다

6

News is starting to emerge from rural areas, and it isn't good. Tuesday's earthquake struck 6 miles southeast of Wentworth. That village has been totally destroyed, and 192 are reported dead. Surrounding villages have lost a total of 580, but that figure is sure to rise. Relief efforts in the area have been slow because it's just so hard to get there. All roads are impassable, and Wentworth's airstrip has also been damaged. We'll continue to provide information as it becomes available.

Q　What can be inferred about Wentworth from the report?
(a) It's currently unreachable by road.
(b) It serves as a major air traffic hub.
(c) Its buildings suffered minor damage.
(d) It saw more deaths than any other village.

새로운 소식이 시골 지역에서 들어오기 시작하고 있지만 좋은 내용은 아닙니다. 화요일에 발생한 지진은 웬트워스에서 동남쪽으로 6마일 떨어진 곳을 강타했습니다. 그곳 마을은 완전히 파괴되었고 192명이 사망한 것으로 보고되었습니다. 인근 마을들에서도 총 580명의 실종자가 발생했지만 그 숫자는 점점 늘어날 게 확실합니다. 그동안 이 지역에 들어가는 것 자체가 어려워서 구호 활동이 지체되었습니다. 모든 도로들은 폐쇄되었으며 웬트워스의 활주로도 피해를 입었습니다. 저희는 새로운 소식을 입수하는 대로 계속 전해드리도록 하겠습니다.

Q　웬트워스에 대해 추론할 수 있는 것은?
(a) 현재 도로를 이용해 들어갈 수 없다.
(b) 주요 항공 교통의 중추 역할을 한다.
(c) 건물들이 경미한 피해를 입었다.
(d) 다른 어떤 마을들보다 사망자가 더 많았다.

가이드라인　All roads are impassable에서 (a)를 추론할 수 있다. (b)에 대한 언급은 없고, (c)는 내용과 상반되며, 사상자 수를 다른 마을과 비교한 내용은 없으므로 (d)도 맞지 않다.

emerge 나타나다, 생기다　**rural** 시골의　**earthquake** 지진
destroy 파괴하다　**surrounding** 인근의　**relief** 구호
impassable 통행할 수 없는　**airstrip** 활주로　**unreachable** 도달할 수 없는　**hub** 중심

According to data from the Health Protection Agency, in 2018 the number of new malaria cases reported by UK travelers rose yet again. In the past two years, there's been a 30 percent increase in the number of reported malaria infections. Travelers who visited India, Nigeria or Ghana accounted for most cases of malaria. A spokesperson for the Health Protection Agency warns that travelers who visit places where the disease exists should take medication to prevent malaria.

Q Which is correct according to the news report?
(a) Malaria cases are down since 2018.
(b) Malaria infections increased by 40 percent.
(c) UK citizens have caught malaria in Ghana.
(d) UK travelers were advised to avoid Nigeria.

영국 보건청 자료에 따르면, 2018년 영국 여행객들에 의해 새로 신고된 말라리아 환자의 수가 또다시 증가했습니다. 이로써 과거 2년 사이에 신고된 말라리아 감염자의 수는 30% 증가했습니다. 대부분의 말라리아 환자들은 인도, 나이지리아, 가나를 방문한 여행객들이었습니다. 보건청 대변인은 질병이 존재하는 지역을 방문하는 여행객들은 말라리아 예방을 위해 약을 복용하라고 경고합니다.

Q 뉴스 보도 내용과 일치하는 것은?
(a) 말라리아 환자가 2018년 이후로 감소했다.
(b) 말라리아 감염자가 40% 증가했다.
(c) 영국인들은 가나에서 말라리아에 걸렸다.
(d) 영국 여행객들은 나이지리아 방문을 피하라고 권고받았다.

가이드라인 대부분의 말라리아 환자들은 인도, 나이지리아, 가나를 방문한 여행객들이었다고 했으므로 (c)가 정답이다. 말라리아 환자가 과거 2년 사이에 30% 증가했고, 말라리아가 있는 지역에는 약을 복용한 후 방문하라고 했으므로 나머지 선택지들은 맞지 않다.

Health Protection Agency 영국 보건청 **yet again** 한 번 더 **infection** 감염 **account for** ~의 비율을 차지하다 **disease** 질병 **take medication** 약을 복용하다 **prevent** 예방하다

The A.W. Walker Museum announced on Friday that the entrance fee for adults would be raised from $7 to $15. According to a spokesperson for the museum, the new ticket price is necessary to cover rising operating expenses. Opponents suggest that, with the price increase, the museum will become unaffordable to a large segment of the public. In response, the museum says it will offer admission-free evenings on Tuesdays, so the exhibits will remain accessible to everyone.

Q Which is correct about the museum according to the news report?
(a) It will charge 7 dollars admission.
(b) Its ticket rises are unwarranted.
(c) Its attendance dropped recently.
(d) It will not charge on Tuesday nights.

A.W. 워커 박물관은 금요일에 성인 입장료를 7달러에서 15달러로 인상한다고 발표했습니다. 박물관 대변인은 표 값 인상은 상승하는 운영비를 감당하기 위해 필요한 조치였다고 밝혔습니다. 이에 반대하는 사람들은 가격 인상으로 많은 사람들이 박물관을 방문할 여력이 없어질 것이라고 주장합니다. 이에 대해 박물관 측은 화요일 저녁에는 무료 입장을 허용할 것이므로 모든 사람이 계속 전시장을 찾을 수 있을 것이라고 말합니다.

Q 박물관에 대해 뉴스 보도 내용과 일치하는 것은?
(a) 7달러의 입장료를 부과할 것이다.
(b) 입장료 인상은 부당하다.
(c) 방문객 수가 최근에 하락했다.
(d) 화요일 저녁에는 돈을 받지 않을 것이다.

가이드라인 본문의 it will offer admission-free evenings on Tuesdays를 It will not charge on Tuesday nights로 바꿔 말한 (d)가 정답이다. 입장료를 15달러로 인상하고, 표 값 인상은 상승하는 운영비를 감당하기 위해 어쩔 수 없다고 했으며, 방문객 수가 줄어들었는지는 알 수 없으므로 나머지 선택지들은 맞지 않다.

entrance fee 입장료 **cover** 감당하다 **operating expenses** 운영비 **opponent** 반대자 **unaffordable** 감당할 수 없는 **segment** 부분 **accessible** 접근이 용이한 **unwarranted** 부당한 **attendance** 방문객 수, 출석

Schools need to change how history is taught to students. When studying history, students should be given access to centuries of past experience, and it is experience that students learn lessons from. Unfortunately, while students spend so much time memorizing names and dates, they fail to realize that history has practical implications for the present. What students should be encouraged to do is use history's examples to discuss current issues and find solutions to problems that they face today. Being able to connect history to their own lives gives them countless benefits!

Q9 What is the speaker's main point about history education?

(a) History has no practical use.

(b) How history is taught has changed greatly.

(c) We should learn to understand our times by studying history.

(d) Teachers should reduce students' workload in history class.

Q10 According to the speaker, what is the problem of history education?

(a) Some history text books have incorrect contents.

(b) Students only cram facts in history text books.

(c) Not enough time is allowed to teach history in schools.

(d) Many schools are facing shortage of history teachers.

학교는 학생들에게 역사를 가르치는 방식을 바꿔야 한다. 역사를 공부할 때 학생들은 몇 세기를 아우르는 과거 경험에 접근할 수 있어야 하는데, 이 경험은 학생들이 교훈을 얻을 수 있는 것이어야 한다. 안타깝게도 학생들은 많은 시간을 이름과 날짜를 외우는 데 시간을 보내지만, 역사가 현재에 가지는 실제적인 의미를 깨닫지 못한다. 학생들에게 권장되어야 할 것은 현재의 문제를 논의하기 위해서 역사의 실례에 관해 토론하고, 오늘날 맞닥뜨린 문제에 대한 해결책을 찾는 것이다. 역사를 자신의 삶과 연결할 수 있는 능력은 무한한 이점이 있다!

Q9 역사 교육에 대한 화자의 요지는?

(a) 역사는 실질적인 쓸모가 없다.

(b) 역사가 교육되는 방식은 크게 변했다.

(c) 우리는 역사를 공부함으로써 우리 시대를 이해하는 법을 배워야 한다.

(d) 교사는 역사 시간에 학생들의 학습량을 줄여야 한다.

Q10 화자에 따르면, 역사 교육의 문제점은?

(a) 일부 역사 교과서에 잘못된 내용이 있다.

(b) 학생들은 역사 교과서의 사실을 암기만 한다.

(c) 학교에서 역사를 가르칠 시간이 충분히 주어지지 않는다.

(d) 많은 학교에서 역사 교사가 부족하다.

가이드라인　Q9. 화자는 역사의 예를 통해서 현재를 이해하고, 현대 시대 문제에 대한 해결책을 찾을 수 있어야 한다고 했으므로 정답은 (c)이다.

Q10. 화자는 역사를 가르치면서 교과서의 내용을 암기만 할 뿐, 과거의 역사가 현재에 가지는 의미를 깨닫지 못한다고 했으므로 정답은 (b)이다.

access 접근　**experience** 경험　**unfortunately** 불행히도　**memorize** 암기하다　**realize** 깨닫다　**practical** 실제적인　**implication** 암시된 의미　**present** 현재　**encourage** 독려하다, 장려하다　**discuss** 논의하다　**current** 현재의　**issue** 문제　**solution** 해결책　**face** 직면하다　**connect** 연결하다　**countless** 무수한, 수많은　**benefit** 이익, 혜택　**workload** 업무량, 학습량　**incorrect** 부정확한　**cram** (한꺼번에 많이) 암기하다　**shortage** 부족

Listening Comprehension Actual Test 1

◉ 본책 P 160

1 (b)	2 (b)	3 (d)	4 (c)	5 (b)	6 (c)	7 (d)	8 (b)	9 (b)	10 (d)
11 (b)	12 (b)	13 (d)	14 (d)	15 (a)	16 (c)	17 (d)	18 (d)	19 (a)	20 (d)
21 (b)	22 (b)	23 (d)	24 (b)	25 (c)	26 (c)	27 (a)	28 (b)	29 (d)	30 (c)
31 (b)	32 (b)	33 (c)	34 (a)	35 (b)	36 (a)	37 (b)	38 (d)	39 (d)	40 (c)

Part 1

1

W What have you been doing lately, Jared?
M _____

(a) That's exactly right.
(b) I've been busy with work.
(c) That's very kind of you to say.
(d) I'd like to apply for the position.

W 요즘 어떻게 지냈니, 재리드?
M _____

(a) 그 말이 정말 맞아.
(b) 일 때문에 바빴어.
(c) 그렇게 말해 주다니 정말 자상하구나.
(d) 그 자리에 지원하고 싶어.

가이드라인 What have you been doing?은 '어떻게 지냈어?'라는 뜻으로 안부를 묻는 인사말이며 How have you been?과 같은 뜻이다. 따라서 일하느라 바빴다고 근황을 말하는 (b)가 가장 적절한 응답이다.

lately 최근에 **apply for** ~에 지원하다

2

M How can I contact customer service?
W _____

(a) We're here to help you.
(b) Just dial the number on the bill.
(c) If you'd like to file a complaint.
(d) Sales have been down this quarter.

M 고객 센터에 어떻게 연락하죠?
W _____

(a) 저희는 여러분을 돕기 위해 여기 왔어요.
(b) 청구서에 있는 번호로 전화하세요.
(c) 불만 사항을 접수하고 싶다면요.
(d) 이번 분기에 판매가 하락했어요.

가이드라인 연락 방법을 묻는 말에 '청구서에 있는 번호로 전화를 하라'는 (b)가 가장 적절한 응답이다.

customer service 고객 센터 **bill** 청구서 **file** 제출하다; 신청하다 **complaint** 불만, 불평 **quarter** 분기

3

W Where is the entrance to the subway station?
M _____

(a) The bus is running late.
(b) It runs every five minutes.
(c) Buy a ticket from the machine.
(d) Down one block and across the street.

W 지하철역 입구가 어디에 있죠?
M _____

(a) 버스가 늦네요.
(b) 5분마다 다녀요.
(c) 자동판매기에서 표를 사세요.
(d) 한 블록 가서 길 건너편에 있어요.

가이드라인 특정 장소의 위치를 묻고 있으므로 가는 방법을 알려주는 (d)가 가장 적절한 응답이다.

entrance 입구 **run late** 늦다

4

W Do you have an appointment to see Mr. Reeves?
M _____

(a) Tell him to wait just a moment.
(b) I'll schedule one for you now.
(c) I didn't realize I needed one.
(d) We met on a business trip.

W 리브스 씨를 만나기로 약속하셨나요?
M _____

(a) 잠깐만 기다리라고 말해 주세요.
(b) 지금 예약 일정을 잡아 드릴게요.
(c) 예약이 필요한지 몰랐습니다.
(d) 우린 출장 중에 만났어요.

가이드라인 만나기로 예약되어 있냐는 물음에, 예약이 필요한지 몰랐다는 (c)가 응답으로 적절하다. 참고로, appointment는 업무상 만나기로 한 시간 약속, promise는 어떤 일을 하거나 하지 않겠다고 하는 약속을 가리키므로 구분해서 사용해야 한다.

schedule 일정을 잡다 **business trip** 출장

5

M Is the refrigerator making that strange noise?
W _____

(a) I'm putting away the groceries.
(b) It sounds like the motor's broken.
(c) I haven't heard of one recently.
(d) It's too heavy to move by myself.

M 이상한 소음을 내는 게 냉장고인가요?
W _____

(a) 제가 식료품을 정리하고 있어요.
(b) 모터가 고장 난 것 같군요.
(c) 최근에 들은 적은 없어요.
(d) 저 혼자 옮기기에는 너무 무거워요.

가이드라인 이상한 소음을 내는 것이 냉장고냐는 물음에, 모터가 고장 나서 그런 것 같다고 하는 (b)가 적절하다. (a)는 refrigerator에서 연상되는 groceries로 혼동을 주고 있다.

put away (원래 있던 곳으로) 치우다, 정리하다
groceries 식료품류

6

M Can I make some photocopies for you, Denise?
W _____

(a) I'm not what was copied.
(b) As long as they're ready.
(c) That would be really helpful.
(d) I'll have them on your desk soon.

M 복사해 드릴까요, 데니스?
W _____

(a) 전 복제품이 아니에요.
(b) 그것들이 준비되기만 하면요.
(c) 그래 주면 정말 도움이 될 거예요.
(d) 곧 당신 책상에 올려놓을게요.

가이드라인 복사해 주길 원하냐는 말에, 그래 주면 도움이 될 거라고 하는 (c)가 적절하다.

make a photocopy 복사하다

7

M We just ate, but I'm still hungry.

W _____

(a) Let's go out to eat.
(b) Yes, what a feast!
(c) Too much salt is bad for you.
(d) You should have ordered more.

M 방금 식사를 했는데도 여전히 배가 고프군요.

W _____

(a) 외식하러 갑시다.
(b) 네, 아주 맛있게 먹었어요!
(c) 너무 짜게 먹으면 건강에 안 좋아요.
(d) 좀 더 많이 주문하지 그랬어요.

가이드라인 방금 식사를 했는데도 배가 고프다는 말에 좀 더 많이 주문하지 그랬냐는 (d)가 알맞다. (b)의 What a feast!는 '아주 맛있게 잘 먹었다'라는 뜻이다.

feast 잔치, 향연 **order** 주문하다

8

W I think I'll ride my bike downtown.

M _____

(a) There's a repair shop on Broadway.
(b) Don't forget to wear a helmet.
(c) I didn't see her down there.
(d) I enjoy riding in the park.

W 시내에 자전거를 타고 갈 생각이야.

M _____

(a) 브로드웨이에 수리점이 있어.
(b) 헬멧 쓰는 거 잊지 마.
(c) 저 아래에서 그녀를 보지 못했어.
(d) 난 공원에서 자전거 타는 것을 즐겨.

가이드라인 시내에 자전거를 타고 갈 거라는 말에 헬멧을 꼭 쓰고 가라고 주의를 주는 (b)가 가장 알맞다.

repair shop 수리점, 정비 공장 **riding** 승마, 승차

9

M There's no way we can finish this on time.

W _____

(a) Yes, it was really tight.
(b) Don't be so pessimistic.
(c) Sure, if you say we can.
(d) I promise I won't be late again.

M 이걸 정시에 끝낼 수 있는 방법이 전혀 없어요.

W _____

(a) 네, 너무나 빡빡했어요.
(b) 너무 비관적으로 보지 마세요.
(c) 물론이죠, 우리가 그럴 수 있다고 당신이 말한다면요.
(d) 다시는 늦지 않을게요.

가이드라인 일을 제때 끝낼 수 없다는 말에, 너무 비관적으로 보지 말라는 (b)가 응답으로 가장 어울린다.

on time 시간을 어기지 않고 정각에 **tight** (일정 등이) 빡빡한 **pessimistic** 비관적인

10

W I haven't seen Molly since the party.

M _____

(a) I'm sure she'll be there.
(b) It's because she didn't go.
(c) Well, you'd better tell her so.
(d) She's not taking my calls, either.

W 파티 이후로 몰리를 본 적이 없어요.

M _____

(a) 그녀가 거기 갈 거라고 확신해요.
(b) 그녀가 거기 가지 않았기 때문이죠.
(c) 음, 그녀에게 그렇게 말하는 게 좋겠어요.
(d) 그녀는 제 전화도 받지 않아요.

가이드라인 파티 이후로 몰리를 못 봤다는 말에, '내 전화도 안 받는다'라고 하는 (d)가 가장 적절한 응답이다.

take a call 전화를 받다

Part 2

11

M Your new office looks great, Sandra.
W Thanks. I wish the window was bigger, though.
M Why does window size matter?
W _____

(a) Yeah, it seems a little too big.
(b) I work better in natural light.
(c) I need some help decorating.
(d) Leave it open, if you don't mind.

M 새 사무실이 아주 멋져, 샌드라.
W 고마워. 근데 창문이 좀 더 컸으면 좋겠어.
M 창문 크기가 왜 중요해?
W _____

(a) 응, 좀 지나치게 큰 것 같아서.
(b) 난 자연광에서 일이 더 잘 되거든.
(c) 실내 장식하는 데 도움이 좀 필요해.
(d) 괜찮다면 열어 둬.

가이드라인   사무실의 창문 크기가 좀 더 컸으면 좋겠다는 여자에게 그 이유를 물었으므로 자연광에서 일이 더 잘 되기 때문이라고 응답하는 (b)가 가장 적절하다.

matter 중요하다, 문제되다   **natural light** 자연광   **decorate** 실내장식을 하다

12

M This is the Sands Hotel, may I help you?
W Yes, I'd like to book a single room, please.
M How many nights will you be staying with us?
W _____

(a) Great! I'll see you then.
(b) Just for tonight, thank you.
(c) I'd like to register a complaint.
(d) Actually, the room key doesn't work.

M 샌즈 호텔입니다. 무엇을 도와드릴까요?
W 네, 1인실을 예약하고 싶습니다.
M 며칠 동안 머무를 겁니까?
W _____

(a) 잘됐네요! 그때 봐요.
(b) 오늘 밤만요, 감사합니다.
(c) 불만을 제기하고 싶어요.
(d) 실은 객실 열쇠가 작동하지 않아요.

가이드라인   질문에서 How many nights를 놓치지 않고 들었다면 호텔에 숙박할 기간을 묻는 질문임을 알 수 있다. 따라서 오늘 밤만 묵겠다는 (b)가 가장 적절하다.

register a complaint 불만사항을 제기하다

13

W Don't forget that we have tickets to the play this evening.
M Oh, I'm so sorry, but I have to work late tonight.
W Why didn't you tell me earlier?
M _____

(a) Let's meet tomorrow, then.
(b) Well, I forgot my tickets.
(c) OK, I'll save you a seat.
(d) I just found out myself.

W 우리에게 오늘 저녁 연극표가 있다는 걸 잊지 마.
M 아, 정말 미안하지만 난 오늘 야근해야 해.
W 왜 미리 얘기하지 않았니?
M _____

(a) 그럼 내일 만나자.
(b) 음, 내 표를 깜박 잊고 두고 왔어.
(c) 알았어, 내가 네 자리를 맡아 놓을게.
(d) 나도 방금 알았거든.

가이드라인   여자가 함께 가지 못한다는 것을 왜 미리 말하지 않았냐고 따지고 있으므로 그 이유를 설명하는 (d)가 가장 적절하다.

earlier 더 일찍, 미리   **find out** 알다, 확인하다

14

W You have the hammer, nails, and gloves?
M Yes, they're all here.
W Is there anything else we need?
M _____

(a) I'm almost finished building it.
(b) I've never used tools before.
(c) Yes, hammer and nails.
(d) No, that should do it.

W 망치랑 못, 장갑 갖고 있지?
M 응, 다 있어.
W 그밖에 뭐가 필요하지?
M _____

(a) 거의 다 지어 가.
(b) 전에 연장을 사용해 본 적이 없어.
(c) 응, 망치와 못.
(d) 아니, 그러면 충분할 거야.

가이드라인   망치랑 못, 장갑 외에 또 무엇이 필요하냐는 여자의 물음에, 그러면 충분하다는 (d)가 가장 어울린다. (d)의 do는 '충분하다'라는 뜻으로 쓰였다.

hammer 망치   **tool** 연장, 도구   **nail** 못

15

W Do you know anything about Red's Bistro?
M I heard it takes a while to get served.
W Can you recommend something else?
M _____

(a) Try the burger place across the street.
(b) Their salads are really delicious.
(c) I'm thinking of going there soon.
(d) Just ask them at the bistro.

W 레즈 비스트로에 대해서 뭐 아는 거 있어요?
M 음식이 한참 걸려야 나온다고 들었어요.
W 추천할 만한 다른 곳은 없나요?
M _____
(a) 길 건너 버거 파는 곳에 가보세요.
(b) 그 집 샐러드는 정말 맛있어요.
(c) 그곳에 조만간 가볼까 생각 중이에요.
(d) 그 식당에서 물어 보세요.

가이드라인 레즈 비스트로라는 식당은 음식이 한참 후에나 나온다는 얘길 듣고 다른 식당을 추천해 달라고 하는 상황으로, 길 건너 버거 집에 가보라고 추천하는 (a)가 적절한 응답이다.

bistro 작은 식당 **recommend** 추천하다

16

W Hi there, Kevin. I'm so glad you could make it.
M You bet. Thanks again for inviting me.
W Did you have any trouble finding the house?
M _____

(a) I'm pleased that you agree.
(b) It's at 561 Evergreen Way.
(c) Your directions were perfect.
(d) I wouldn't miss it for the world.

W 안녕, 케빈. 와줘서 너무 기뻐.
M 당연히 와야지. 초대해 줘서 다시 한 번 고마워.
W 집 찾는 데 힘들지 않았어?
M _____
(a) 네가 동의해서 기뻐.
(b) 에버그린 웨이 561번지야.
(c) 네가 가르쳐 준 게 정확했어.
(d) 무슨 일이 있어도 꼭 올게.

가이드라인 집을 찾는 데 어렵지 않았냐는 물음에, 가르쳐 준 게 완벽했다는 (c)가 적절한 응답이다.

make it (모임 등에) 가다, 참석하다 **direction** 길 안내, 방향
I wouldn't miss it for the world. 절대 놓치고 싶지 않아.

17

M What's this in your shopping cart?
W Oh, that's a turnip.
M It looks really strange.
W _____

(a) No, it's not a turnip.
(b) Right, I'd rather not.
(c) Here, let me show you.
(d) Yeah, but it's delicious.

M 쇼핑 카트 안에 든 이건 뭐예요?
W 아, 순무예요.
M 아주 이상하게 생겼군요.
W _____
(a) 아뇨, 그건 순무가 아니에요.
(b) 맞아요, 나는 그러지 않을 거예요.
(c) 자, 보여 드리죠.
(d) 네, 그렇지만 아주 맛있어요.

가이드라인 쇼핑 카트 안에 든 순무를 보고 이상하게 생겼다는 남자의 말에, 생긴 건 그래도 맛있다고 하는 (d)가 적절한 응답이다.

turnip 순무 **delicious** 맛있는

18

W Mitch, I have something to tell you.
M What is it, Emma?
W I'm afraid I broke your wine glass.
M _____

(a) Not right now, thanks.
(b) Just some water, please.
(c) Yes, I couldn't help that.
(d) Well, thanks for being honest.

W 미치, 할 말이 있어.
M 무슨 일인데, 엠마?
W 유감스럽게도 네 와인 잔을 깨뜨렸어.
M _____
(a) 지금은 아니야, 고마워.
(b) 물만 좀 줘.
(c) 응, 어쩔 수 없었어.
(d) 솔직히 말해 줘서 고마워.

가이드라인 실수로 와인 잔을 깨뜨렸다는 말에 솔직하게 이야기해 줘서 고맙다는 (d)가 응답으로 적절하다.

wine glass 포도주 잔

19

W Carl, is that a new suit?
M Yes, I bought it last week.
W It looks very nice on you.
M _____

(a) Thanks for the compliment.
(b) I appreciate your help.
(c) As long as it's on sale.
(d) Try one size larger.

W 칼, 그 정장 새로 산 거야?
M 응, 지난주에 샀어.
W 아주 잘 어울려.
M _____
(a) 칭찬해 줘서 고마워.
(b) 도와줘서 고마워.
(c) 할인하기만 한다면.
(d) 한 치수 더 큰 걸 입어 봐.

가이드라인 정장이 잘 어울린다는 말에, 칭찬해 줘서 고맙다는 (a)
가 알맞다.

look nice on ~에게 잘 어울리다 **compliment** 칭찬, 찬사
on sale 할인 중인

20

M My neighbor mows his lawn every week!
W Well, what's wrong with that?
M Nothing, I guess. It's just noisy.
W _____

(a) That's really unsafe.
(b) Your grass looks fine to me.
(c) My mower is broken, unfortunately.
(d) Sounds like a minor inconvenience.

M 옆집 사람은 잔디를 매주 깎아요!
W 음, 그게 무슨 문제가 되나요?
M 그런 건 아니지만 그냥 시끄럽잖아요.
W _____
(a) 그건 아주 안전하지 않아요.
(b) 당신의 잔디는 괜찮아 보이는데요.
(c) 제 잔디 깎는 기계가 불행히도 고장 났어요.
(d) 그건 사소한 불편인 것 같은데요.

가이드라인 옆집 사람이 매주 잔디를 깎아서 시끄럽다는 불만에 대
해 그건 그다지 큰 불편 사항은 아닌 것 같다고 하는 (d)가 적절한 응답
이다. (d) Sounds like 앞에는 It이 생략되어 있으며 '~인 것 같다'라
는 뜻으로, look like, seem, appear와 같은 표현이다.

mow 잔디를 깎다 **lawn** 잔디밭 **minor** 사소한
inconvenience 불편

Part 3

21

**Listen to a conversation between two
acquaintances.**

W I still haven't found a good apartment.
M How many units have you seen so far?
W I've looked at five or six.
M And none had what you were looking for?
W There was something wrong with each one.
M You might have to lower your standards.

Q What is the main topic of the conversation?
(a) Characteristics of the woman's apartment
(b) The woman's ongoing apartment search
(c) The woman's plan to move out of town
(d) Drawbacks of apartment living

두 지인의 대화를 들으시오.
W 좋은 아파트를 아직 찾지 못했어요.
M 지금까지 몇 군데나 봤는데요?
W 대여섯 군데 봤어요.
M 모두 다 당신이 원하는 게 없었나요?
W 각각 마음에 안 드는 점이 있었어요.
M 눈을 좀 낮춰야 할 거예요.

Q 대화의 주제는?
(a) 여자가 살고 있는 아파트의 특징
(b) 여자의 계속되는 아파트 찾기
(c) 딴 곳으로 이사 가려는 여자의 계획
(d) 아파트 거주의 단점

가이드라인 여자가 아파트를 구하기 위해 몇 군데 둘러봤지만 완벽
하게 마음에 드는 곳이 없었다는 내용이므로 (b)가 중심 소재로 적절
하다.

unit (공동 주택의) 한 가구 **lower** 낮추다 **standard** 기준
characteristic 특징 **ongoing** 진행 중인 **drawback** 결점

22

Listen to a conversation between two friends.

M I really like this painting.

W Who do you think did it?

M It looks like a Picasso to me.

W Hmm, I was going to guess Monet.

M Let's look it up on the Internet.

W Yes, you were right. It's a Picasso.

Q What are the man and woman mainly discussing?

(a) Who their favorite painter is

(b) Who did a certain painting

(c) Their art history class

(d) An online art gallery

두 친구의 대화를 들으시오.

M 이 그림 정말 마음에 들어요.

W 누가 그렸다고 생각해요?

M 피카소 작품인 것 같아요.

W 음, 모네가 그린 것 같은데요.

M 인터넷에서 한번 찾아봅시다.

W 당신이 맞았어요. 피카소 작품이에요.

Q 남자와 여자가 주로 논의하는 것은?

(a) 가장 좋아하는 화가가 누구인지

(b) 특정 그림을 누가 그렸는지

(c) 미술사 수업

(d) 인터넷 화랑

가이드라인 특정 그림을 두고 누가 그렸는지 서로 의견을 주고받는 내용이므로 (b)가 정답이다. 나머지 선택지들은 대화에서 언급되지 않았다.

look up ~을 찾아보다 **art history** 미술사

23

Listen to a conversation about gardening.

M Do you use a gardening service, Marie?

W No, I do all the work myself.

M Everything looks lovely. I especially like the cactuses.

W Thanks, they're my favorite, too.

M It must be hard to keep all the plants healthy.

W It's a lot of work, but I enjoy it.

Q What is the man mainly doing in the conversation?

(a) Asking for gardening tips

(b) Pointing out an interesting plant

(c) Advertising his gardening service

(d) Complimenting the woman's garden

정원 가꾸기에 관한 대화를 들으시오.

M 정원 가꾸기 서비스를 이용하나요, 마리?

W 아뇨, 제가 직접 다해요.

M 모든 것이 정말 아름답군요. 특히 선인장이 맘에 들어요.

W 고마워요. 저 역시 선인장을 가장 좋아해요.

M 모든 식물을 건강하게 자라도록 가꾸려면 힘들겠어요.

W 일은 많지만 재미있어요.

Q 남자가 주로 하고 있는 것은?

(a) 정원 가꾸기에 필요한 조언 구하기

(b) 흥미로운 식물 지적하기

(c) 정원 가꾸기 서비스 홍보하기

(d) 여자의 정원 칭찬하기

가이드라인 여자가 직접 가꾸는 정원에 남자가 찬사를 보내고 있는 상황이므로 (d)가 정답이다.

gardening 정원 가꾸기 **cactus** 선인장 **point out** 지적하다

24

Listen to a conversation between two friends.

W Would you like a coffee?

M No, I prefer tea.

W Tea isn't strong enough for me.

M Really? I don't drink tea after noon, or else I can't sleep at night.

W Hmm, I can have an evening coffee and sleep fine.

M Everyone's different, I guess.

Q Which is correct according to the conversation?

(a) The man does not like to drink tea.

(b) The woman thinks tea is too weak.

(c) The man drinks a lot of afternoon tea.

(d) The woman only drinks coffee at lunch.

두 친구의 대화를 들으시오.

W 커피 드시겠어요?

M 아뇨, 전 차를 더 좋아해요.

W 차는 저한테는 별 효과가 없던데요.

M 그래요? 저는 정오 이후에는 차를 마시지 않는데, 마시면 밤에 잠을 못 자거든요.

W 저는 저녁에 커피를 마셔도 잠이 잘 와요.

M 사람마다 다른 것 같군요.

Q 대화의 내용과 일치하는 것은?

(a) 남자는 차 마시는 것을 좋아하지 않는다.

(b) 여자는 차가 너무 약하다고 생각한다.

(c) 남자는 오후에 차를 많이 마신다.

(d) 여자는 점심 때 커피만 마신다.

가이드라인 여자가 한 말 중에 Tea isn't strong enough for me 를 tea is too weak로 바꿔 표현한 (b)가 정답이다.

prefer 선호하다

25

Listen to a conversation between two friends.

W We missed you at the party last night, Keith.

M Sorry, I had planned to attend.

W Were you working late at the office again?

M No, my car refused to start.

W Oh, what a shame! I hope it's working now.

M Yes, it was repaired this morning.

Q Which is correct about the man according to the conversation?

(a) He wants to attend a party.

(b) He had to work after hours.

(c) He experienced car trouble.

(d) He still cannot start his car.

두 친구의 대화를 들으시오.

W 지난밤 파티에서 못 봐서 아쉬웠어, 키이스.

M 미안해, 참석할 생각이었는데.

W 또 회사에서 늦게까지 일했던 거야?

M 아니, 차 시동이 안 걸렸어.

W 아, 그거 안됐구나! 지금은 작동하길 바래.

M 응, 오늘 아침에 수리했어.

Q 남자에 대해서 대화의 내용과 일치하는 것은?

(a) 파티에 참석하고 싶어 한다.

(b) 초과 근무를 해야 했다.

(c) 자동차에 문제가 생겼다.

(d) 차 시동이 여전히 걸리지 않는다.

가이드라인 남자가 지난밤 파티에 가려고 했으나 못 간 이유에 대해, 늦게까지 회사에 있었던 것이 아니라 차 시동이 걸리지 않아서 그랬다고 말하는 상황이다. 지난밤 파티라고 했으므로 (a)는 시제가 맞지 않고, 차는 오늘 아침에 수리했다고 했으므로 (d)도 맞지 않다. 따라서 (c)가 정답이다.

refuse 거절하다   **start a car** 차에 시동을 걸다

What a shame! 그거 참 안됐구나!

26

Listen to a conversation between two acquaintances.

M Tom is arriving tomorrow morning.

W OK. The guest room is made up for him.

M He'll only be here tomorrow night and the next.

W Oh, I thought he was staying a week.

M He was, but his plans changed.

W That's what happened last time he stayed.

Q Which is correct according to the conversation?

(a) The man will visit Tom soon.

(b) Tom will be arriving at night.

(c) Tom is staying for two nights.

(d) The woman has not met Tom.

두 지인의 대화를 들으시오.

M 톰이 내일 아침에 도착할 거예요.

W 알았어요. 그가 사용할 방이 준비되어 있어요.

M 그는 내일 밤이랑 그 다음날 밤만 여기 있을 거예요.

W 아, 일주일 동안 묵을 줄 알았어요.

M 그랬는데 계획을 바꿨어요.

W 지난번 묵을 때도 그랬잖아요.

Q 대화의 내용과 일치하는 것은?

(a) 남자는 곧 톰에게 갈 것이다.

(b) 톰은 밤에 도착할 것이다.

(c) 톰은 이틀 밤 묵을 것이다.

(d) 여자는 톰을 만난 적이 없다.

가이드라인 톰은 내일 아침에 도착할 것이고, 이틀 밤 묵을 계획이라고 했으며, 지난번에도 그랬다는 말을 통해 여자는 톰을 만난 적이 있다는 것을 알 수 있으므로 옳은 정보는 (c)이다.

make up 준비하다

27

Listen to a conversation between two friends.

M I finally finished my English essay last night.

W Good for you. I've only done 7 pages.

M Are you serious? How long will it be?

W I'm going to make it 20 pages in total.

M But the professor said it only has to be 15 pages.

W I know, but I have a lot to say on the topic.

Q Which is correct according to the conversation?

(a) The woman has written 7 pages.

(b) The man is still writing his essay.

(c) The man wrote an essay of 20 pages.

(d) The woman did not know the essay requirements.

두 친구의 대화를 들으시오.

M: 어젯밤에 마침내 영어 작문을 끝냈어.

W: 잘됐다. 난 겨우 7페이지 했는데.

M: 정말이야? 길이가 얼마나 되는데?

W: 총 20페이지로 하려고.

M: 하지만 교수님께서는 15페이지면 된다고 하셨어.

W: 알아, 하지만 그 주제에 대해서 할 말이 많거든.

Q. 대화에 따르면 다음 중 옳은 것은?

(a) 여자는 7페이지를 작성했다.

(b) 남자는 아직 에세이를 작성 중이다.

(c) 남자는 20페이지에 달하는 작문을 썼다.

(d) 여자는 에세이의 요건을 몰랐다.

가이드라인 대화 첫 부분에서 여자가 I've only done 7 pages라고 했으므로 (a)가 정답임을 알 수 있다. 남자가 작성한 작문의 길이는 언급되지 않았고, 여자도 15페이지라는 작문의 요건을 알고 있으므로 (c)와 (d)는 모두 맞지 않다.

requirement 요건

28

Listen to a conversation about a trip.

W Your trip to Costa Rica is coming up, isn't it?

M Yes, I leave in eight days and come back in three weeks.

W Wow, will you bring me back a souvenir?

M Sure, would you like a T-shirt or something like that?

W Actually, I like to collect coffee mugs from around the world.

M I'll get you one of those, then.

Q Which is correct according to the conversation?

(a) The woman wants a new T-shirt.

(b) The man is departing in eight days.

(c) The man will bring back some coffee.

(d) The woman will travel around the world.

여행에 관한 대화를 들으시오.

W 너의 코스타리카 여행이 다가오고 있네, 그렇지 않니?

M 응, 8일 후에 떠나서 3주 후에 돌아와.

W 와, 기념품 사다 줄 거지?

M 물론이지, 티셔츠 같은 거 좋아해?

W 실은 전세계의 커피 머그잔을 수집하는 것을 좋아해.

M 그럼 그걸로 하나 사다 줄게.

Q 대화의 내용과 일치하는 것은?

(a) 여자는 새로운 티셔츠를 원한다.

(b) 남자는 8일 후에 출발한다.

(c) 남자는 커피를 사다 줄 것이다.

(d) 여자는 세계일주를 할 것이다.

가이드라인 남자가 I leave in eight days라고 했으므로 (b)가 정답이다. 전치사 in이 시간 앞에 붙으면, '~후에, ~이 지나고 나서'라는 뜻이다.

come up (때가) 다가오다   **souvenir** 기념품   **depart** 출발하다

29

Listen to two friends discuss a speech by a politician.

M Did you hear the senator's speech last night?

W You mean the one on immigration?

M Yes. I couldn't be more opposed.

W Oh? To which part of it?

M All of it. He just doesn't understand what's going on.

W I don't know. A lot of what he said made sense to me.

Q What can be inferred from the conversation?

(a) The senator is anti-immigration.

(b) The woman voted for the senator.

(c) The man didn't understand the speech.

(d) The speakers disagree on immigration.

두 친구가 정치인 연설에 관해 의논하는 것을 들으시오.

M 어젯밤 상원의원의 강연 들었어요?

W 이민에 관한 거 말이에요?

M 네. 저는 전적으로 반대해요.

W 아, 어떤 부분이에요?

M 전부요. 그는 어떤 상황인지 모르잖아요.

W 모르겠네요. 전 그의 얘기의 많은 부분이 맞다고 생각해요.

Q 대화로부터 추론할 수 있는 것은?

(a) 상원의원은 이민에 반대한다.

(b) 여자는 상원의원에게 투표했다.

(c) 남자는 강연을 이해하지 못했다.

(d) 화자들은 이민에 관해 의견이 일치하지 않는다.

가이드라인 상원의원의 이민에 관한 강연 내용에 남자는 반대하고 여자는 많은 부분이 맞다고 의견이 엇갈리는 내용이므로 (d)를 추론할 수 있다.

senator 상원의원   **immigration** 이민   **opposed** 반대하는
make sense to ~에게 이해가 되다, 의미가 통하다
anti-immigration 반 이민   **disagree** 의견이 다르다

30

Listen to a conversation about traffic.

M Sorry I'm late. Traffic was terrible.

W Probably because of the weather.

M Right. Can you believe all this rain?

W You should visit where I grew up in Washington.

M Oh, I didn't realize you were from there.

W Yes, I lived there until college.

Q What can be inferred from the conversation?

(a) The woman is a recent college graduate.

(b) The speakers reside in Washington.

(c) The woman's hometown is rainy.

(d) The man is often late for work.

교통에 관한 대화를 들으시오.

M 늦어서 죄송해요. 교통 체증이 심했어요.

W 날씨 때문일 거예요.

M 맞아요. 이 많은 비가 믿어져요?

W 제가 자란 워싱턴에 와봐야 해요.

M 아, 거기 출신인 줄 몰랐어요.

W 네, 대학 때까지 거기 살았어요.

Q 대화로부터 추론할 수 있는 것은?

(a) 여자는 최근에 대학을 졸업했다.

(b) 화자들은 워싱턴에 산다.

(c) 여자의 고향에는 비가 많이 온다.

(d) 남자는 가끔씩 회사에 지각한다.

> **가이드라인** 비가 너무 많이 와서 놀라는 남자에게, 여자가 자신이 자란 워싱턴은 더 심하다고 말하고 있다. 따라서 여자의 고향에는 비가 많이 온다는 (c)를 추론할 수 있다.

recent 최근의 **graduate** 졸업생 **reside in** ~에 거주하다
hometown 고향 **rainy** 비가 많이 오는

Part 4

Life on Earth is incredibly diverse, and one of the most significant ways in which life varies is by size. The smallest organism we know of is a microbe that inhabits hot underwater vents in the oceans surrounding Iceland. This tiny life form is only 400 nanometers in size, which is 0.0004 millimeters. On the opposite end of the spectrum is the giant sequoia, a tree that measures 17 meters across at its base and stands 100 meters tall.

Q What is the lecture mainly about?

(a) Earth's smallest creatures

(b) The sizes of Earth's organisms

(c) Measuring forms of life on Earth

(d) The largest forms of life on the planet

지구상의 생물은 믿을 수 없을 정도로 다양한데, 생물을 이렇게 다양하게 구분 짓는 가장 중요한 방식 중의 하나는 크기입니다. 우리가 알고 있는 가장 작은 유기체는 아이슬란드 주변 해양의 뜨거운 해저 구멍에 거주하는 미생물입니다. 이 조그만 생물체의 크기는 불과 400나노미터, 즉 0.0004밀리미터입니다. 반대로 가장 큰 유기체는 거대한 세쿼이아로, 이는 밑동 둘레가 17미터이며 높이가 100미터인 나무입니다.

Q 강의의 주제는?

(a) 지구상에서 가장 작은 생물들

(b) 지구에 사는 유기체의 크기

(c) 지구 생명체 측정하기

(d) 지구상에서 가장 큰 생명체들

> **가이드라인** 지구에는 다양한 크기의 생물체가 존재한다는 전제 아래, 지구상에서 가장 작은 생물과 가장 큰 생물을 소개하는 내용이므로 (b)가 정답이다.

incredibly 믿을 수 없을 정도로 **diverse** 다양한 **significant** 중요한 **organism** 유기체, 생물 **microbe** 미생물 **inhabit** 거주하다 **vent** 구멍, 분출구 **nanometer** 나노미터 (10억분의 1미터) **sequoia** 세쿼이아 (삼나무과의 거목) **creature** 생물

Hello everyone, I want to remind you about the new Middle School Math Circle program. The Middle School Math Circle is to help you develop math problem solving skills. You will be taught challenging mathematics beyond the normal curriculum. Math Circles are held on the first Saturdays of each month and the cost is $25 per student for each meeting. Middle School teachers are also welcome to attend at no cost with their students. I will put up more information on the school notice board.

Q What is the announcement mainly about?
(a) Problem solving skills in math
(b) A program for improving math skills
(c) Math problems that students will do
(d) A new institute for mathematics students

안녕하세요, 여러분에게 새로운 중학 수학 동아리 프로그램에 대해서 알려드리고자 합니다. 중학 수학 동아리는 여러분의 수학 문제 풀이 능력 개발을 돕기 위함이 목적입니다. 여러분은 정규 교육 과정 이상의 난이도 높은 수학을 배울 것입니다. 수학 동아리는 매월 첫 번째 토요일에 열리며 비용은 매 모임마다 학생 일인당 25달러입니다. 중학교 선생님들도 학생들과 함께 무료로 언제라도 참석하십시오. 학교 게시판에 더 자세한 정보를 게재하겠습니다.

Q 안내 발표의 주된 내용은?
(a) 수학 문제 풀이 능력
(b) 수학 실력을 향상시키기 위한 프로그램
(c) 학생들이 풀 수학 문제
(d) 수학과 학생들을 위한 새로운 기관

가이드라인 Middle School Math Circle이라는 프로그램을 소개하는 내용인데, 이는 수학 풀이 능력을 향상시키는 프로그램이므로 (b)가 정답이다.

remind 상기시키다, 일깨우다 **circle** 동아리 **solve** 풀다
challenging 도전적인 **normal** 정규의 **curriculum** 교육 과정
hold 열다 **put up** 게재하다 **notice board** 게시판 **improve**
향상시키다 **institute** 기관

For a horror movie, *Call of the Thunders* is on the realistic side. It follows a group of Australian surfers who charter a sailboat to some remote islands. But after several days confined in the small space of the boat, the characters' aggressive personalities become a problem. Unlike a lot of horror films these days, *Call of the Thunders* doesn't spill buckets of fake blood. But in my opinion its realistic creepiness is more frightening than fake violence.

Q Which is correct about *Call of the Thunders* according to the talk?
(a) It is less realistic than other horror films.
(b) It is based on a true story about sailors.
(c) It is set in waters far from a mainland.
(d) It is more violent than necessary.

공포영화로서 〈천둥의 외침〉은 사실주의 경향에 속합니다. 이 영화는 요트를 빌려 외딴 섬으로 간 한 무리의 오스트레일리아 서퍼들의 이야기를 따라갑니다. 그런데 며칠이 지나고 보트라는 작은 공간에 갇히자, 인물들의 공격적인 성향이 문제가 됩니다. 요즘의 많은 공포 영화와는 달리, 〈천둥의 외침〉은 가짜 피를 철철 쏟아 놓지 않습니다. 하지만 이 영화의 사실적인 오싹함이 가짜 폭력보다 더 무섭다는 것이 제 생각입니다.

Q 〈천둥의 외침〉에 대해서 담화의 내용과 일치하는 것은?
(a) 다른 공포 영화보다 덜 사실적이다.
(b) 선원들에 관한 실제 이야기에 기반을 둔 것이다.
(c) 본토에서 먼 바다를 배경으로 한다.
(d) 필요 이상으로 폭력적이다.

가이드라인 배를 빌려 섬으로 간 서퍼들의 이야기를 다룬 공포 영화에 대한 담화이다. 사실주의 경향을 띠고, 외딴 섬을 배경으로 하며, 폭력이 아니라 오싹한 사실감으로 공포를 준다고 했으므로 옳은 것은 (c)이다.

realistic 사실적인 **charter** (배를) 빌리다 **remote** 외딴, 먼
confine 넣다, 가두다 **aggressive** 폭력적인 **personality**
성격 **buckets of** 많은 양의 **fake** 가짜의 **creepiness** 오싹함
frightening 무서운 **mainland** 본토

Normally, the clear plastic soda bottles you see in the refrigerator case at a store are made from oil-based plastic. Because they're made from fossil fuels, traditional plastic bottles have a pretty negative environmental impact. That's why Pepsi's announcement is so exciting. The beverage company reported that they've produced a plastic bottle made entirely from plant materials. The new bottle, which looks just like a traditional plastic bottle, is made from grasses, bark, and cornhusks.

Q Which is correct according to the report?
(a) Pepsi's new bottle is not made from oil-based plastic.
(b) Plant-based plastics have a negative ecological effect.
(c) Plastic bottles by Pepsi were announced to be cheaper.
(d) Pepsi's new drink contains grass, bark, and corn ingredients.

일반적으로 상점의 냉장고 칸에서 볼 수 있는 투명한 플라스틱 탄산음료 병은 석유를 주원료로 하는 플라스틱으로 만들어집니다. 화석연료로 만들어지기 때문에 기존의 플라스틱 병은 환경에 나쁜 영향을 줍니다. 이것이 펩시의 발표가 흥미진진한 이유입니다. 이 음료 회사는 오로지 식물 재료만으로 만든 플라스틱 병을 생산했다고 보고했습니다. 기존의 플라스틱 병과 똑같은 모양의 새로운 병은 풀잎과 줄기, 옥수수 껍질로 만들어집니다.

Q 보도의 내용과 일치하는 것은?
(a) 펩시의 새로운 병은 석유 원료 플라스틱으로 만들지 않는다.
(b) 식물 원료 플라스틱은 생태에 나쁜 영향을 준다.
(c) 펩시의 플라스틱 병이 더 저렴하다고 발표되었다.
(d) 펩시의 새 음료는 풀잎과 줄기, 옥수수 성분을 포함한다.

가이드라인 펩시의 새 플라스틱 병은 환경에 나쁜 영향을 주는 기존의 화석 연료인 석유 원료가 아니라 식물로 만들어진다는 내용이므로 (a)가 정답이다.

fossil fuel 화석 연료 **negative** 부정적인 **impact** 영향
announcement 공지, 발표 **beverage** 음료 **entirely** 온전히
bark 줄기 **cornhusk** 옥수수 껍질 **ecological** 생태학적인
ingredient 성분, 요소

Who's excited to attend the Barbie Convention next month? Be sure to make a reservation at the Q Hotel by March 12 to guarantee your room. It is only 500 meters from the convention center. If you mention you are attending the Barbie Convention, you can get a great discount on your room as well. Plus, the hotel is hosting a party after the convention. See you at the Barbie Convention!

Q What is beneficial about booking at the Q Hotel?
(a) It is hosting an important convention.
(b) It is possible to receive a room discount.
(c) It offers better security than any other hotel.
(d) It can guarantee a room before March 12.

다음 달 바비 컨벤션 참석을 기대하고 계십니까? 3월 12일까지 Q 호텔에 예약하여 객실을 확보하시기 바랍니다. 호텔은 컨벤션 센터에서 불과 500미터밖에 떨어져 있지 않습니다. 바비 컨벤션에 참석하신다고 말씀하시면 객실 할인도 받으실 수 있습니다. 또한 호텔은 컨벤션이 끝난 후 파티를 주최합니다. 바비 컨벤션에서 만나뵙겠습니다!

Q Q 호텔 객실을 예약하면 어떤 점이 좋은가?
(a) 중요한 컨벤션을 주최하고 있다.
(b) 객실 할인을 받는 것이 가능하다.
(c) 다른 어떤 호텔보다 더 나은 보안을 제공한다.
(d) 3월 12일 전에 객실을 보장받을 수 있다.

가이드라인 바비 컨벤션 참석을 언급하면 객실 할인을 받을 수 있다고 했으니 정답은 (b)이다. 호텔이 행사를 주최한다는 언급은 없고, 보안에 관한 사항도 전혀 언급되지 않았다.

excited 흥분한, 신이 난 **make a reservation** 예약하다
guarantee 보장하다, 확보하다 **mention** 언급하다 **as well**
또한, 역시 **host** 주최하다 **beneficial** 득이 되는 **book** 예약하다
security 보안

Welcome to Briar Cinema. Your movie will begin shortly. First, though, we'd like to ask that you not leave any empty seats between you and the person next to you. This will allow us to accommodate everyone who has purchased a ticket. Also, all cell phones must be turned off, and there is no talking during the movie. Finally, snacks and drinks will be available in the lobby throughout the showing. Thanks for your attention, and enjoy your film.

Q What can be inferred from the announcement?

(a) The theater is nearly filled to capacity.
(b) Tickets were sold at a discounted price.
(c) The theater has a poor selection of snacks.
(d) Briar Cinema blocks phone reception signals.

브라이어 시네마에 오신 것을 환영합니다. 영화가 곧 시작됩니다. 하지만 먼저 옆 사람과의 사이에 빈 좌석을 남겨두지 말 것을 당부드립니다. 그렇게 해야 표를 구입한 모든 사람들이 앉을 수 있기 때문입니다. 또한 휴대폰은 반드시 꺼두시기 바라며, 영화 상영 중에는 얘기할 수 없습니다. 마지막으로 간식과 음료는 상영하는 동안 로비에서 구입하실 수 있습니다. 경청해 주셔서 감사 드리며, 즐거운 관람 되십시오.

Q 안내 방송으로부터 추론할 수 있는 것은?
(a) 영화관은 거의 만원이다.
(b) 표는 할인가에 판매되었다.
(c) 영화관에는 간식의 선택폭이 넓지 않다.
(d) 브라이어 시네마는 휴대폰 수신 신호가 차단되어 있다.

가이드라인 좌석 간에 빈자리를 남겨 두지 않아야 표를 구입한 사람들이 모두 앉을 수 있다고 했으므로 영화관이 거의 찼다는 것을 짐작할 수 있다. 따라서 (a)가 정답이다.

shortly 곧, 조만간   **accommodate** 편의를 도모하다
purchase 구입하다   **throughout** ~내내   **showing** 상영
be filled to capacity 꽉 차다, 만원이다   **discounted** 할인된
selection 선택된 물건들   **reception** (전화의) 수신

Part 5

Not all of your old, broken appliances belong in the trash. We at DIY Fix Clinic have always tried our best to minimize the impact that e-waste has on the environment. If you come to DIY Fix Clinic, our technicians will teach you how to take apart, put together, and even reuse parts in your product items. If your items are beyond repair, we'll even take care of them for free, saving you the trouble of taking them to a recycling facility. You will be offered know-how, workspace, and equipment, so you only need to bring your broken appliances and the willingness to repair them yourself.

Q37 What is mainly being said about DIY Fix Clinic?

(a) It educates people about how harmful e-waste is.
(b) It teaches how to deal with broken electronics.
(c) It trains people to become professional technicians.
(d) It collects broken electronics to fix and then sells them.

Q38 What can be inferred about DIY Fix Clinic?

(a) It does not repair items that are over 10 years old.
(b) It has an in-house repair service for appliances.
(c) It has its own electronics recycling center.
(d) It does not guarantee all electronics will be repaired.

여러분의 오래되고, 고장 난 전자제품 전부가 쓰레기통에 들어가야 하는 것은 아닙니다. 저희 DIY 수리 클리닉은 전자쓰레기가 환경에 미치는 영향을 최소화하려고 늘 노력해 왔습니다. DIY 수리 클리닉에 오시면 저희 기술자들이 여러분들에게 제품을 분해하고, 조립하고, 심지어 부품을 재활용하는 방법까지 가르쳐드릴 것입니다. 여러분의 제품을 수리할 수 없는 경우 저희는 심지어 무료로 처리해 드려서 여러분들이 직접 재활용 센터로 물건을 들고 가야 하는 수고를 아껴드릴 수 있습니다. 노하우, 작업장, 도구가 제공되기 때문에 여러분은 고장 난 제품과 직접 수리하고자 하는 의지만 있으면 됩니다.

Q37 DIY 수리 클리닉에 대해서 주로 언급되는 것은?
(a) 사람들에게 전자쓰레기가 얼마나 해로운지 교육한다.
(b) 고장 난 전자제품을 다루는 법을 가르쳐 준다.
(c) 사람들이 전문 기술자가 되도록 훈련한다.
(d) 고장 난 전자제품을 수거해서 수리한 뒤 판다.

Q38 DIY 수리 클리닉에 대해서 추론할 수 있는 것은?
(a) 10년이 넘은 제품은 수리하지 않는다.
(b) 자사에서 전자제품 수리 서비스를 제공한다.
(c) 전자제품 재활용 센터를 자체적으로 갖추고 있다.
(d) 모든 전자제품이 다 수리될 것이라는 보장을 하지 않는다.

가이드라인 Q37. DIY 수리 클리닉은 사용자들이 직접 자신들의 전자제품을 수리하고, 분해하고, 조립하고, 부품을 재활용하는 방법을 알려준다고 했으므로 정답은 (b)이다.

Q38. 제품 수리가 불가능한 경우는 자신들이 직접 수거해서 사용자들이 재활용 센터를 가야 하는 번거로움을 덜어주겠다고 했으므로 정답은 (d)이다.

broken 고장 난 **appliance** 전자제품 **minimize** 최소화하다 **impact** 영향 **technician** 기술자 **take apart** 분해하다 **put together** 조립하다 **reuse** 재활용하다 **beyond** ~가 불가능한 **take care of** ~을 처리하다 **save A the trouble of -ing** A가 ~하는 수고를 덜어주다 **facility** 시설 **offer** 제공하다 **workspace** 작업 공간 **equipment** 도구 **willingness** 의향, 의지 **educate** 교육하다 **professional** 전문적인 **in-house** 사내의 **guarantee** 보장하다

39-40

Many creatures have developed brilliant ways to protect themselves from their natural enemies. One method is mimicry. If you observe nature closely, you may find such things as bird droppings that move, and seaweed that swims. The giant prickly stick insect is one of the creatures that have developed highly successful camouflage. When young, it mimics ants. When it becomes too big to use this method, it imitates scorpions. When it grows too large for the deception, it disguises itself as dry, curled-up leaves. Some plants employ mimicry to breed. For example, carrion flowers emit an unpleasant smell to attract flies for pollination. Flies believe that the smell comes from their "food," laying their eggs on the flowers.

Q39 What are giant prickly stick insects not disguised as?

(a) Ants

(b) Scorpions

(c) Leaves

(d) Bird droppings

Q40 How do carrion flowers lure flies to help them breed?

(a) By disguising themselves as bird droppings

(b) By changing their colors

(c) By giving off bad smells

(d) By producing fake eggs

많은 생물은 자신을 천적으로부터 지키기 위한 기발한 방법을 개발했다. 한 가지 방법은 흉내 내기이다. 자연을 자세히 관찰하면, 움직이는 새똥, 수영하는 미역과 같은 것들을 볼지 모른다. 대벌레는 매우 성공적인 변장술을 개발한 생명체 중 하나이다. 어렸을 때 그것은 개미를 모방한다. 그것이 너무 커져서 이 방법을 사용할 수 없어지면 그것은 전갈을 흉내 낸다. 이 속임수를 쓰기에 너무 크게 자라면, 그것은 둘둘 말린 고엽으로 자신을 변장한다. 어떤 식물은 번식을 위해 모방한다. 예를 들어, 시체꽃은 불쾌한 냄새를 발산해서 파리를 끌어들여 수분에 사용한다. 파리는 냄새가 자신들의 "먹이"에서 나온다고 생각하고, 꽃 위에 알을 낳는다.

Q39 대벌레가 변장하는 것이 아닌 것은?
(a) 개미
(b) 전갈
(c) 나뭇잎
(d) 새똥

Q40 시체꽃이 번식을 위해 파리를 유혹하는 방법은?
(a) 새똥으로 변장해서
(b) 색깔을 변화시켜서
(c) 나쁜 냄새를 발산해서
(d) 가짜 알을 만들어내서

가이드라인 Q39. 대벌레는 어렸을 때 개미로, 좀 더 자라서 전갈로, 마지막으로 고엽으로 변장한다고 했다. 새똥은 언급되었지만, 대벌레가 변장하는 것이라는 내용은 없다. 따라서 정답은 (d)이다.

Q40. 시체꽃은 나쁜 냄새를 발산해서 파리가 이 냄새가 자신들의 먹이에서 나오는 것으로 생각하게 한 뒤에 꽃으로 날아와서 알을 낳게 한다고 했으므로 정답은 (c)이다.

creature 생명체 **brilliant** 기발한 **protect** 보호하다 **natural enemy** 천적 **method** 방법 **mimicry** 모방 **observe** 관찰하다 **closely** 자세히 **dropping** (새, 짐승의) 똥 **seaweed** 미역 **camouflage** 변장술 **imitate** 모방하다 **scorpion** 전갈 **deception** 속임수 **disguise** 변장하다 **curled-up** 둘둘 말린 **employ** 이용하다 **breed** 번식 **carrion flower** 시체꽃 **emit** 발산하다 **unpleasant** 불쾌한 **pollination** (식물의) 수분 **lay** 알을 낳다

Actual Test 2

Listening Comprehension

→ 본책 P 166

1 (b)	**2** (b)	**3** (d)	**4** (c)	**5** (d)	**6** (c)	**7** (b)	**8** (a)	**9** (c)	**10** (d)
11 (a)	**12** (c)	**13** (c)	**14** (a)	**15** (c)	**16** (c)	**17** (c)	**18** (a)	**19** (d)	**20** (b)
21 (a)	**22** (d)	**23** (d)	**24** (d)	**25** (b)	**26** (d)	**27** (c)	**28** (b)	**29** (c)	**30** (a)
31 (b)	**32** (a)	**33** (c)	**34** (b)	**35** (a)	**36** (d)	**37** (c)	**38** (b)	**39** (b)	**40** (d)

Part 1

1

W When should I arrive at the party tomorrow night?

M _____

(a) I'm so glad you had a nice time.
(b) Everyone is getting there around 7.
(c) We'll mail the invitations next week.
(d) Don't forget to bring the birthday cake!

W 내일 밤 파티에 몇 시까지 도착해야 하나요?

M _____

(a) 즐거우셨다니 정말 다행입니다.
(b) 모두 7시경에 그곳에 도착할 겁니다.
(c) 우리는 다음 주에 초대장을 발송할 겁니다.
(d) 생일 축하 케이크를 가져오는 걸 잊지 마세요.

가이드라인 When으로 묻고 있으므로 도착 시간을 말해 주는 (b)가 가장 적절한 응답이다.

mail 우편으로 보내다 **invitation** 초대(장)

2

M How long has your knee been bothering you?

W _____

(a) It's causing me a lot of pain.
(b) Ever since I went swimming last week.
(c) I stretch it for ten minutes each morning.
(d) My doctor is going to examine it tomorrow.

M 무릎이 아픈 지 얼마나 됐습니까?

W _____

(a) 통증이 정말 심해요.
(b) 지난주에 수영장에 다녀온 후로요.
(c) 매일 아침 10분 동안 스트레칭을 해요.
(d) 제 담당의사가 내일 검사할 거예요.

가이드라인 How long으로 기간을 묻고 있으므로 시작 시점을 말하는 (b)가 가장 적절한 응답이다.

bother 괴롭히다 **pain** 통증 **stretch** 스트레칭하다
examine 검사하다

3

M What type of account would you like to open today?

W _____

(a) Yes, with First National Bank.
(b) I'd like to make a withdrawal.
(c) Here's my account number.
(d) Standard checking, please.

M 오늘 어떤 종류의 계좌를 개설하시겠습니까?

W _____

(a) 네, 퍼스트 내셔널 은행에서요.
(b) 인출하고 싶어요.
(c) 여기 제 계좌번호가 있어요.
(d) 일반 입출금 계좌요.

가이드라인 어떤 종류의 계좌를 개설할 것인지 묻는 질문이므로 구체적인 계좌 종류를 말하는 (d)가 적절한 응답이다.

account 계좌 **make a withdrawal** (예금액을) 인출하다
standard checking (account) 일반 입출금 계좌

4

W Can I get you anything for dessert?

M _____

(a) Yes, a table for two.
(b) It was delicious, thank you.
(c) No, I'm ready for the check.
(d) A cup of soup would be nice.

W 디저트로 뭘 좀 갖다 드릴까요?

M _____

(a) 네, 2인용 자리로요.
(b) 맛있었어요, 고마워요.
(c) 아뇨, 계산할게요.
(d) 수프가 좋겠네요.

가이드라인 식당에서 이루어지는 대화로, 디저트를 주문하겠냐는 종업원의 말에 가장 적절한 답은 바로 계산하겠다는 (c)이다.

dessert 디저트, 후식

5

M Do you like watching horror movies?

W _____

(a) Yes, I'd be happy to.
(b) No, it was too scary.
(c) Let's see when to start.
(d) I usually prefer comedies.

M 공포 영화 보는 거 좋아해?

W _____

(a) 응, 기꺼이 그럴게.
(b) 아냐, 너무 무서웠어.
(c) 언제 시작하는지 보자.
(d) 난 주로 코미디물을 더 좋아해.

가이드라인 공포 영화를 좋아하냐는 물음에 코미디물을 더 좋아한다는 (d)가 응답으로 적절하다. Do you로 물었다고 해서 항상 Yes나 No로 대답하는 것은 아님에 유의한다.

horror movie 공포 영화 **scary** 무서운

6

M Is this where you'd like to get out, ma'am?

W _____

(a) I'll take it from here.
(b) Across town, I think.
(c) One more block, please.
(d) Let me check my calendar.

M 내리시려는 곳이 여기인가요, 손님?

W _____

(a) 여기에서 그것을 가져갈게요.
(b) 도심 건너편인 것 같아요.
(c) 한 블록 더 가주세요.
(d) 제 일정을 확인해 볼게요.

가이드라인 택시 기사가 손님에게 내릴 곳이 맞는지 확인하는 상황으로, 한 블록을 더 가달라고 하는 (c)가 적절한 응답이다.

get out 내리다 **across** ~을 가로질러

7

M Sorry for forgetting to buy the bread.

W _____

(a) By taking it there yourself.
(b) Really, don't worry about it.
(c) Ask him for more, please.
(d) Well, it's the bread we expected.

M 미안해, 빵 사는 것을 깜빡했어.

W _____

(a) 네가 직접 그곳에 가져가서 그렇게 해.
(b) 정말로 그건 걱정하지 마.
(c) 그에게 더 많이 달라고 부탁해 봐.
(d) 음, 그게 우리가 기대했던 빵이야.

가이드라인 Sorry for로 사과하고 있으므로 괜찮다고 말하는 (b)가 가장 적절한 응답이다.

forget 잊어버리다

8

W A gym membership costs around 40 dollars a month.

M _____

(a) That's more than I can afford.
(b) I prefer the weight machines.
(c) I'm sure you're in excellent shape.
(d) Maybe I can offer you a discount.

W 헬스장 회원권은 한 달에 약 40달러입니다.

M _____

(a) 그것은 제가 쓸 수 있는 한도 이상이네요.
(b) 근육 운동 기구를 선호해요.
(c) 당신은 확실히 훌륭한 몸매예요.
(d) 할인해 드릴 수도 있어요.

가이드라인 can afford는 '~을 살 형편이다. 여유가 되다'라는 뜻으로, 그 이상이라는 의미의 (a)가 알맞다.

membership 회원권 **afford** (~을 살) 형편이 되다
in excellent shape 몸 상태가 좋은

9

W I'm worried this painting won't match the wall color.

M _____

(a) Well, it won't come with it.
(b) No, you're a wonderful artist.
(c) You know, you may have a point.
(d) Actually, there's one can of paint left.

W 이 그림이 벽 색깔과 어울리지 않을까 봐 걱정이에요.

M _____

(a) 음, 그건 따라오지 않을 거예요.
(b) 아뇨, 당신은 훌륭한 예술가예요.
(c) 저기, 당신 말이 맞는 것 같아요.
(d) 실은 페인트 한 통이 남았어요.

가이드라인 그림이 벽 색깔과 맞지 않을 것 같다는 말에 동의하는 (c)가 가장 적절한 응답이다. have a point는 '일리가 있다'라는 뜻으로 상대방의 말이 맞다고 인정할 때 쓰는 표현이다.

match ~에 어울리다 **come with** ~이 딸려 오다
have a point 일리가 있다

10

W How about coming for a bite to eat?

M _____

(a) Yes, I ate already.
(b) I think it's delicious.
(c) That one's not tasty, either.
(d) Absolutely, I'm really hungry.

W 뭐 좀 간단히 먹으러 올래요?

M _____

(a) 네, 전 벌써 먹었어요.
(b) 전 맛있는 것 같아요.
(c) 그것도 역시 맛없어요.
(d) 물론이죠, 정말 배고파요.

가이드라인 How about…?은 '~하는 게 어때?'라는 뜻으로 뭔가를 제안할 때 쓰는 표현이다. a bite (to eat)은 '간단한 먹을거리'를 뜻하며, grab a bite(간단히 요기하다)라는 표현으로 자주 쓰인다. 따라서 흔쾌히 동의하는 (d)가 가장 어울리는 응답이다.

bite 요기 **tasty** 맛있는 **absolutely** 그럼, 물론이지

Part 2

11

W I heard Stanley is in Vancouver now.
M That's right. He left over a month ago.
W Any idea why he decided to move?
M _____

(a) He had to go for work.
(b) I wouldn't mind visiting.
(c) No, I've never been there.
(d) Sure, he can borrow my truck.

W 스탠리가 지금 밴쿠버에 있다고 들었어.
M 맞아. 떠난 지 한 달이 좀 넘었어.
W 그가 이사하기로 결정한 이유를 혹시 아니?
M _____
(a) 직장 때문에 갈 수밖에 없었어.
(b) 난 기꺼이 방문할 거야.
(c) 아니, 난 그곳에 한 번도 가본 적이 없어.
(d) 물론, 그는 내 트럭을 빌릴 수 있어.

가이드라인 스탠리가 밴쿠버로 이사를 간 이유를 아는 여자의 물음에, 직장 때문에 어쩔 수 없이 가야 했다고 답하는 (a)가 가장 적절하다.

not mind -ing 기꺼이 ∼하다

12

W I can't believe how expensive our textbooks are.
M You should try buying them used online.
W What kind of discount can you get by doing that?
M _____

(a) You can borrow mine if you'd like.
(b) This class doesn't use a textbook.
(c) Up to 70 percent off the regular price.
(d) The sale already ended.

W 우리 교재가 얼마나 비싼지 믿을 수 없을 정도야.
M 인터넷에서 중고를 구입해 봐.
W 그렇게 하면 얼마나 할인받을 수 있지?
M _____
(a) 원한다면 내 것을 빌려 줄게.
(b) 이 수업에서는 교재를 사용하지 않아.
(c) 정가에서 최대 70%까지 할인돼.
(d) 세일은 이미 끝났어.

가이드라인 여자의 질문에서 What kind of discount는 할인율을 뜻하므로 70%까지 할인된다는 (c)가 가장 적절한 응답이다. (d)는 앞에서 권유한 내용과 어긋나므로 알맞지 않다.

textbook 교재 **used** 중고의 **online** 인터넷에서 **up to** 최대 ∼까지 **regular price** 정가

13

W Excuse me. I'm looking for the nearest bank.
M There's one at the corner of Elm and Spring Streets.
W What's the best way to get there?
M _____

(a) No, I said Elm Street.
(b) I believe it's called Eagle Bank.
(c) Turn right at the next intersection.
(d) There aren't very many around here.

W 실례합니다. 가장 가까운 은행을 찾고 있는데요.
M 엘름 가와 스프링 가가 만나는 모퉁이에 하나 있어요.
W 그곳에 가는 가장 좋은 방법이 뭔가요?
M _____
(a) 아뇨, 전 엘름 가라고 했어요.
(b) 이글 은행이라는 곳인 것 같아요.
(c) 다음 교차로에서 우회전하세요.
(d) 이 근처에는 그다지 많지 않아요.

가이드라인 여자가 은행에 가는 길을 묻고 있으므로 가는 방법을 설명하는 (c)가 가장 적절한 응답이다.

intersection 교차로

14

W George, the ballet's coming to town.
M Is it the group out of Phoenix?
W Yes, would you like to go see them?
M _____

(a) It depends when they perform.
(b) They could've been better.
(c) I've never been there.
(d) It was just lovely.

W 조지, 발레단이 여기에 온대요.
M 피닉스에서 온 발레단인가요?
W 네, 보러 갈래요?
M _____
(a) 언제 공연하는지에 달렸죠.
(b) 그들은 더 잘할 수 있었을 텐데요.
(c) 전 거기 가본 적이 없어요.
(d) 그것은 정말 사랑스러웠어요.

가이드라인 Would you like to?는 '∼하겠어요?'라는 제안의 표현이다. 발레 공연의 날짜에 따라 갈 수도 있고 못 갈 수도 있다는 의미로 (a)가 정답이다. It depends는 '∼에 따라 다르다, ∼에 달려있다'라는 뜻이다.

it depends ∼에 따라 다르다 **perform** 공연하다

15

W What do you do for exercise, Jim?
M I swim laps at the local pool.
W Do you go there every day?
M _____

(a) I'd be happy to go with you.
(b) I'm not feeling well today.
(c) Three times a week, usually.
(d) You have a rigorous schedule.

W 무슨 운동하니, 짐?
M 동네 풀장에서 몇 바퀴 수영해.
W 그곳에 매일 가?
M _____
(a) 너랑 같이 가면 좋겠는데.
(b) 오늘 몸이 좀 안 좋아.
(c) 일주일에 보통 세 번 가.
(d) 스케줄이 빡빡하구나.

가이드라인 운동으로 동네 풀장에서 수영을 한다는 남자에게 매일 가냐고 여자가 물었으므로 일주일에 세 번 간다고 직접적으로 답하는 (c)가 정답이다.

lap (트랙의) 한 바퀴 **rigorous** 엄격한, 철저한

16

W When does the game start?
M The kickoff is at 2:30.
W So it should be over by 4?
M _____

(a) I wish I could play.
(b) Great, see you then.
(c) Unless there's overtime.
(d) Let me check your watch.

W 경기가 언제 시작해요?
M 2시 30분에 시작해요.
W 그럼 4시면 끝나겠네요?
M _____
(a) 내가 경기할 수 있다면 좋겠어요.
(b) 좋아요, 그때 봐요.
(c) 연장전이 없다면요.
(d) 당신의 시계를 확인해 볼게요.

가이드라인 추측을 나타내는 should와 함께 4시에 끝날지를 묻고 있다. unless는 if not의 뜻이므로 (c)는 If there's no overtime과 같다. 즉, 연장전이 없다면 4시에 끝날 거라고 말하는 상황이므로 적절한 응답은 (c)이다.

kickoff 시작, 킥오프 **overtime** 연장전

17

W Can I offer you something to drink?
M Sure, what do you have?
W There's juice and soda.
M _____

(a) That's too much to offer.
(b) I guess there aren't any drinks.
(c) I'll take diet soda, if you have it.
(d) That would be my preference, too.

W 마실 것 좀 드릴까요?
M 좋죠, 뭐가 있어요?
W 주스와 탄산음료가 있어요.
M _____
(a) 제공하기에 너무 많은데요.
(b) 마실 것이 전혀 없는 것 같아요.
(c) 다이어트 음료가 있으면 좀 주세요.
(d) 그것도 제 마음에 들 거예요.

가이드라인 마실 것을 권하며 음료수로 주스와 탄산음료가 있다는 말에, 본인이 원하는 음료의 종류를 말하는 (c)가 적절하다.

soda 탄산음료 **preference** 선호

18

W Thanks again for helping me paint, Josh.
M I hope you're happy with the final result.
W Yes, it looks absolutely beautiful.
M _____

(a) Great, glad to be of help.
(b) Yes, he deserves the credit.
(c) I'd go with a different color.
(d) That's not exactly what I meant.

W 그림 그리는 거 도와줘서 다시 한번 고마워, 조시.
M 최종 결과에 네가 만족하길 바래.
W 응, 그림이 아주 멋진걸.
M _____
(a) 잘됐군, 도움이 됐다니 기뻐.
(b) 응, 칭찬을 받아야 할 사람은 그 사람이야.
(c) 나라면 다른 색깔을 사용하겠어.
(d) 그건 정확히 내가 의도했던 바가 아냐.

가이드라인 그림 그리는 것을 도와줘서 그림이 아주 멋지게 되었다는 여자의 말에, 도움이 돼서 기쁘다고 하는 (a)가 적절한 응답이다.

deserve ~을 받을 만하다 **credit** 공, 칭찬 **go with** ~을 받아들이다

19

W Ben, why haven't you called me?
M I didn't know I needed to.
W But I left a message with your secretary.
M _____

(a) I'll pass it along.
(b) Yes, she told me.
(c) That's really rude.
(d) Sorry, I didn't get it.

W 벤, 왜 제게 전화하지 않았어요?
M 제가 전화를 해야 하는 줄 몰랐는데요.
W 하지만 비서에게 메시지를 남겼다고요.
M _____
(a) 그 말을 전해 줄게요.
(b) 네, 그녀가 내게 말했어요.
(c) 그건 정말 무례한 짓이에요.
(d) 미안해요, 메시지를 받지 못했어요.

가이드라인 비서에게 메시지를 남겼는데 왜 전화하지 않았냐고 불평하는 말에, 메시지를 전달받지 못해서 그랬다는 (d)가 적절한 응답이다.

secretary 비서 **pass along** ~을 전하다 **rude** 무례한

20

M Can you believe this traffic?
W It's the start of the holiday weekend.
M The highway sure is backed up.
W _____

(a) It wasn't on the subway.
(b) Everyone's heading out of town.
(c) I'll be taking some vacation time.
(d) There must be a wreck somewhere.

M 이 많은 교통량이 믿어져?
W 주말 연휴가 시작되는 날이잖아.
M 고속도로가 분명히 막히겠군.
W _____
(a) 지하철에 없었어.
(b) 모두가 도심을 빠져나가고 있어.
(c) 얼마 동안 휴가를 보내고 있을 거야.
(d) 분명히 어딘가에 잔해가 있을 거야.

가이드라인 도로에 교통량이 많아 고속도로가 정체를 빚고 있을 거라는 남자의 말에 모두가 도시를 빠져나가고 있다고 하는 (b)가 적절하다.

holiday weekend 주말 연휴 **backed up** 차가 막히는
wreck 잔해, 사고 차량

Part 3

21

Listen to a conversation between two friends.

W What are your predictions for the game tonight?
M I don't know. Both teams are really good.
W I think it'll be the Eagles by at least five points.
M No way. I think the Bears will beat them.
W Well, let's watch together and find out.
M Sure. See you at 7 o'clock.

Q What is the main topic of the conversation?
(a) Who might win the game
(b) When the game will start
(c) Where to go and watch soccer
(d) Which teams will play in the game

두 친구의 대화를 들으시오.
W 오늘 밤 경기를 어떻게 예상해요?
M 모르겠어요. 양 팀 다 아주 잘하잖아요.
W 최소 5점 차로 이글스가 이길 것 같아요.
M 아니에요. 베어스가 이길 것 같은데요.
W 음, 함께 보면서 확인하죠.
M 그래요. 7시에 만나요.

Q 대화의 주제는?
(a) 경기 우승 후보
(b) 경기 시작 시간
(c) 축구 관람 장소
(d) 경기 참가 팀

가이드라인 첫 번째 말에서 경기에 대한 예상을 묻고 있고, 어떤 팀이 이길지에 대한 상반된 예측과 함께 경기를 보기로 약속하는 내용이므로 중심 소재로는 (a)가 가장 적절하다. beat는 '~를 이기다'라는 뜻이고, win the game은 '경기에서 이기다'라는 뜻이다.

prediction 예상 **at least** 최소한 **beat** ~을 이기다
find out ~을 알아내다

22

Listen to a conversation between a couple.

M What should we do on our day off tomorrow?
W I think it's finally time we cleaned the basement.
M But it's not that bad, is it?
W It's completely disorganized and full of junk.
M Yeah, I guess we've put this off for too long.
W I bet it'll only take us a day.

Q What is the main topic of the conversation?
(a) Spending time cleaning the house
(b) Finding something to clean with
(c) Storing trash in the basement
(d) Cleaning out the basement

커플의 대화를 들으시오.
M 내일 쉬는 날에 우리 뭐 할까요?
W 드디어 지하실을 청소해야 할 때인 것 같아요.
M 그런데 그렇게 심하진 않죠?
W 완전히 뒤죽박죽이고 잡동사니로 가득해요.
M 네, 너무 오랫동안 미뤄 왔나 봐요.
W 하루면 다 할 수 있을 거예요.

Q 대화의 주제는?
(a) 집을 치우는 데 시간 보내기
(b) 청소할 도구 찾기
(c) 지하실에 쓰레기 쌓아 두기
(d) 지하실 청소하기

가이드라인 지하실이 너무 엉망이라 미뤄 왔던 청소를 해야 한다고
제안하고 있는 상황이므로 중심 소재로 적절한 것은 (d)이다.

day off 쉬는 날 **basement** 지하실 **disorganized** 정리가 안 된
junk 쓰레기 **put off** 미루다 **I bet (that)** ~라고 확신하다
store 저장하다 **trash** 쓰레기

23

Listen to a conversation between two friends.

W I can't believe we have to speak in class tomorrow.
M I know, I feel the same way.
W Have you prepared all your material?
M Yes, but I'm so nervous about it.
W So am I. And I have to speak first!
M I don't envy you at all.

Q What are the man and woman talking about in the conversation?
(a) Studying for a big test
(b) Preparing for next semester
(c) The grades they got in a class
(d) The stress from a class presentation

두 친구의 대화를 들으시오.
W 내일 수업 시간에 발표해야 한다는 게 믿기지 않아.
M 맞아, 나도 마찬가지야.
W 자료는 다 준비한 거지?
M 응, 그런데 정말 긴장돼.
W 나 역시 그래. 그리고 맨 처음으로 발표해야 해!
M 내가 아니라 참 다행이야.

Q 남녀가 이야기하는 것은?
(a) 중요한 시험 공부하기
(b) 다음 학기 준비하기
(c) 수업에서 받은 점수
(d) 수업 프레젠테이션 스트레스

가이드라인 둘 다 수업에서 발표를 앞두고 긴장하고 있는 상황으로,
여자가 맨 처음 발표이고 남자는 자신이 처음이 아니라 다행이라고 말
하고 있다. 따라서 (d)가 정답이다.

material 자료 **envy** 부러워하다 **semester** 학기 **grade** 점수.
등급

24

Listen to a conversation between two friends.

M Sarah, I have an extra ticket to the music festival.

W Really? When is the festival being held?

M This coming Saturday and Sunday.

W Oh, I'm visiting my parents on Saturday. You'd better ask someone else.

M I'd rather give the ticket to you, though. Why not just come Sunday?

W OK, I'd love to! Thanks so much!

Q Which is correct according to the conversation?

(a) The festival is going to begin on Sunday.

(b) The man will offer a ticket to someone else.

(c) The man asked someone else to the festival.

(d) The woman will miss the festival on Saturday.

두 친구의 대화를 들으시오.

M 사라, 나한테 음악 축제 표가 남는 게 있어.

W 정말? 축제가 언제 열리는데?

M 이번 주 토요일과 일요일이야.

W 아, 토요일에 부모님 뵈러 갈 거야. 다른 사람에게 가지고 해봐.

M 너에게 표를 주고 싶은데. 그럼 일요일에 가면 안 돼?

W 좋아, 그럴게 정말 고마워!

Q 대화의 내용과 일치하는 것은?

(a) 축제는 일요일에 시작한다.

(b) 남자는 다른 사람에게 표를 줄 것이다.

(c) 남자는 다른 사람에게 축제에 가자고 했다.

(d) 여자는 토요일에는 축제에 가지 못할 것이다.

가이드라인 여자가 토요일에는 부모님 뵈러 가기 때문에 안 된다고 하자 남자가 일요일에 가자고 제안해 여자가 이를 수락했으므로, 여자는 토요일에 축제에 가지 않을 것이다. 따라서 (d)가 정답이다.

extra 추가의, 여분의 **had better** ~하는 게 좋겠다 **would rather** (차라리) ~하고 싶다 **miss** 놓치다, 참석하지 못하다

25

Listen to a conversation between two acquaintances.

W George, I need to ask a favor of you.

M Sure, what is it, Laura?

W I have a doctor's appointment tomorrow, but my car is in the shop.

M Oh, so you want a lift? I'll be happy to drive you to the doctor.

W Thanks! The appointment is at 9:30 am.

M OK, I'll pick you up around 9, then.

Q Which is correct according to the conversation?

(a) The man is fixing the woman's car.

(b) The woman needs a ride tomorrow.

(c) The woman is seeing a doctor at 9 am.

(d) The man is unable to pick the woman up.

두 지인의 대화를 들으시오.

W 조지, 부탁할 게 하나 있어요.

M 좋아요, 뭔데요, 로라?

W 내일 병원 예약을 했는데, 제 차가 정비소에 있거든요.

M 아, 그럼 차를 태워 주길 원하는 거군요? 기꺼이 병원까지 태워 줄게요.

W 고마워요! 예약은 오전 9시 30분이에요.

M 알았어요, 그럼 9시쯤에 태우러 갈게요.

Q 대화의 내용과 일치하는 것은?

(a) 남자는 여자의 차를 수리 중이다.

(b) 여자는 내일 차편이 필요하다.

(c) 여자는 오전 9시에 진료를 받을 것이다.

(d) 남자는 여자를 태우러 갈 수 없다.

가이드라인 여자가 남자에게 부탁한 것은 내일 병원까지 태워 주는 것이므로 (b)가 정답이다.

ask a favor 부탁하다 **appointment** (진료 · 상담) 예약 **shop** 정비소, 수리점 **lift** 얻어 타기 **pick up** ~을 태우러 가다 **fix** 수리하다

26

Listen to a conversation between two acquaintances.

W Can I borrow your pickup truck this afternoon?

M What do you need it for?

W I bought a new dishwasher and I need to pick it up.

M Well, I'm using the truck later. How about tomorrow?

W OK. What time could I have the truck then?

M I can lend it to you between 1 and 4 o'clock.

Q Which is correct about the woman?

(a) She will take the truck this afternoon.

(b) She has lent the man her pickup truck.

(c) She is borrowing the man's dishwasher.

(d) She plans to pick up a dishwasher tomorrow.

두 지인의 대화를 들으시오.

W 오늘 오후에 당신의 픽업 트럭을 빌릴 수 있을까요?

M 무엇 때문에 필요한데요?

W 식기세척기를 새로 샀는데 그걸 실어 와야 해서요.

M 음, 이따가 트럭을 쓰려고 하는데요. 내일은 어때요?

W 좋아요. 그럼 몇 시에 트럭을 가져갈 수 있을까요?

M 1시에서 4시 사이에 빌려 줄 수 있어요.

Q 여자에 대해서 내용과 일치하는 것은?

(a) 오늘 오후에 트럭을 가져갈 것이다.

(b) 남자에게 그녀의 픽업 트럭을 빌려 주었다.

(c) 남자의 식기세척기를 빌릴 것이다.

(d) 내일 식기세척기를 실어 올 계획이다.

가이드라인 여자는 오늘 트럭을 빌리려고 했으나 남자가 써야 해서 내일로 미뤄진 상황이므로 (d)가 적절하다.

pickup truck 뚜껑이 없는 소형 트럭 **dishwasher** 식기세척기 **lend** 빌려 주다

27

Listen to a conversation about a report.

W This report has many errors.

M Really? Are you sure?

W Yes, five calculation errors were on this page.

M I'm really sorry. I will redo it.

W And there were spelling mistakes, too.

M Sorry, I'll fix it right away.

Q Which is correct about the report according to the conversation?

(a) It was done by the woman.

(b) It features no calculations.

(c) It contains several errors.

(d) It will be fixed next month.

보고서에 관한 대화를 들으시오.

W 이 보고서에는 오류가 많아요.

M 정말요? 확실해요?

W 네, 이 페이지에 계산 오류가 다섯 개 있었어요.

M 정말 죄송해요. 다시 할게요.

W 그리고 철자 오류도 있었어요.

M 죄송합니다. 당장 고칠게요.

Q 보고서에 대해서 대화의 내용과 일치하는 것은?

(a) 여자가 작성했다.

(b) 계산에 관한 것은 전혀 없다.

(c) 몇 가지 오류가 있다.

(d) 다음 달에 수정될 것이다.

가이드라인 여자가 보고서에 calculation errors와 spelling mistakes가 있다고 했으므로 (c)가 대화 내용과 일치한다.

error 오류 **calculation** 계산 **redo** 다시 하다 **spelling** 철자법 **fix** 고치다 **contain** 포함하다

28

Listen to a conversation about a cell phone.

M How can I help you today?

W I'd like to exchange this cell phone.

M I see. Is there something wrong with it?

W The numbers get stuck when I dial.

M OK, would you like the same model or a different one?

W I would like a different model, please.

Q Which is correct according to the conversation?

(a) The man wants a cell phone refund.

(b) The woman's phone keypad sticks.

(c) The man cannot exchange the phone.

(d) The woman wants a same-phone exchange.

휴대전화에 관한 대화를 들으시오.

M 어떻게 도와드릴까요?

W 이 휴대전화를 교환하고 싶어요.

M 알겠습니다. 뭐 잘못된 거라도 있나요?

W 버튼을 누르면 움직이지를 않아요.

M 네, 같은 모델을 원하세요, 아니면 다른 모델을 원하세요?

W 다른 모델을 원해요.

Q 대화의 내용과 일치하는 것은?

(a) 남자는 휴대전화 환불을 원한다.

(b) 여자의 전화 키패드가 움직이지 않는다.

(c) 남자는 전화를 교환할 수 없다.

(d) 여자는 같은 전화로 교환하길 원한다.

가이드라인 여자가 휴대전화 매장에서 교환을 요청하고 있는 장면이다. 전화의 문제는 전화를 걸 때 버튼이 작동하지 않는 것이므로 (b)가 정답이다.

exchange 교환하다 **cell phone** 휴대전화 **stick** 움직이지 않다 **dial** 다이얼을 돌리다, 전화하다 **refund** 환불 **keypad** (전화의) 키패드

29

Listen to a conversation between a hotel representative and a customer.

W Are you checking in, sir?

M Yes, my name is Henry Wilkinson.

W It looks like you're staying with us only one night?

M That's correct. I'll be leaving tomorrow morning.

W OK. Breakfast is served in the dining area starting at 6.

M That sounds nice, but my flight leaves at 6:30.

Q What can be inferred about the man?

(a) He is traveling on business.

(b) He is a frequent guest at the hotel.

(c) He will not eat breakfast at the hotel.

(d) He will extend his stay by one night.

호텔 직원과 손님의 대화를 들으시오.

W 체크인하시겠습니까, 손님?

M 네, 제 이름은 헨리 윌킨슨입니다.

W 하룻밤만 묵으시는 거죠?

M 맞습니다. 내일 아침에 떠납니다.

W 알겠습니다. 아침식사는 6시부터 식당에서 제공됩니다.

M 좋은 소식이지만 제 비행기가 6시 30분 출발이라서요.

Q 남자에 대해서 추론할 수 있는 것은?

(a) 출장 중이다.

(b) 이 호텔을 자주 이용하는 손님이다.

(c) 이 호텔에서 아침을 먹지 않을 것이다.

(d) 하룻밤 더 묵을 것이다.

가이드라인 아침식사는 6시부터 제공되는데 비행기 출발 시각이 6시 30분이라고 했으므로 남자는 호텔에서 아침식사를 할 시간 여유가 없음을 알 수 있다. 따라서 (c)가 정답이다.

check in (비행기·호텔에) 체크인하다 **dining** 식사 **frequent guest** 단골 **extend** 연장하다

30

Listen to a conversation between two colleagues.

M You look really sick, Mindy. Is everything OK?

W I have a terrible headache, but it will pass soon.

M Can I get you a painkiller or something?

W No, thanks. I have special medication to take when I get one.

M Well, why don't you take a quick break until it's over?

W Thanks for your concern, but I'd rather keep working.

Q What can be inferred about the woman?

(a) She gets headaches often.

(b) She wants the man to help her.

(c) She will miss work tomorrow.

(d) She left her painkillers at home.

두 동료의 대화를 들으시오.

M 정말 아파 보여요, 민디. 괜찮아요?

W 두통이 심하지만 곧 사라질 거예요.

M 진통제라도 좀 갖다 줄까요?

W 고맙지만 됐어요. 두통이 있을 때 먹는 약이 따로 있어요.

M 그럼 두통이 없어질 때까지 잠깐 쉬지 그래요?

W 걱정해 줘서 고맙지만 그냥 계속 일할게요.

Q 여자에 대해서 추론할 수 있는 것은?

(a) 자주 두통이 있다.

(b) 남자가 도와주기를 원한다.

(c) 내일 결근할 것이다.

(d) 진통제를 집에 두고 왔다.

> **가이드라인** 두통이 있을 때 먹는 약이 따로 있다는 말로 보아 여자는 자주 두통이 있음을 알 수 있다. 따라서 (a)가 정답이다.

headache 두통 **painkiller** 진통제 **medication** 약 **take a (quick) break** (잠깐) 쉬다 **concern** 걱정

Part 4

31

Today we'll be talking about the birth of the gothic novel genre. This type of literature was very popular from the late 18th century through the early 19th century. Most scholars are in agreement about which novel represents the first example of the gothic genre. It's a book that was published in 1764, called *The Castle of Otranto*. Like other early gothic novels, it contains all of the important gothic features, including castles, mystery, ghosts, and suffering.

Q What is the main topic of the lecture?

(a) The gothic novel's typical traits

(b) The early history of the gothic novel

(c) The publication of *The Castle of Otranto*

(d) The gothic novel's popularity in the 18th century

오늘은 고딕 소설 장르의 탄생에 관해 얘기해 보겠어요. 이 문학 유형은 18세기 후반에서 19세기 초반에 아주 인기 있었어요. 대부분의 학자들은 어떤 소설이 고딕 장르의 최초 예시에 해당하는지에 대해 의견이 같아요. 그것은 1764년에 출간된 〈오트란토 성〉이에요. 다른 초기 고딕 소설과 마찬가지로, 그것은 성과 신비, 유령, 고통을 포함한 중요한 고딕적 특성을 담고 있어요.

Q 강의의 주제는?

(a) 고딕 소설의 전형적인 특색

(b) 고딕 소설의 초기 역사

(c) 〈오트란토 성〉의 출간

(d) 18세기 당시 고딕 소설의 인기

> **가이드라인** 첫 문장에서 고딕 소설 장르의 탄생이라는 중심 소재를 제시하고 고딕 소설의 유행 시기와 최초 작품에 대해 소개하고 있으므로 (b)가 적절하다.

gothic novel 고딕 소설, 괴기 소설 **genre** 장르 **agreement** 합의 **represent** 나타내다 **publish** 출간하다 **contain** 포함하다 **feature** 특징 **mystery** 신비, 수수께끼 **suffering** 고통 **typical** 전형적인 **trait** 특성 **publication** 출간

We wanted to let everyone know that tomorrow we're going to be hosting another Sunday brunch picnic at Riverside Park. We'll be making our famous waffles with maple syrup and strawberries. If sweet breakfast food doesn't interest you, perhaps you'd enjoy our sausage and crispy potatoes. Unlimited coffee and fresh squeezed orange juice come with the price of an entrance ticket. Please RSVP by Saturday if you'd like to reserve a picnic table. But you'd better act fast, because we'll probably sell out before Saturday.

Q What is the main topic of the announcement?
(a) A meal to be hosted at a park
(b) The dish that is currently on special
(c) An outdoor picnic that has sold out
(d) The necessity of making reservations

내일 리버사이드 공원에서 또 한 번의 일요일 브런치 피크닉을 개최한다는 사실을 알려드리고 싶습니다. 메이플 시럽과 딸기가 들어간 유명한 와플을 만들 거예요. 달콤한 아침 식사에 흥미가 없으면, 소시지와 바삭바삭한 감자를 즐길 수도 있습니다. 입장권 가격에 커피와 막 짜낸 오렌지 주스가 무제한으로 제공됩니다. 피크닉 테이블을 예약하고 싶으면 토요일까지 참석 여부 통지를 주세요. 토요일 전에 매진될 수 있으니 서둘러 주세요.

Q 공지의 주제는?
(a) 공원에서 개최되는 식사
(b) 현재 특가인 요리
(c) 매진된 야외 피크닉
(d) 예약의 필요성

가이드라인 공원에서 열리는 브런치를 제공하는 피크닉에 대한공지로, 메뉴와 예약 방법을 알려 주는 내용이므로 중심 소재로 적절한 것은 (a)이다.

host 개최하다 **maple syrup** 단풍 시럽 **crispy** 바삭바삭한 **unlimited** 무제한의 **squeeze** 짜다 **come with** ~이 딸려 있다 **entrance ticket** 입장권 **RSVP** 참석 여부를 통지하다 **reserve** 예약하다 **sell out** 다 팔리다 **on special** 특가인 **outdoor** 야외의 **necessity** 필요성

Ladies and gentlemen, we have landed at Corbin Airport. You are now able to use your cell phones, but all other electronic devices must remain off. We have arrived about 15 minutes early, so we need to wait until another plane leaves our docking gate before you can disembark. Even though the plane may not be moving, please keep your seatbelts fastened until the seatbelt sign is turned off. Thank you.

Q Which is correct according to the announcement?
(a) The passengers' plane is departing.
(b) Cell phones must now be turned off.
(c) The passengers' gate is presently occupied.
(d) Passengers are allowed to unfasten seatbelts.

여러분, 코빈 공항에 도착했습니다. 이제 휴대폰은 사용하실 수 있지만 다른 전자기기는 모두 꺼두셔야 합니다. 우리는 약 15분 정도 일찍 도착했으므로 다른 비행기가 게이트 통로에서 떠날 때까지 기다렸다가 내리셔야 합니다. 비행기가 움직이지 않더라도, 좌석벨트 착용 등이 꺼질 때까지 착용하고 계시기 바랍니다. 감사합니다.

Q 안내방송의 내용과 일치하는 것은?
(a) 여객기가 출발할 것이다.
(b) 휴대폰은 현재 꺼두어야 한다.
(c) 여객기 탑승구가 현재 사용 중이다.
(d) 승객들은 좌석벨트를 풀어도 된다.

가이드라인 첫 문장에서 비행기 착륙 시 안내 방송임을 알 수 있다. so we need to wait until another plane leaves our docking gate에서 다른 비행기가 탑승구를 떠날 때까지 기다려야 한다고 했으므로 현재 탑승구가 사용 중임을 알 수 있다. 따라서 (c)가 알맞다.

land 착륙하다 **electronic device** 전자기기 **docking gate** 비행기와 탑승구를 연결하는 통로 **disembark** (배·비행기에서) 내리다 **fasten** 매다 **turn off** (전등·전원을) 끄다 **depart** 출발하다 **occupy** (공간을) 사용하다

It looks like a beautiful start to the week in Glenfield, with a high of 48 and clear skies Monday. Enjoy it while it lasts, though. On Tuesday, there's a 60% chance of snow, and this will increase to 90% on Tuesday night. Temperatures will stay below freezing through Friday. It should start to warm up on Saturday, but there's a possibility of rain on both Saturday and Sunday.

Q Which is correct according to the weather report?

(a) Snow is expected all week.

(b) It will be sunny on Monday.

(c) Temperatures will rise on Tuesday.

(d) The rain will stop by the weekend.

글렌필드는 월요일에 최고기온이 48도이며 하늘이 맑아 한 주의 시작이 아주 좋을 것으로 보입니다. 하지만 그런 날씨가 이어질 때 즐기십시오. 화요일에는 눈이 올 확률이 60%이며, 화요일 밤에는 90%로 늘어나겠습니다. 기온은 금요일까지 내내 영하에 머물겠습니다. 토요일에는 따뜻해지기 시작할 것으로 보이지만 토요일과 일요일 모두 비가 올 가능성이 있습니다.

Q 일기예보의 내용과 일치하는 것은?

(a) 일주일 내내 눈이 예상된다.

(b) 월요일에는 맑을 것이다.

(c) 화요일에는 기온이 오를 것이다.

(d) 주말에는 비가 그칠 것이다.

가이드라인 첫 문장의 clear skies Monday에서 월요일은 맑겠다고 했으므로 (b)가 정답이다.

high 최고기온 **last** 지속되다 **chance** 확률, 가능성 **temperature** 기온 **below freezing** 영하에 **warm up** 따뜻해지다

The Himalayan Mountains of Asia are still geologically active. In fact, these mountains, the tallest in the world, are getting taller by about 5 millimeters every year. This activity also means that the region experiences frequent earthquakes. The most recent event occurred in 1999 in the Himalayan foothills of northern India. The earthquake measured 6.8 on the Richter scale and resulted in over 100 deaths. This was the most severe quake to hit the area in more than 90 years.

Q Which is correct according to the talk?

(a) The Himalayas are taller now than last year.

(b) Earthquakes rarely occur in the Himalayan region.

(c) No earthquake has hit the Himalayas for 100 years.

(d) Under one hundred people died in the 1999 earthquake.

아시아의 히말라야 산맥은 지질학적으로 여전히 활동 중이다. 실제로 세계 최고봉인 이 산맥은 해마다 약 5밀리미터씩 더 높아지고 있다. 이런 활동성은 또한 이 지역이 빈번히 지진을 겪고 있다는 것을 뜻하기도 한다. 가장 최근의 경우는 인도 북부에 있는 히말라야 기슭의 작은 언덕에서 1999년에 발생했다. 지진은 리히터 규모 6.8로 측정되었으며 100여 명의 사망자를 냈다. 이는 90여 년 만에 이 지역을 강타한 가장 강력한 지진이었다.

Q 담화의 내용과 일치하는 것은?

(a) 히말라야 산맥은 작년보다 현재 더 높다.

(b) 히말라야 인근에서는 지진이 거의 일어나지 않는다.

(c) 100년 동안 히말라야 산맥을 강타한 지진은 한 차례도 없었다.

(d) 1999년의 지진으로 사망한 사람들은 100명 미만이었다.

가이드라인 두 번째 문장에서 히말라야 산맥은 해마다 5밀리미터씩 높아지고 있다고 했으므로 (a)가 정답이다.

geologically 지질학적으로 **region** 지역 **earthquake** 지진 **foothill** (산맥 기슭의) 작은 언덕 **Richter scale** (지진의 규모를 나타내는 척도) 리히터 규모, 진도 **result in** ~을 야기하다, 낳다 **severe** 격심한 **rarely** 거의 ~않는

The history of the right to vote for women in the US is linked with the history of Prohibition. In the early 1900s, many women's groups fighting for voting rights also fought to outlaw the sale of alcohol. So, supporters of women's suffrage also supported Prohibition. Conversely, opponents of Prohibition also opposed women's suffrage. In 1919, Prohibition became a federal law, stopping the sale of alcoholic beverages. The next year, the 19th Amendment gave women the right to vote.

Q What can be inferred from the lecture?

(a) Women's groups succeeded in ending Prohibition.
(b) People who voted were less likely to drink alcohol.
(c) A single law created Prohibition and women's suffrage.
(d) Alcohol producers did not support women's right to vote.

미국에서 여성의 투표권에 대한 역사는 금주법의 역사와 관련이 있다. 1900년대 초에, 투표권 쟁취를 위해 투쟁하던 많은 여성 단체들은 주류 판매 불법화를 위해서도 싸웠다. 따라서 여성 참정권 지지자들은 금주법 역시 지지했다. 반대로 금주법 반대자들은 여성의 참정권도 반대했다. 1919년에 금주법은 연방법이 되면서 주류 판매가 금지됐다. 다음 해에 수정헌법 제 19조는 여성에게 투표권을 주었다.

Q 강의로부터 추론할 수 있는 것은?
(a) 여성 단체들은 금주법 폐지에 성공했다.
(b) 투표한 사람들은 음주할 가능성이 더 낮았다.
(c) 하나의 법률로 금주법과 여성 참정권이 마련되었다.
(d) 주류 생산업체들은 여성의 투표권을 지지하지 않았다.

가이드라인 여성 참정권 지지자들이 금주법도 지지했다는 내용이다. 주류 생산업체들은 당연히 금주법을 반대하는 입장이므로 Conversely, opponents of Prohibition also opposed women's suffrage에서 알 수 있듯이, 여성의 투표권을 반대했다고 볼 수 있다. 따라서 (d)가 정답이다.

be linked with ~와 관련이 있다 **Prohibition** (미국의) 금주법 **outlaw** 불법화하다, 금지하다 **supporter** 지지자 **suffrage** 투표권, 참정권 **conversely** 반대로 **opponent** 반대자 **federal** 연방의 **Amendment** (미국의) 수정헌법

Part 5

Attention students: I understand that some of you have had problems setting up the latest version of our education software on your computers. Those who had problems said that they got error messages. This happens because they didn't uninstall the old version. You can uninstall it by running the previous version's uninstall file, which is located in your computer's applications folder. Only after finishing uninstalling the program can you set up and use the new software. Please note that you need to reboot your computer before you install the new software. But after you install the latest version, you don't have to restart your computer.

Q37 What is the speaker mainly doing in the announcement?

(a) Explaining why the education software is outdated
(b) Warning students about computers with harmful software
(c) Providing instructions for students to solve a technical issue about installing software
(d) Instructing students to remove some unnecessary files from their computers

Q38 When do students have to restart their computers?

(a) Before uninstalling the older software
(b) After uninstalling the older software
(c) After installing the newer software
(d) Before the new software is first used

학생들은 주목하세요: 저는 여러분 중 일부가 저희 최신 교육 소프트웨어를 설치하는 데 문제가 있다고 알고 있습니다. 문제가 있는 사람들은 오류 메시지가 뜬다고 말했습니다. 이것은 구버전을 삭제하지 않았기 때문입니다. 여러분은 이전 버전의 삭제 파일을 작동시켜서 삭제할 수 있는데, 그것은 여러분 컴퓨터의 애플리케이션 폴더에 있습니다. 프로그램을 삭제한 이후에야, 새 프로그램을 설치해서 사용할 수 있습니다. 여러분께서는 새 소프트웨어를 설치하기 전에 컴퓨터를 다시 시작해야 한다는 점을 유념하세요. 하지만 새 버전을 설치한 뒤 컴퓨터를 다시 시작할 필요는 없습니다.

Q37 화자가 발표에서 주로 말하는 것은?
(a) 교육 소프트웨어가 왜 시대에 뒤떨어진 것인지 설명하고 있다.
(b) 학생들에게 위험한 소프트웨어가 있는 컴퓨터에 대해 경고하고 있다.
(c) 학생들에게 소프트웨어를 설치하는데 기술적 문제를 해결하기 위한 지시를 전달하고 있다.
(d) 컴퓨터에서 불필요한 파일을 삭제하라고 학생들에게 지시하고 있다.

Q38 학생들이 컴퓨터를 다시 시작해야 하는 때는?

(a) 구 소프트웨어를 삭제하기 전

(b) 구 소프트웨어를 삭제한 후

(c) 새 소프트웨어를 설치한 후

(d) 새 소프트웨어를 처음으로 사용하기 전

가이드라인 Q37. 컴퓨터에 새 교육 소프트웨어가 설치가 안 되는 것은 구 소프트웨어가 삭제되지 않았기 때문이라면서, 구 소프트웨어를 삭제하는 방법에 관해 설명하고 있다. 따라서 정답은 (c)이다.

Q38. 구 소프트웨어를 삭제하고 나서 컴퓨터를 다시 시작한 후 새 프로그램을 설치하라고 했으므로 정답은 (b)이다.

set up 설치하다   **version** 버전   **software** 소프트웨어 **uninstall** (프로그램을) 삭제하다   **previous** 이전의   **locate** 위치시키다   **application** 프로그램   **note** 유념하다   **reboot** 다시 부팅하다   **restart** 다시 시작하다   **outdated** 시대에 뒤처진 **warn** 경고하다   **harmful** 해로운   **instruction** 지시문   **issue** 문제   **unnecessary** 불필요한

39-40

Over the last 20 years, British street artist Banksy has gained world-wide fame for his graffiti artwork: images or words painted on walls and buildings. Banksy makes fun of privileged people and the social establishment with his witty images produced with stencils and spray paint. But his artwork, which is done on public buildings without authorization, has provoked continued controversy. While some of his artworks have been protected with Plexiglas covers and even sold for over a million dollars, others have been destroyed by public officials who see them as simple crime. His image of two gangsters holding bananas, for instance, was painted over in spite of public outcry for conserving the work.

Q39 Which is correct about Banksy according to the talk?

(a) His paintings remain unknown outside Britain.

(b) He produced his works without official permission.

(c) None of his artworks has been sold.

(d) His depiction of gangsters was sold for over a million dollars.

Q40 What can be inferred about Banksy from the talk?

(a) He didn't get higher education.

(b) He left his graffiti around the world.

(c) He has remained anonymous.

(d) He is critical of social systems.

지난 20년 동안 영국의 거리 예술가 뱅크시는 그라피티 예술, 즉 벽과 건물에 그린 이미지와 글자로 전 세계적인 명성을 얻었다. 뱅크시는 특권층의 사람과 사회 질서를 스텐실과 스프레이 페인트를 이용한 해학적인 이미지로써 조롱한다. 하지만 그의 예술은 허락 없이 공공건물에 그려져서 계속된 논란을 일으켰다. 그의 예술품 중 일부는 플렉시글래스로 보호되고 심지어 백만 달러 넘는 가격에 팔리기도 하지만, 다른 것들은 이런 행위를 단순한 범죄로 보는 공무원들이 폐기한다. 예를 들어, 바나나를 들고 있는 두 명의 갱 단원을 그린 그의 이미지는 그 작품을 보존하자고 아우성치는 대중들의 요구에도 불구하고 페인트로 덧칠했다.

Q39 뱅크시에 대해서 지문의 내용과 일치하는 것은?

(a) 그의 그림은 영국 밖으로는 알려지지 않았다.

(b) 그는 공식적인 허가 없이 작품을 제작했다.

(c) 그의 작품 중 팔린 것은 없다.

(d) 갱 단원을 묘사한 그의 그림은 백만 달러가 넘는 가격에 팔렸다.

Q40 지문으로부터 뱅크시에 대해서 추론할 수 있는 것은?

(a) 그는 고등 교육을 받지 않았다.

(b) 그는 전 세계를 돌아다니며 그라피티 작품을 남겼다.

(c) 그는 익명으로 남아있다.

(d) 그는 사회 체제에 대해 비판적이다.

가이드라인 Q39. 뱅크시는 허락 없이 공공건물에 그림을 그려서 이를 범죄라고 여기는 공무원들에 의해 폐기 처분된 그림들이 많이 있다고 했으므로 정답은 (b)이다.

Q40. 뱅크시는 해학적인 이미지로 특권층과 사회 질서를 조롱한다고 했으므로 정답은 (d)이다.

fame 명성   **graffiti** 그라피티   **privileged** 특권을 가진 **establishment** 사회 체제   **authorization** 허락   **provoke** 자극하다   **controversy** 논란   **protect** 보호하다   **destroy** 파괴하다   **public official** 공무원   **crime** 범죄   **gangster** 갱 단원   **outcry** 격한 반응   **conserve** 보존하다   **unknown** 알려지지 않은   **permission** 허락   **depiction** 묘사   **higher education** 고등 교육   **anonymous** 무명의   **critical** 비판적인

Actual Test 3

● 본책 P 172

1 (a)	**2** (a)	**3** (a)	**4** (d)	**5** (b)	**6** (d)	**7** (d)	**8** (a)	**9** (a)	**10** (a)
11 (c)	**12** (b)	**13** (b)	**14** (d)	**15** (b)	**16** (b)	**17** (b)	**18** (b)	**19** (d)	**20** (b)
21 (a)	**22** (a)	**23** (d)	**24** (c)	**25** (c)	**26** (d)	**27** (a)	**28** (c)	**29** (d)	**30** (b)
31 (c)	**32** (c)	**33** (b)	**34** (a)	**35** (c)	**36** (d)	**37** (d)	**38** (c)	**39** (a)	**40** (d)

Part 1

1

W When is the sales team meeting taking place?
M _____

(a) Next Wednesday, March 15, at 4:30.
(b) About the new marketing procedures.
(c) Around 40 full-time employees in total.
(d) In the conference room on the twelfth floor.

W 영업팀 회의가 언제 열리죠?
M _____
(a) 다음 주 수요일 3월 15일 4시 30분이에요.
(b) 새로운 마케팅 절차에 대해서요.
(c) 총 40명 정도의 정규직 직원들이요.
(d) 12층에 있는 회의실에서요.

가이드라인 질문에 나온 의문사 When을 놓치지 않고 들어야 한다. 회의가 열리는 때를 묻고 있으므로 날짜와 시간을 말하는 (a)가 정답이다.

procedure 절차 **full-time** 정규직의

2

M Whose camera is this here on the table?
W _____

(a) Samantha must have left it there.
(b) Just put it there on the table, thanks.
(c) I really enjoy your photography, Mark.
(d) Let me take a picture of this one instead.

M 여기 탁자 위에 있는 이 카메라는 누구 거지?
W _____
(a) 사만다가 거기에 두고 갔나 봐.
(b) 그냥 거기 탁자 위에 놓아 줘, 고마워.
(c) 네 사진 정말 잘 봤어, 마크.
(d) 대신에 이걸 찍을게.

가이드라인 Whose camera라고 했으므로 카메라 주인의 이름을 직접적으로 언급하는 (a)가 정답이다. must have p.p.는 '~했음에 틀림없다'라는 뜻으로 과거의 일에 대한 강한 추측을 나타낸다.

photography 사진(술) **take a picture of** ~을 사진 찍다

3

M Why weren't you at the office last week?
W _____

(a) I told you I was on vacation.
(b) Thanks again for helping me out.
(c) Let me check and get back to you.
(d) Just a minute and I'll be right there.

M 지난주에 왜 회사에 오지 않았어요?
W _____
(a) 휴가라고 말했잖아요.
(b) 도와주셔서 다시 한 번 감사합니다.
(c) 확인하고 다시 연락 드릴게요.
(d) 잠깐만 기다리면 곧 갈게요.

가이드라인 지난주 일에 대해서 과거로 묻고 있으므로 역시 과거로 대답하는 (a)가 가장 적절하다.

on vacation 휴가 중인 **get back to** ~에게 나중에 다시 연락하다

4

W Do you have this style of shoe in a smaller size?
M _____

(a) These are a little bit too tight.
(b) I'm not sure who the designer is.
(c) I think that style looks really good.
(d) Let me check in the storeroom for you.

W 이 스타일의 신발로 더 작은 사이즈가 있나요?
M _____
(a) 이건 좀 너무 꽉 끼네요.
(b) 디자이너가 누구인지는 잘 모르겠어요.
(c) 그 스타일이 정말 멋있는 것 같아요.
(d) 창고에서 확인해 볼게요.

가이드라인 가게에서 사이즈를 문의하는 손님에게 점원이 할 수 있는 응답은 확인해 보겠다는 (d)이다.

a little bit 약간, 좀 **storeroom** 창고, 저장실

5

M Could you tell me where the dairy section is?
W _____

(a) I drink a lot of milk myself.
(b) Go down aisle 2 and turn left.
(c) It's really good for your health.
(d) We'll shop at the supermarket.

M 유제품 코너가 어디 있는지 아세요?
W _____
(a) 저도 우유를 많이 마셔요.
(b) 2번 통로를 따라 쭉 가시다가 왼쪽으로 도세요.
(c) 그건 정말 건강에 좋아요.
(d) 우리는 슈퍼마켓에서 살 거예요.

가이드라인 유제품 코너의 위치를 묻고 있으므로 가는 길을 설명하는 (b)가 가장 알맞다.

dairy 유제품 **aisle** 통로 **shop** 사다

6

M Won't Jeanette be joining us for lunch?
W _____

(a) It was hard, but I got us a reservation.
(b) That's one of my favorite dishes, too.
(c) Sure, I'll let her know you liked it.
(d) No, I'm afraid she had to cancel.

M 지넷은 우리와 함께 점심식사를 하지 않나요?
W _____
(a) 힘들긴 했지만 우리 걸로 예약을 했어요.
(b) 그건 제가 가장 좋아하는 음식이기도 해요.
(c) 물론이죠. 당신이 마음에 들어 했다고 그녀에게 전해 줄게요.
(d) 아뇨, 아쉽게도 그녀는 취소해야 했어요.

가이드라인 지넷이 함께 식사를 하지 않냐는 질문에 No라고 답하고 그 이유를 설명하는 (d)가 가장 적절하다.

join 합류하다 **reservation** 예약 **cancel** 취소하다

7

W I'm worried Paulo wants to break up.
M _____

(a) I would never notice that.
(b) They're out on a date.
(c) Well, he's a great guy.
(d) No, he loves you!

W 파울로가 헤어지기를 원할까 봐 걱정이야.
M _____

(a) 나는 전혀 눈치채지 못할 거야.
(b) 그들은 데이트 중이야.
(c) 글쎄, 그는 멋진 녀석이지.
(d) 아냐, 그는 널 사랑해!

가이드라인 파울로가 헤어지기를 원할까 봐 걱정이라는 말에 그럴
리가 없다고 안심시키는 (d)가 응답으로 알맞다.

break up 헤어지다 **out on a date** 데이트를 하고 있는

8

W It looks like tomorrow's soccer game may be
rained out.
M _____

(a) Oh, but I was really looking forward to it!
(b) It would be better if we could carpool.
(c) I have a spare umbrella in my car.
(d) I know, I'll be cheering for you!

W 내일 축구 경기는 우천으로 취소될 것 같아요.
M _____

(a) 아, 정말 기대하고 있었는데요!
(b) 우리가 함께 차를 타고 다니면 좋을 것 같아요.
(c) 제 차에 남는 우산이 하나 있어요.
(d) 알아요, 당신을 응원할게요!

가이드라인 rain out의 의미를 아는 것이 관건이다. '우천으로 인해
스포츠 경기 등을 연기하다'라는 뜻이므로, 기대했는데 실망스럽다는
뜻의 (a)가 정답이다.

rain out 우천으로 인해 연기하다 **carpool** 카풀(승용차 함께
타기)을 하다 **spare** 여분의, 남는 **cheer for** 응원하다

9

W The store is having a going-out-of-business
sale.
M _____

(a) I didn't know it was closing.
(b) Thanks, I only paid $20 for it.
(c) No, all of the items are half off.
(d) As soon as they open for business.

W 그 가게가 점포 정리 세일을 한대요.
M _____

(a) 그곳이 문을 닫는지 몰랐어요.
(b) 고마워요, 전 그것에 20달러밖에 지불하지 않았어요.
(c) 아뇨, 모든 품목이 반값 할인이에요.
(d) 개업을 하는 즉시요.

가이드라인 going-out-of-business sale(점포 정리 세일)의 뜻
을 안다면 어렵지 않게 (a)를 고를 수 있다.

going-out-of-business sale 점포 정리 세일 **item** 품목, 물품
half off 반값 할인하는

10

W Let's go out and get some fresh air.
M _____

(a) What a great idea!
(b) I'd rather go for a walk.
(c) I didn't mean to do that.
(d) How sweet of you to do that.

W 우리 나가서 신선한 공기 좀 쐬자.
M _____

(a) 정말 좋은 생각이야!
(b) 차라리 산책을 가겠어.
(c) 그러려고 했던 게 아니야.
(d) 그렇게 해주다니 정말 자상하구나.

가이드라인 Let's로 시작한 권유 표현이므로 수락하거나 반대하면
서 이유를 대는 대답이 어울린다. (a)와 같이 '좋은 생각이다'라는 응답
이 정답이다.

get fresh air 신선한 공기를 쐬다 **rather** 오히려, 차라리
go for a walk 산책 가다 **mean to** ~할 의도이다, ~하려 하다
sweet 다정한, 자상한

Part 2

11

M Did they change the access code for the copy machine?
W It's still 2257, as far as I know.
M Why can't I get it to turn on, then?
W _____

(a) You have to enter the code first.
(b) The project is almost finished.
(c) It must be malfunctioning.
(d) I'd like 20 copies, please.

M 복사기 접속 코드가 바뀌었나요?
W 제가 아는 한 아직 2257 그대로인데요.
M 그럼 왜 안 켜지죠?
W _____

(a) 먼저 코드를 입력해야 해요.
(b) 그 프로젝트는 거의 끝났어요.
(c) 고장 났나 봐요.
(d) 20부 복사 부탁해요.

가이드라인 복사기 전원이 켜지지 않는다는 말에 어울리는 응답은 고장인 것 같다는 (c)이다.

access code 접속 번호 **as far as I know** 내가 아는 한
turn on (전원을) 켜다 **malfunction** 고장 나다

12

W Can you show me your passport, please, sir?
M OK, here it is. And I also have this customs form.
W What is the purpose of your visit to Vietnam?
M _____

(a) That's right, to Vietnam.
(b) I'm here on a business trip.
(c) I'd prefer an aisle seat, please.
(d) I don't have anything to declare.

W 여권을 보여주시겠습니까?
M 네, 여기 있습니다. 그리고 여기 세관 신고서도 있어요.
W 베트남을 방문하신 목적이 뭔가요?
M _____

(a) 맞아요, 베트남으로요.
(b) 출장 차 왔습니다.
(c) 통로 쪽 좌석이 더 좋습니다.
(d) 신고할 것이 아무 것도 없습니다.

가이드라인 입국 절차 시 주고받는 대화이다. 방문 목적을 물었으므로 사업상 방문했다는 (b)가 가장 적절한 응답이다.

customs form 세관 신고서 **business trip** 출장 **aisle seat** 통로쪽 좌석 **declare** (세관에) 신고하다

13

W Did you really apply to be on a TV show?
M Yes, the "New Homebuyer's Show."
W Do you have a good chance of being selected?
M _____

(a) No, I'd rather not be selected.
(b) Probably not, but it is worth a try.
(c) Looking for a house can be exhausting.
(d) I can change the channel if you'd like.

W TV 프로그램 출연을 정말 신청했어?
M 응, 〈신참 주택 구입자 쇼〉야.
W 선택될 가능성이 커?
M _____

(a) 아니, 난 오히려 선택되지 않았으면 좋겠어.
(b) 그럴 것 같진 않지만 시도할 만한 가치는 있어.
(c) 집을 구하는 것은 피곤한 일이기도 해.
(d) 원한다면 채널을 돌릴 수도 있어.

가이드라인 선택될 가능성이 큰지를 묻고 있으므로 그렇지는 않지만 시도할 만한 가치는 있다고 덧붙이는 (b)가 가장 적절하다.

apply 신청하다 **select** 선택하다 **worth** ~할 만한 가치가 있는 **try** 시도 **exhausting** 지치는, 피곤한

14

W When should we meet to go over next year's budget?
M Are you free this afternoon at 4:30?
W Won't we be at the training session then?
M _____

(a) I have a doctor's appointment.
(b) Yes, the budget meeting is fixed.
(c) It should be an interesting session.
(d) Oh, I completely forgot about that.

W 내년 예산을 검토하기 위해 언제 만나면 좋을까요?
M 오늘 오후 4시 30분에 시간 있어요?
W 우리는 그때 연수에 참석해야 하지 않나요?
M _____

(a) 전 병원 진료 예약이 있어요.
(b) 네, 예산 회의는 정해졌어요.
(c) 흥미로운 시간이 될 것 같아요.
(d) 아, 그건 깜빡 잊었어요.

가이드라인 시간 약속을 정하는 대화이다. 남자가 제시한 시간에 다른 일정이 있음을 여자가 알려 주자, 깜빡했다는 (d)가 가장 자연스럽다.

go over 검토하다 **budget** 예산 **training session** 연수, 교육 **fix** 정하다 **completely** 완전히

15

M That's the last time I ask Carl for help.
W Did he let you down again?
M Yes, can you believe that?
W _____

(a) I promise I won't let you down.
(b) He's just not a trustworthy person.
(c) I wouldn't believe it if I were you.
(d) You should ask Carl to help you out.

M 다시는 칼에게 도움을 요청하지 않을 거야.
W 그가 또 널 실망시켰어?
M 응, 그게 말이 되니?
W _____

(a) 널 절대로 실망시키지 않겠다고 약속해.
(b) 그는 믿을 만한 사람이 아니야.
(c) 내가 너라면 그 말을 믿지 않겠어.
(d) 칼에게 도와달라고 요청해 봐.

가이드라인 ▶ That's the last time은 '그것이 마지막이다. 즉 다시는 ~하지 않겠다'라는 뜻이다. Did he let you down again?에서 전에도 그랬다는 것을 짐작할 수 있으므로 그는 믿을 만한 사람이 못 된다는 (b)가 가장 알맞다.

ask for help 도움을 요청하다   let down 실망시키다. 기대를 저버리다   trustworthy 믿을 수 있는

16

M Hello, it's Bob. I'm calling to speak to Geoff.
W Sorry, he's not here right now.
M Can you tell him I called?
W _____

(a) Thanks a lot, Geoff.
(b) OK, I'll let him know.
(c) Call back later, then.
(d) Yes, I told him you called.

M 안녕하세요, 저 밥이에요. 제프와 통화하고 싶은데요.
W 미안하지만 지금 여기 없어요.
M 제가 전화했다고 전해 주시겠어요?
W _____

(a) 정말 고마워요, 제프.
(b) 알겠어요, 그에게 전해 줄게요.
(c) 그럼 나중에 다시 전화하세요.
(d) 네, 당신이 전화했다고 말했어요.

가이드라인 ▶ 통화하고 싶은 상대방이 없어서 메시지를 전해 달라고 부탁하고 있으므로 그러겠다고 말하는 (b)가 가장 적절한 응답이다.

call back 나중에 다시 전화하다

17

M Oh no, I just noticed a mistake.
W You mean with the plane tickets?
M Yeah. I entered the wrong departure date!
W _____

(a) They're leaving on Monday, August 14.
(b) They'll charge you a fee to change it.
(c) I'll meet you at the boarding gate.
(d) Departure times are listed online.

M 이런, 방금 실수를 발견했어.
W 비행기 표 말이니?
M 응. 출발 날짜를 잘못 입력했어!
W _____

(a) 그들은 8월 14일 월요일에 떠날 거야.
(b) 변경하려면 수수료를 물어야 할 거야.
(c) 탑승 게이트에서 만나자.
(d) 출발 시각표가 인터넷에 나와 있어.

가이드라인 ▶ 인터넷에 비행기 출발 날짜를 잘못 입력했다는 말에, 그걸 변경하려면 수수료를 물어야 할 거라고 하는 (b)가 알맞다.

departure date 출발일   charge (요금을) 청구하다   fee 수수료
boarding gate 탑승구

18

M Ready to go to the café?
W But they don't open till 10.
M Really? I thought it was 9.
W _____

(a) There should be plenty of tables.
(b) They changed hours last month.
(c) Sorry if I misunderstood you.
(d) I'm looking forward to it.

M 카페에 갈 준비됐어요?
W 그런데 거기는 10시에 문을 열어요.
M 그래요? 9시에 여는 줄 알았어요.
W _____

(a) 거기에 자리가 많이 있을 거예요.
(b) 지난달에 영업시간을 바꿨어요.
(c) 제가 오해했다면 죄송해요.
(d) 그게 아주 기대가 돼요.

가이드라인 ▶ 카페의 문 여는 시간을 잘못 알고 있는 상대방에게 지난달에 영업시간이 바뀌었다고 알려 주는 (b)가 가장 적절하다. 여기서 hours는 복수형으로 쓰여 '근무 시간, 영업시간' 등을 뜻한다.

hours 영업시간   misunderstand 오해하다

19

M Shall we go walking tonight?
W Yes, we need the exercise.
M How about an hour after dinner?
W _____

(a) It should be on time.
(b) I haven't had dinner yet.
(c) I think walking is better.
(d) That sounds like a good idea.

M 오늘 밤에 산책하러 갈까?
W 응, 우리는 운동이 필요해.
M 저녁 식사하고 한 시간 정도 어때?
W _____
(a) 그건 제시간에 해야 해.
(b) 나는 아직 저녁을 안 먹었어.
(c) 걷는 게 더 좋다고 생각해.
(d) 그게 좋을 것 같다.

가이드라인 How about…?이라는 표현을 써서 산책 갈 시간을 제안하고 있으므로, 이에 동의하는 (d)가 가장 어울린다.

go walking 산책하러 가다 **on time** 제시간에

20

M Can you help me with my math?
W Sure, what's the problem?
M I'm stuck on a geometry question.
W _____

(a) Just do the math.
(b) Show me which one.
(c) It's according to the math.
(d) That's another good answer.

M 내 수학 공부 좀 도와줄래?
W 그럼, 뭐가 문제야?
M 기하학 문제에서 막혔어.
W _____
(a) 그냥 계산만 하면 돼.
(b) 어느 문제인지 보여줘.
(c) 그건 계산에 따른 결과야.
(d) 그건 또 하나의 좋은 답이야.

가이드라인 남자가 수학 문제 풀이를 도와 달라고 했으므로 구체적으로 어떤 문제냐고 묻는 (b)가 가장 자연스럽게 이어지는 응답이다.

stuck 막힌 **geometry** 기하학 **do the math** 계산하다
according to ~에 따라

Part 3

21

Listen to a conversation between two friends.

W Ethan, you look quite fit. You must work out a lot.
M Well, I ride my bicycle almost everywhere I go.
W Even to work and to buy groceries?
M That's right. It's a practical form of exercise.
W You must save money on gas, too.
M Yes, I only drive a few miles a week in my car.

Q What is the conversation mainly about?
(a) The benefits of traveling by bicycle
(b) The importance of physical fitness
(c) Safety tips for city bicycle riding
(d) Daily exercise for good health

두 친구의 대화를 들으시오.
W 에단, 너 정말 몸 좋아 보인다. 운동을 많이 하나 봐.
M 음, 어디를 가든지 거의 자전거를 타.
W 회사나 식료품을 사러 갈 때도?
M 그래. 실용적인 운동 방법이거든.
W 연료비도 절약되겠구나.
M 응, 차는 일주일에 몇 마일만 운전해.

Q 대화의 주제는?
(a) 자전거를 이용한 이동의 장점
(b) 신체 단련의 중요성
(c) 도시에서 자전거 타는 데 필요한 안전 수칙
(d) 건강을 위한 일상적인 운동

가이드라인 주로 자전거를 이용함으로써 건강도 지키고 연료비도 절약하는 등의 장점을 언급하고 있으므로 (a)가 정답이다.

fit 몸 상태가 좋은, 건강한 **work out** 운동하다 **grocery** 식료품
practical 실용적인 **benefit** 장점, 혜택

22

Listen to a conversation between two colleagues.

M How much do you think the new printer will sell for?

W A price of around 99 dollars would be good.

M But it features our advanced fast-print technology.

W Then, maybe we should charge 120 dollars.

M I agree. Can you inform the sales team of our decision?

W I'll make the call after we get back from lunch.

Q What are the man and woman mainly doing in the conversation?

(a) Setting the price for a product

(b) Deciding who will pay for lunch

(c) Discussing the possibility of a discount

(d) Complaining about the cost of a service

두 동료의 대화를 들으시오.

M 신형 프린터를 얼마에 판매하면 될까요?

W 99달러쯤이 적당할 것 같아요.

M 하지만 우리의 발전된 고속 인쇄 기술을 포함하고 있는데요.

W 그렇다면 120달러로 책정하면 되겠네요.

M 저도 그렇게 생각해요. 우리의 결정을 영업팀에 알려 줄래요?

W 점심식사를 마치고 와서 전화할게요.

Q 대화에서 남자와 여자가 주로 하고 있는 것은?

(a) 제품 가격 책정하기

(b) 누가 점심 값을 낼지 결정하기

(c) 할인 가능성 논의하기

(d) 서비스 가격에 대해 불만 토로하기

가이드라인 두 사람은 신형 프린터 가격을 얼마로 할지에 대해서 의논하고 있으므로 (a)가 정답이다.

feature ~을 특별히 포함하다 **advanced** 발전된
charge 청구하다, 부과하다 **inform A of B** A에게 B를 알리다
make a call 통화하다 **complain** 불만을 제기하다

23

Listen to a conversation between two colleagues.

W Bill, the project turned out great thanks to you!

M I was happy to be able to help.

W I really appreciate your lending a hand.

M It was no problem. I quite enjoyed it.

W Well, if I can ever return the favor, please let me know.

M Thanks, I'll certainly keep that in mind.

Q What is the woman mainly doing in the conversation?

(a) Asking for a favor

(b) Reporting on a project

(c) Offering her assistance

(d) Expressing her gratitude

두 동료의 대화를 들으시오.

W 빌, 네 덕분에 프로젝트가 성공리에 끝났어!

M 도움을 줄 수 있어서 기뻤어.

W 도와줘서 정말 고마워.

M 별 것도 아닌데 뭘. 나도 정말 즐거웠어.

W 음, 내가 혹시 보답할 일이 있으면 알려 줘.

M 고마워, 꼭 기억해 둘게.

Q 대화에서 여자가 주로 하고 있는 것은?

(a) 부탁하기

(b) 프로젝트에 관해 보고하기

(c) 도움 주기

(d) 감사 표현하기

가이드라인 여자가 thanks to you, really appreciate 등의 표현을 통해 고마움을 표시하고 있으므로 (d)가 정답이다. lend a hand, offer one's assistance는 모두 help의 의미이다.

turn out (일·결과가) ~이 되다, ~으로 드러나다 **appreciate** 고마워하다 **lend a hand** 도와주다 **return a favor** 보답하다 **keep A in mind** A를 명심하다, 기억해 두다 **ask for a favor** 부탁하다 **assistance** 도움 **gratitude** 감사

24

Listen to a conversation between an airport representative and a passenger.

W Good morning, sir. Welcome to Korea.
M Thank you. Glad to be here.
W May I see your passport?
M Here you go. This is my first time in Korea.
W Are you here for business?
M No, just for a holiday.

Q Which is correct about the man according to the conversation?
(a) He is departing from Korea.
(b) He could not find his passport.
(c) He has not been to Korea before.
(d) He traveled to Korea on business.

공항 직원과 승객의 대화를 들으시오.
W 안녕하세요, 손님. 한국에 오신 걸 환영합니다.
M 감사합니다. 여기 오게 되어 기쁩니다.
W 여권을 보여 주시겠어요?
M 여기 있습니다. 이번이 첫 번째 한국 방문입니다.
W 사업차 오셨습니까?
M 아니요, 휴가로 왔습니다.

Q 남자에 대해서 대화의 내용과 일치하는 것은?
(a) 한국에서 출발하고 있다.
(b) 여권을 찾지 못했다.
(c) 전에 한국에 온 적이 없다.
(d) 사업차 한국을 방문했다.

가이드라인 남자가 This is my first time in Korea라고 했으므로 (c)가 대화와 일치하는 내용이다.

passport 여권 **Here you go.** 여기 있어요. **holiday** 휴가 **depart** 출발하다 **on business** 업무로

25

Listen to a conversation between a waiter and a customer.

M Would you like to order now?
W Yes, I'll have the pizza, please.
M And would you like anything else?
W I think a small salad would be good.
M Anything to drink?
W Just some orange juice.

Q Which is correct about the woman according to the conversation?
(a) She already ordered a meal.
(b) She does not want any pizza.
(c) She would like a salad dish.
(d) She wants water with her meal.

웨이터와 손님의 대화를 들으시오.
M 지금 주문하시겠습니까?
W 네, 피자로 할게요.
M 그리고 또 다른 거 필요하세요?
W 샐러드 작은 게 좋겠네요.
M 음료는요?
W 오렌지 주스 주세요.

Q 여자에 대해서 대화의 내용과 일치하는 것은?
(a) 이미 식사를 주문했다.
(b) 피자를 원하지 않는다.
(c) 샐러드를 원한다.
(d) 식사와 함께 물을 원한다.

가이드라인 여자가 a small salad would be good이라면서 샐러드를 주문했으므로 (c)가 옳은 내용이다.

order 주문하다 **anything else** 그밖에 또 다른 **meal** 식사 **dish** 요리

26

Listen to a conversation between two acquaintances.

W I'm vacationing in New York this spring.

M Wow! I wish I could. I've never been there.

W Why don't you go sometime?

M I can't get any time off work.

W Oh, because of your business.

M Yes, I just don't get any vacations.

Q Which is correct according to the conversation?

(a) The woman will visit Europe.

(b) The man often goes to New York.

(c) The woman cannot take a holiday.

(d) The man is running his own business.

두 지인의 대화를 들으시오.

W 올 봄에 뉴욕에서 휴가를 보낼 거예요.

M 와! 저도 그럴 수 있으면 좋겠네요. 한 번도 가 본 적이 없어요.

W 언제 한 번 가지 그래요?

M 일 때문에 휴가를 낼 수가 없어요.

W 아, 사업 때문에 그렇군요.

M 네, 휴가는 전혀 내지 못해요.

Q 대화의 내용과 일치하는 것은?

(a) 여자는 유럽을 방문할 것이다.

(b) 남자는 종종 뉴욕에 간다.

(c) 여자는 휴가를 내지 못한다.

(d) 남자는 자신의 사업체를 운영하고 있다.

가이드라인 남자가 휴가를 내지 못하는 이유로 여자가 because of your business라고한 것에서 남자가 자신의 사업체를 운영하고 있음을 알 수 있다. 따라서 정답은 (d)이다.

vacation 휴가를 보내다　**get time off** 휴가를 내다
run 운영하다

27

Listen to two friends discuss buying a bicycle.

M Hey, is that a new bicycle?

W I actually bought this used from an ad on Mikeslist.

M I've heard of Mikeslist but never bought anything from it.

W You can find great deals on it.

M I've been looking for a cheap bike myself.

W I saw plenty of ads for used bikes.

Q Which is correct according to the conversation?

(a) The man wants to buy a bicycle.

(b) The woman is a bicycle vendor.

(c) The man sold his bike to the woman.

(d) The woman likes to sell items on Mikeslist.

두 친구가 자전거 구입에 대해 이야기하는 것을 들으시오.

M 저기, 저거 새 자전거인가요?

W 실은 마이크스리스트 광고 보고 중고를 산 거예요.

M 마이크스리스트에 대해 들어 보기는 했지만 거기서 뭘 사본 적은 없어요.

W 괜찮은 물건들을 찾을 수 있어요.

M 나도 저렴한 자전거를 한 대 찾고 있는데요.

W 중고 자전거 광고가 많이 나와 있어요.

Q 대화의 내용과 일치하는 것은?

(a) 남자는 자전거를 사고 싶어 한다.

(b) 여자는 자전거 판매상이다.

(c) 남자는 그의 자전거를 여자에게 팔았다.

(d) 여자는 마이크스리스트에 있는 물품들을 팔기 좋아한다.

가이드라인 남자와 여자는 자전거 구매에 대한 정보를 교환하고 있다. 남자가 저렴한 자전거를 찾고 있다고 했으니 (a)가 정답이다.

actually 사실, 실제로　**used** 중고의　**ad** 광고　**deal** 거래
plenty of 많은　**vendor** 판매상　**item** 물품

28

Listen to a conversation about a recital.

M Do you need a ride to Jim's recital tonight or are you OK?

W Oh, no! I totally forgot that was tonight.

M Are you still coming or did you make other plans?

W I made dinner plans, but I promised Jim I would be there.

M Just finish your dinner before the recital ends.

W It's going to be tight, but I guess I could do that.

Q How does the man suggest the woman solve the problem?

(a) Apologize to Jim in advance of the recital.

(b) Cancel the dinner plans the woman made.

(c) Attend the recital after her dinner.

(d) Go to the recital before dinner.

연주회에 관한 대화를 들으시오.
M 오늘 밤 짐의 연주회에 태워다 줘야 해, 아니면 괜찮아?
W 저런! 오늘 밤이라는 걸 완전히 잊고 있었어요.
M 그래도 갈 거야 아니면 다른 약속 있어?
W 저녁 약속이 있어요, 하지만 짐에게 가겠다고 약속했는데.
M 연주회가 끝나기 전에 저녁 식사를 마치면 되잖아.
W 시간이 빡빡하겠지만 그렇게 할 수 있을 거 같아요.

Q 여자가 문제를 해결하기 위해 남자가 제안한 내용은?
(a) 연주회 전에 미리 짐에게 사과할 것
(b) 여자가 한 저녁 약속을 취소할 것
(c) 저녁 식사 후에 연주회에 참석할 것
(d) 저녁 식사 전에 연주회에 갈 것

가이드라인 약속 날짜를 잊어버린 여자에게 남자가 해결 방안을 제시하고 있다. 짐의 연주회 날짜를 착각하고 저녁 식사 약속을 겹쳐 잡아버린 여자에게 남자는 늦게라도 연주회에 참여하라며 대안을 제시한다. 즉, 저녁을 먼저 먹고 나서 연주회에 가라는 (c)가 정답이다.

recital 리사이틀, 연주회 **totally** 전적으로, 완전히 **still** 그런데도 **tight** (여유가 없이) 빠듯한 **apologize** 사과하다 **in advance** 미리, 앞서 **cancel** 취소하다 **attend** 참석하다

29

Listen to a conversation about a donation event.

M Michelle, I'm raising money for the homeless.

W Great, but I can't afford to give anything right now.

M Well, can you help me collect donations?

W I've always wanted to do volunteer work, so sure.

M Great! All you have to do is get people to fill out this form.

W Count me in!

Q What can be inferred from the conversation?

(a) The man has not yet raised any money.

(b) The man founded a charity organization.

(c) The woman has already made a donation.

(d) The woman has never volunteered before.

모금 행사에 대한 대화를 들으시오.
M 미셸, 노숙자들을 위해 모금하고 있어.
W 대단하네, 하지만 난 당장은 여유가 없어.
M 음, 기부금 모금하는 걸 도와줄 수 있어?
W 항상 자원봉사 활동을 하고 싶었으니 물론이지.
M 잘됐다! 사람들이 이 양식을 작성하도록 하기만 하면 돼.
W 나도 끼워 줘!

Q 대화로부터 추론할 수 있는 것은?
(a) 남자는 아직 돈을 전혀 모금하지 못했다.
(b) 남자는 자선단체를 설립했다.
(c) 여자는 이미 기부금을 냈다.
(d) 여자는 전에 자원봉사 활동을 한 적이 없다.

가이드라인 여자가 남자의 부탁을 수락하며 I've always wanted to do volunteer work라고 했으므로 자원봉사를 하고 싶었지만 실제로 한 적은 없었음을 짐작할 수 있다. 따라서 (d)가 정답이다.

raise 모으다 **the homeless** 노숙자들 **afford** ~할 여유가 있다 **donation** 기부(금) **fill out** (서식을) 작성하다 **count in** 포함하다, 끼워 주다 **found** 설립하다 **organization** 조직, 단체

30

Listen to two friends discuss their choices of major.

W Have you decided on a major yet, Tim?

M I'm thinking about majoring in psychology. How about you?

W I've already declared mine. I chose economics.

M Economics? I had no idea you were interested in that subject.

W Well, I'm hoping to get a job as a stockbroker.

M In that case, that's a good subject to study.

Q What can be inferred about the man?

(a) He will change his major.

(b) He has not declared a major.

(c) He is interested in economics.

(d) He is not likely to do well at psychology.

두 친구가 전공 선택에 대해 의논하는 것을 들으시오.

W 아직 전공을 결정하지 않았니, 팀?

M 심리학을 전공할까 생각 중이야. 넌 어때?

W 난 이미 결정했어. 경제학을 골랐지.

M 경제학? 그 학과에 관심이 있는지 전혀 몰랐어.

W 음, 난 증권 중개인 일을 하고 싶거든.

M 그렇다면 그 학과를 공부하는 게 좋겠다.

Q 대화로부터 남자에 대해서 추론할 수 있는 것은?

(a) 전공을 바꿀 것이다.

(b) 아직 전공을 확정하지 못했다.

(c) 경제학에 관심이 있다.

(d) 심리학을 잘 할 것 같지 않다.

가이드라인 대화 첫 부분에서 전공을 정했냐는 질문에 남자는 아직 생각 중이라고 했으므로 (b)가 정답이다.

major in ~을 전공하다 **psychology** 심리학 **declare** 분명히 밝히다 **have no idea** 전혀 모르다 **subject** 과목 **stockbroker** 증권 중개인

Part 4

31

When a section of forest is clear-cut, this means all of the trees in that area are cut down. One consequence of clear-cutting is soil erosion. Without the tree roots to hold soil in place, it is more easily washed away by rain and avalanches. Also, trees have a natural ability to take in carbon dioxide from the air. So eliminating more trees keeps more CO_2 in the atmosphere, which speeds the development of global warming.

Q What is the lecture mainly about?

(a) Techniques for clear-cutting forests

(b) Methods for preventing soil erosion

(c) Some negative effects of clear-cutting

(d) The role of trees in stopping global warming

숲의 한 구획을 개벌한다고 할 때, 이는 그 지역의 모든 나무를 베어 내는 것을 의미한다. 개벌이 초래하는 한 가지 결과는 토양 침식이 다. 토양을 제자리에 붙잡아 두는 나무뿌리가 없으면, 비나 눈사태 로 인해 더 쉽게 씻겨 내려가게 된다. 또한 나무는 대기 중의 이산화 탄소를 흡수하는 타고난 능력을 가지고 있다. 그래서 나무를 없앨수 록 대기 중의 이산화탄소는 더 많아지며, 이는 지구온난화의 진행을 가속화한다.

Q 강의의 주제는?

(a) 삼림 개벌 기법

(b) 토양 침식 예방법

(c) 개벌의 부정적인 영향

(d) 지구온난화 예방에 있어서 나무의 역할

가이드라인 개벌(clear-cutting)로 인해 토양 침식이 일어나고 대기 중의 이산화탄소가 증가하여 지구온난화가 가속화된다는 내용 이다. 따라서 개벌이 미치는 부정적인 영향에 대해서 다루고 있으므로 (c)가 정답이다.

section 구획, 부문 **clear-cut** 개벌하다(삼림을 모두 베어내다) **cut down** (나무를) 베어내다 **consequence** 결과 **soil erosion** 토양 침식 **wash away** 휩쓸어 가다 **avalanche** 눈사태 **take in** 흡수하다 **carbon dioxide** 이산화탄소 **eliminate** 제거하다 **atmosphere** 대기 **speed** 가속화하다 **global warming** 지구온난화

32

To keep your DS-3 vacuum cleaner working properly, you must periodically clean its filter. Watch for the red indicator light, located on the vacuum cleaner's handle. When it flashes, the filter is in need of cleaning. Remove the vacuum cleaner's body by unfastening the clip on the handle. Then, slide the filter out by pulling on the green tab. Wash the filter with warm water until clean, and let it dry completely before replacing it. That's all you have to do!

Q   What is the main purpose of the talk?
(a) To advertise the features of a product
(b) To provide tips for better home cleaning
(c) To give product maintenance instructions
(d) To announce the sale of a home appliance

여러분이 갖고 계신 DS-3 진공청소기가 제대로 작동하도록 유지하려면 정기적으로 필터를 청소해 줘야 합니다. 진공청소기 손잡이에 있는 표시등에 빨간 불이 들어오기를 기다리세요. 불이 깜박이면 필터를 청소할 필요가 있는 것입니다. 손잡이에 달린 클립을 풀어서 진공청소기의 몸체를 분리하세요. 그러고 나서 녹색 탭을 잡아당겨 필터를 미끄러지듯 빼세요. 깨끗해질 때까지 필터를 미지근한 물에 씻고 나서, 다시 끼우기 전에 완전히 건조시키세요. 그렇게만 하면 다 끝난 겁니다!

Q   담화의 주요 목적은?
(a) 제품의 기능을 광고하기
(b) 집 청소를 더 잘하는 요령을 알려 주기
(c) 제품 관리법을 설명하기
(d) 가전기구 판매를 안내하기

가이드라인   첫 문장에서 밝히고 있듯이 진공청소기의 올바른 관리법, 특히 필터 청소법을 구체적으로 설명하고 있으므로 (c)가 알맞다.

vacuum cleaner 진공청소기   **periodically** 정기적으로   **watch for** ~이 나타나기를 기다리다   **indicator light** 표시등   **located on** ~에 위치한   **flash** 빛나다   **unfasten** 풀다   **slide out** 매끄럽게 빼다   **replace** 제자리에 돌려놓다   **maintenance** 관리   **instructions** 지시, 설명   **home appliance** 가전제품

33

Everyone, we're going to have a special visitor tomorrow morning. Mr. Jed Walker from a local children's charity is coming to speak with us about volunteering. Here at Prescott Manufacturing, we encourage all employees to find the time to give back to the community. A volunteer engagement with Mr. Walker's charity would be a great opportunity to do this. The talk will take place from 9 to 10. Afterwards, those who would like to volunteer can sign up to do so.

Q   Which is correct according to the announcement?
(a) A visit to a charity will take place in the morning.
(b) Employees will be hearing a lecture tomorrow.
(c) Mr. Walker works for Prescott Manufacturing.
(d) Volunteer work is mandatory for employees.

여러분, 우리는 내일 아침에 특별한 손님을 맞게 됩니다. 지역 아동 자선 단체 소속인 제드 워커 씨가 자원봉사 활동에 대해서 우리와 이야기를 나누기 위해 오실 겁니다. 우리 프레스콧 제조사에서는 모든 직원들이 시간을 내어 지역사회에 환원할 것을 장려합니다. 워커 씨가 속한 자선 단체에서의 자원봉사 활동이 좋은 기회가 될 것입니다. 담화는 9시부터 10시까지 열립니다. 그 후에 자원봉사를 하고 싶은 사람들은 신청할 수 있습니다.

Q   안내 내용과 일치하는 것은?
(a) 내일 아침 자선 단체 방문이 있을 것이다.
(b) 직원들은 내일 강연을 들을 것이다.
(c) 워커 씨는 프레스콧 제조사에서 근무한다.
(d) 자원봉사 활동은 직원들에게 의무적이다.

가이드라인   The talk will take place from 9 to 10에서 내일 방문하는 워커 씨가 강연할 것임을 알 수 있으므로 (b)가 정답이다.

charity 자선 (단체)   **volunteer** 자원봉사하다   **encourage** 장려하다   **engagement** 일, 용무   **afterwards** 그 후에   **sign up** 등록[신청]하다   **mandatory** 의무적인

A professional résumé is an essential part of any job application. Do you know how to create a résumé that best shows off your unique talents? Let the experts at Résumé Plus help you! Our service starts with an in-person interview, where we will ask about your background and career goals. Next, we'll work with you to produce a one-of-a-kind résumé! We can even assist in finding job opportunities that match your qualifications. Call us today at 555-2050.

Q Which is correct about Résumé Plus?
(a) They meet clients face-to-face.
(b) They train people for basic jobs.
(c) They charge a monthly service fee.
(d) They are seeking motivated salespeople.

전문적인 이력서는 구직의 중요한 부분입니다. 당신의 독자적인 재능을 가장 잘 드러내는 이력서 작성법을 알고 계십니까? '레주메 플러스'에서 전문가들의 도움을 받으세요! 저희 서비스는 일대일 면접을 통해 당신의 이력과 직업 목표에 대해 질문하는 것으로 시작됩니다. 다음으로 우리는 당신과 함께 작업하며 당신만의 독특한 이력서를 작성할 것입니다! 저희는 당신의 자질에 어울리는 구직 기회를 찾는 데 있어서도 도움을 드릴 수 있습니다. 오늘 555-2050으로 전화해 주세요.

Q 레주메 플러스에 대해 일치하는 것은?
(a) 고객과 일대일 만남을 갖는다.
(b) 사람들에게 기본적인 직업 교육을 한다.
(c) 월 단위로 서비스 요금을 청구한다.
(d) 의욕적인 영업사원을 구하고 있다.

가이드라인 '레주메 플러스'는 구직을 원하는 사람들의 이력서 작성을 돕는 서비스를 제공하는 업체로, Our service starts with an in-person interview에서 일대일 면접으로 시작한다고 했으므로 (a)가 정답이다.

professional 전문적인 **résumé** 이력서 **essential** 필수적인 **job application** 구직 **show off** 과시하다 **expert** 전문가 **in-person** 직접의 **background** 배경 **career** 경력 **one-of-a-kind** 유일무이한, 독특한 **assist** 돕다 **qualification** 자격 **motivated** 의욕적인 **salesperson** 영업사원

Hello, this call is for Mr. Tom Perez regarding his appointment with Dr. Fulton. Mr. Perez, you were scheduled for a surgery follow-up exam at 9:30 am this Thursday. Unfortunately, there's been a mix-up, and Dr. Fulton is not available at that time. I was wondering if we could reschedule you for some time Thursday afternoon. Or, the 9:30 slot is available on Friday morning. Please call us at 555-6490 and let us know which option you would prefer. Thank you.

Q Which is correct about Mr. Perez?
(a) He is scheduled for surgery on Wednesday.
(b) He missed his latest doctor's appointment.
(c) He needs to contact Dr. Fulton's office.
(d) He must visit the doctor on Friday.

안녕하세요, 풀턴 선생님과의 진료 예약과 관련해서 톰 페레즈 씨께 전화드립니다. 페레즈 씨, 귀하께서는 이번 주 목요일 오전 9시 30분에 수술 후 검사 일정을 잡으셨습니다. 유감스럽게도 일정상 혼동이 있어서 풀턴 선생님께서 그때 시간이 안 됩니다. 목요일 오후로 귀하의 일정을 다시 잡을 수 있을까 해서요. 아니면 금요일 오전 9시 30분이 가능합니다. 555-6490으로 전화해 주셔서 언제가 더 좋은지 알려 주시기 바랍니다. 감사합니다.

Q 페레즈 씨에 대해서 내용과 일치하는 것은?
(a) 수요일에 수술이 예정되어 있다.
(b) 최근 진료 예약에 가지 못했다.
(c) 풀턴 선생 진료실에 연락을 해야 한다.
(d) 금요일에 의사를 방문해야 한다.

가이드라인 진료 예약 시간 변경과 관련된 전화 메시지이다. 일정을 조정하기 위해서 페레즈 씨에게 연락을 부탁하고 있으므로 (c)가 정답이다.

surgery 수술 **follow-up** 후속 조치 **exam** 검사 **mix-up** 혼동 **available** 시간이 비는 **reschedule** 일정을 다시 정하다 **slot** (명단 등에 들어가는) 자리, 시간 **contact** 연락하다

The pitcher known as "Cy" Young was one of the earliest Major League Baseball superstars. He began his Major League career in 1890, and over the next 22 years he set a number of pitching records, many of which stand today. His most impressive accomplishment was winning 511 games, by far the most of any pitcher in history. A year after his death in 1955, the Cy Young Award was created to honor one outstanding Major League pitcher each year.

Q What can be inferred from the talk?
(a) Young played for multiple teams.
(b) Young won the first Cy Young Award.
(c) Pitching has evolved much since 1890.
(d) A current pitching record is 511 winning games.

'사이' 영이라고 알려진 투수는 초기 메이저 리그 야구의 슈퍼스타 중 한 명이었다. 그는 1890년에 메이저 리그 선수 생활을 시작했고, 이후 22년 동안 다수의 투수 기록을 세웠으며, 그 중 많은 것들은 지금도 깨지지 않고 있다. 그가 이룬 가장 인상적인 기록은 511 경기 우승이었는데, 이는 역사상 모든 투수들 중에서 단연 최다이다. 1955년에 그가 사망한 지 일 년 후에, 매년 뛰어난 메이저 리그 투수 한 명에게 주어지는 사이 영 상이 제정되었다.

Q 담화로부터 추론할 수 있는 것은?
(a) 영은 여러 팀에서 선수 생활을 했다.
(b) 영은 제 1회 사이 영 상을 수상했다.
(c) 투수 기술은 1890년 이후로 많이 발전했다.
(d) 현재의 투수 기록은 511 경기 우승이다.

가이드라인 사이 영이 세운 511 경기 우승이 투수 부문에서 역사상 최다 승(by far the most of any pitcher in history)이라고 했으므로 (d)가 정답이다.

pitcher 투수 **set a record** 기록을 세우다 **stand** 유지하다, 존속하다 **impressive** 인상적인 **accomplishment** 업적 **by far** (최상급을 수식하여) 단연 **outstanding** 뛰어난, 훌륭한 **evolve** 진화하다

Part 5

37-38

Welcome to Physics 101. Please note that this course is intended for non-science majors and offers general physics topics; physics majors must take Physics 103 instead. Final grades will be based only on a term paper, and midterm and final exams. Attendance is not factored in your grades, as checking attendance for more than 300 students would be impossible. The class is currently filled up, but for senior students who still need to meet their graduation requirements we can arrange for an override. You can enroll in this course by visiting the school website at www.stu.edu and using the "course registration" menu.

Q37 Which is correct about Physics 101 according to the talk?
(a) The number of students is limited to 103.
(b) The course provides expert knowledge about modern physics.
(c) Senior students can take the course without registration.
(d) Students will be graded according to exams and an assignment.

Q38 What can be inferred about Physics 101 from the talk?
(a) It is more advanced than Physics 103.
(b) It puts a strong stress on class participation.
(c) More than 300 students can take the course this semester.
(d) Registration is limited to science majors.

물리학 101 수강을 환영합니다. 이 과정은 비과학 전공 학생들을 대상으로 개설된 것으로, 전반적인 물리학 주제를 제공합니다. 물리학 전공자는 대신 물리학 103을 수강하셔야 합니다. 최종 성적은 학기말 리포트와 중간고사, 기말고사만을 기반으로 매겨질 것입니다. 출석률은 여러분의 성적에 반영되지 않을 것인데, 300명이 넘는 학생들의 출석을 점검하는 것은 불가능하기 때문입니다. 이 수업은 현재 정원이 꽉 차 있으나 졸업 요건을 충족해야 하는 졸업반 학생들을 위해서 저희는 이 규칙을 철회할 수 있습니다. 여러분은 학교 웹사이트 www.stu.edu로 들어오셔서 "코스 등록" 메뉴를 이용하시면 이 코스에 등록할 수 있습니다.

Q37 물리학 101에 대해서 지문의 내용과 일치하는 것은?
(a) 학생 수는 103명으로 제한되어있다.
(b) 이 과정은 현대 물리학에 대한 전문 지식을 제공한다.
(c) 졸업반 학생들은 등록 없이 이 과정을 수강할 수 있다.
(d) 학생들은 시험과 과제물에 따라 성적이 매겨질 것이다.

Q38 지문으로부터 물리학 101에 대해서 추론할 수 있는 것은?

(a) 물리학 103에 비해 고급 과정이다.

(b) 수업 참여를 강조한다.

(c) 300명 이상의 학생이 이번 학기에 수업을 들을 수 있다.

(d) 과학 전공생들만을 위해 개설되었다.

가이드라인 Q37. 성적은 중간고사와 기말고사와 학기 과제물을 기반으로 매겨질 것이라고 했으므로 정답은 (d)이다.

Q38. 지문 마지막 부분에서 졸업 요건을 충족해야 하는 졸업반 학생들을 위해 정원(300명)을 무시하고 수강생을 받을 수 있다고 했으므로 정답은 (c)이다.

note 주목하다 **be intended for** ~을 목적으로 하다 **major** 전공생 **instead** 대신 **grade** 성적; 성적을 매기다 **be based on** ~을 기반으로 하다 **term paper** 학기 과제물 **midterm (exam)** 중간고사 **final exam** 기말고사 **attendance** 출석 **factor in** ~을 고려해 넣다 **currently** 현재 **be filled up** 꽉 차다 **meet a requirement** 요건을 충족하다 **arrange** 주선하다 **override** (결정을) 무시함 **enroll in** ~에 등록하다 **registration** 등록 **be limited to** ~로 제한되다 **provide** 제공하다 **expert** 전문적인 **knowledge** 지식 **assignment** 과제물 **advanced** 고급의 **put a stress on** ~을 강조하다 **participation** 참여

39-40

Until the 19th century, young boys in the Western world used to wear dresses like girls. It was because fabric material was expensive, and unlike pants, dresses could be unfolded to lengthen the dress as the child grew. Another reason that boys wore dresses was toilet training. The change was probably made when boys could easily unfasten the complicated early modern trousers. Boys wore their first trousers around age seven, and this event was called "breeching." For boys from well-off families, breeching was a festive event that merited gifts of money. For boys from working-class families, breeching was a less celebratory moment, because it signaled that they were eligible for paid labor.

Q39 What is the main topic of the passage?

(a) What young Western boys wore until the 19th century

(b) The life of boys in the early modern era

(c) How toilet training was done in early Europe

(d) Fashions and clothes in the 19th century

Q40 Which is correct according to the talk?

(a) In the 19th century, both boys and girls wore trousers.

(b) Trousers were more expensive than dresses.

(c) Boys did not usually wear trousers until they reached adulthood.

(d) Breeching signified that poorer boys were ready to earn a living.

19세기까지 서양 세계의 어린 남자아이들은 여자아이처럼 원피스를 입곤 했다. 그 이유는 천이 비쌌고, 원피스는 바지와 달리, 아이가 자라면서 길이를 늘일 수 있게 접어 놓은 부분을 펼 수 있기 때문이다. 남자아이들이 원피스를 입었던 또 다른 이유는 배변 훈련 때문이었다. 남자아이들이 복잡했던 초기 근대 바지를 쉽게 풀 수 있을 때 변화가 생겼을 것이다. 남자아이들은 7세가 될 무렵 처음으로 바지를 입었고, 이것은 "브리칭"이라고 불렸다. 집안 사정이 넉넉했던 남자아이들에게 브리칭은 금일봉을 받을 만한 축하할 만한 일이었다. 노동자 계층 집안의 남자아이들에게 브리칭은 덜 축하할 만한 일이었는데, 이것은 보수를 받고 일할 적절한 나이가 되었다는 신호였기 때문이다.

Q39 지문의 주제는?

(a) 서양 남자아이가 19세기까지 무엇을 입었는가

(b) 초기 근대 시대 남자아이들의 삶

(c) 초기 유럽에서 배변 훈련이 이루어졌던 방식

(d) 19세기의 패션과 옷

Q40 지문의 내용과 일치하는 것은?

(a) 19세기에 남자와 여자아이들은 둘 다 바지를 입었다.

(b) 바지는 원피스보다 비쌌다.

(c) 남자아이들은 보통 성인이 될 때까지 바지를 입지 않았다.

(d) 브리칭은 가난한 남자아이들에게는 생활비를 벌 준비가 되었다는 뜻이었다.

가이드라인 Q39. 지문은 19세기까지 남자아이들은 여자아이들처럼 치마를 입다가 7세 정도에 바지를 입기 시작했다는 내용으로 주제로 적절한 것은 (a)이다.

Q40. 노동자 계층의 남자아이들에게 브리칭은 보수를 받고 일할 나이가 되었다는 뜻이라고 했으므로 정답은 (d)이다.

material 재료 **unfold** (접혀 있는 것을) 펴다 **lengthen** 늘이다 **toilet training** 배변 훈련 **probably** 아마도 **unfasten** 풀다 **complicated** 복잡한 **trousers** 바지 **well-off** 부유한 **festive** 축하할 만한 **merit** ~을 받을 만하다 **working-class** 노동자 층의 **celebratory** 축하하는 **signal** ~을 뜻하다 **eligible** 적당한, 자격을 갖춘 **reach** (수치, 나이 등이) ~에 이르다 **adulthood** 성인기 **signify** 뜻하다 **earn a living** 생활비를 벌다

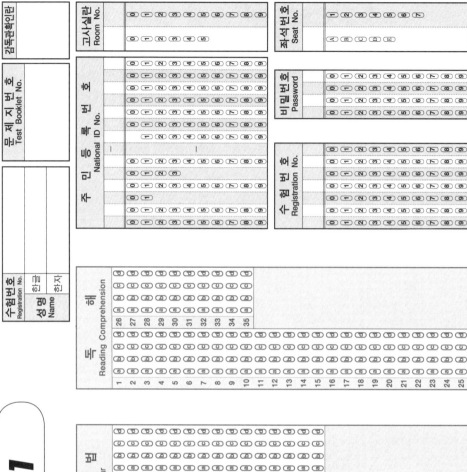

Actual Test 1

정답 자동 채점

Actual Test 2

수험번호 Registration No.	
성명 Name	한글 한자

문 제 지 유 형
Test Booklet No.

감독관확인란

청해
Listening Comprehension

1 2 3 4 5 6 7 8 9 10 11 12 13 14 15 16 17 18 19 20 21 22 23 24 25

26 27 28 29 30 31 32 33 34 35 36 37 38 39 40

어휘
Vocabulary

1 2 3 4 5 6 7 8 9 10 11 12 13 14 15

16 17 18 19 20 21 22 23 24 25 26 27 28 29 30

문법
Grammar

1 2 3 4 5 6 7 8 9 10 11 12 13 14 15

16 17 18 19 20 21 22 23 24 25 26 27 28 29 30

독해
Reading Comprehension

1 2 3 4 5 6 7 8 9 10 11 12 13 14 15 16 17 18 19 20 21 22 23 24 25

26 27 28 29 30 31 32 33 34 35

주 민 등 록 번 호
National ID No.

수 험 번 호
Registration No.

비밀번호
Password

고사실란
Room No.

좌석번호
Seat No.

A B C D E

서약
본인은 필기구 및 기재오류와 답안지 훼손으로 인한 책임을 지고, 부정행위 처리규정을 준수할 것을 서약합니다.

답안작성시
유의사항

1. 답안은 작성은 반드시 **컴퓨터용 싸인펜**을 사용해야 합니다.
2. 답안을 정정할 경우 수정테이프(수정액 불가)를 사용해야 합니다.
3. 본 답안지는 컴퓨터로 처리되므로 훼손해서는 안되며, 답안지 하단의
타이밍마크(∥∥)를 찢거나, 낙서 등으로 인한 훼손시 불이익이 발생할 수 있습니다.

4. 답안은 문항당 정답을 1개만 골라 ● 와 같이 정확히 기재해야 하며, 필기구 오류나 본인의 부주의로
잘못 표기한 경우에는 당 관리위원회의 OMR판독기의 판독결과에 따르며, 그 결과는 본인이 책임집니다.

Good ●   Bad ⊙ ◐ ⊗ ◓

5. 감독관의 확인이 없는 답안지는 무효처리됩니다.

Actual Test 3

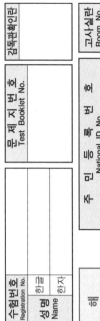

정답 자동 채점

감독관확인란

문제지 번 호
Test Booklet No.

수험번호
Registration No.

성명 한글
Name 한자

고사실란
Room No.

좌석번호
Seat No.

주 민 등 록 번 호
National ID No.

비밀번호
Password

수 험 번 호
Registration No.

청 해
Listening Comprehension

1 ~ 40

어 휘
Vocabulary

1 ~ 30

문 법
Grammar

1 ~ 30

독 해
Reading Comprehension

1 ~ 35

서 약

본인은 필기구 및 기재오류와 답안지 훼손으로 인한 책임을 지고, 부정행위 처리규정을 준수할 것을 서약합니다.

담안작성시
유 의 사 항

1. 답안 작성은 반드시 **컴퓨터용 싸인펜**을 사용해야 합니다.
2. 답안을 정정할 경우 수정테이프(수정액 불가)를 사용해야 합니다.
3. 본 답안지는 컴퓨터로 처리되므로 훼손해서는 안되며, 답안지 하단의 타이밍마크(∎∎)를 찢거나, 낙서 등으로 인한 훼손시 불이익이 발생할 수 있습니다.
4. 답안은 문항당 정답을 1개만 골라 ❶와 같이 정확히 기재해야 하며, 필기구 오류나 본인의 부주의로 잘못 표기한 경우에는 당 관리위원회의 OMR판독기의 판독결과에 따르며, 그 결과는 본인이 책임집니다.

   Good ∎   Bad ⊖ ⊘ ⊗ ⊙
5. 감독관의 확인이 없는 답안지는 무효처리됩니다.

출발부터 다르게! 실력 향상 빠르게!

NEW TEPS

뉴텝스
250+
목표 대비

입문편 청해

- 서울대텝스관리위원회 NEW TEPS 경향 완벽 반영
- 뉴텝스 250점 이상 목표 달성을 위한 최적의 기본서+실전서
- 신유형을 포함한 뉴텝스 청해의 파트별 문제풀이 공략법
- 청해에서 자주 쓰이는 어휘 및 빈출 표현 수록
- 뉴텝스 실전 완벽 대비 Actual Test 3회분 수록
- 고득점의 감을 확실하게 잡아 주는 상세한 해설 제공
- 모바일 단어장, 받아쓰기, 보카 테스트 등 다양한 부가자료 제공

Listening

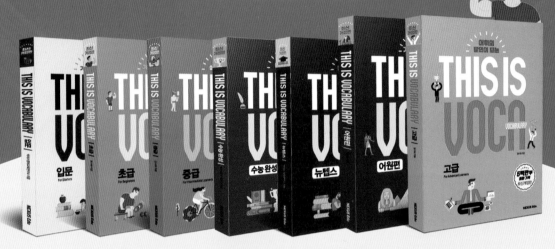